발음부터 회화까지 한 달 완성

GO! 독학 이탈리아어 첫걸음

조성윤 지음 | 원어민 Vincenzo Fraterrigo 감수

S 시원스쿨닷컴

초판 2쇄 발행 2024년 10월 15일

지은이 조성윤
감수 Vincenzo Fraterrigo
펴낸곳 (주)에스제이더블유인터내셔널
펴낸이 양홍걸 이시원

홈페이지 www.siwonschool.com
주소 서울시 영등포구 영신로 166 시원스쿨
교재 구입 문의 02)2014-8151
고객센터 02)6409-0878

ISBN 979-11-6150-770-5 13780
Number 1-561111-18181899-06

GO! 독학 이탈리아어 첫걸음

Ciao a tutti!

챠오 아 뚜띠!

여러분 안녕하세요!

이탈리아어를 선택한 여러분들, 환영합니다.

이탈리아어는 이미 우리에게 너무나 친숙합니다. 우리가 매일 가는 커피 전문점에서 사용하는 커피 종류들, 음악 시간에 배운 음악 용어들, 즐겨 먹는 피자와 파스타, 고급 자동차 및 패션 브랜드 등 이탈리아어는 이미 우리 생활에서 널리 쓰이고 있습니다.

이러한 이탈리아어는 탄생이 매우 예술적입니다. 이탈리아어는 '민중 라틴어, 구어체 라틴어'라고 불리던 로망스어에 기원을 두고 발전한 언어입니다. 로마 제국이 멸망한 뒤 토스카나, 로마, 나폴리 등의 지역마다 각각의 방언이 존재했는데, 1300년대 들어와 유럽의 왕권이 높아지자 국가라는 관념과 함께 이탈리아어라는 통일된 국가어의 필요성에 대한 인식이 비로소 생겨나게 되었습니다.

이에 1300년대 당시 이탈리아 반도의 문화 경제 중심지였던 피렌체의 방언을 중심으로 통일된 국가어의 필요성이 대두되었는데, 피렌체 방언을 통일된 이탈리아어로 정립시킨 것은 바로 이탈리아의 3대 문학 거장인 단테, 페트라르카, 보카치오의 작품들이었습니다. 이들은 그 시대 지식인들에게 통용되던 라틴어가 아닌 피렌체의 일반 민중들이 쓰던 방언으로 작품을 남긴 문학인들입니다. 이들의 작품이 작품성을 인정받고 전국적으로 널리 퍼지게 되자, 피렌체의 방언도 현대 이탈리아어의 시조가 되었습니다. 다른 유럽의 언어들이 군주가 통치하던 도시의 언어 중심으로 표준어가 정립되었던 것과 비교했을 때, 이탈리아어의 탄생 역사는 이처럼 독특합니다. 다시 말해, 이탈리아어는 정치 권력을 기반으로 탄생한 것이 아니라 문학 작품을 통해 탄생한 예술적 언어라고 할 수 있습니다.

자, 이제 여러분들은 이러한 예술적 가치를 지닌 아름다운 이탈리아어를 <GO! 독학 이탈리아어 첫걸음>을 통해 최대한 쉽고 재밌게 시작해 보세요.

이 책은 실생활에 유용한 대화문을 담고 있으며, 기초 단어와 문법을 제공하고 있습니다. 여러분들의 듣기 실력과 회화 실력을 키울 수 있도록 각 단원의 대화문과 어휘 등은 MP3를 통해 원어민의 발음으로 들을 수 있습니다. 또한, Lezione 1~10까지는 최대한 원어민의 발음에 가깝게 한글 독음을 함께 수록하였으니, 한글 독음과 함께 MP3를 들으며 정확한 이탈리아어 발음법을 연습해 보세요. 대화문 중 가장 핵심이 되는 문장 구조를 설명한 문법은 풍부한 예문과 함께 학습하시면 보다 더 쉽게 이해할 수 있을 것입니다. 그리고 매 단원의 마지막에는 연습문제를 풀어 보면서 자신의 실력을 점검하세요!

그리고 별책 부록에서는 이탈리아어의 주요 동사 100개의 직설법 현재, 반과거, 단순미래, 과거분사형의 동사변화표를 확인할 수 있습니다. 또한, 기초 회화를 연습해 볼 수 있는 핵심 이탈리아어 필수 표현 150개도 함께 수록하였으니 언제 어디서든 이탈리아어를 재미있게 연습해 보세요.

마지막으로 이 책이 출간되기까지 도움을 주신 시원스쿨 관계자 분들께 감사를 드리며, 이탈리아어에 첫 발을 내딛는 여러분들을 응원합니다. 감사합니다.

저자 조성윤

이 책의 구성과 특징

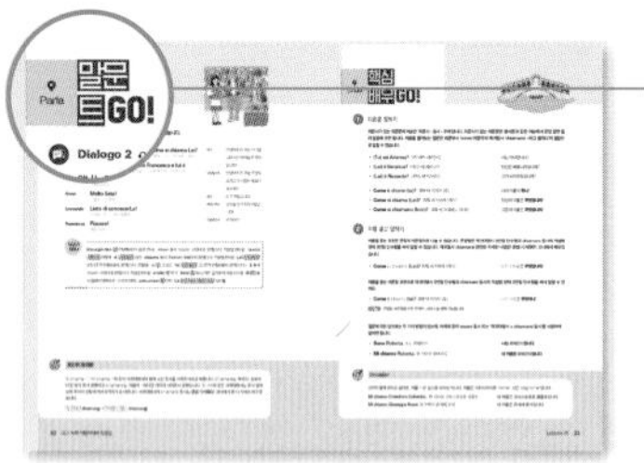

말문 트GO!

각 Lezione마다 2세트의 대화문을 수록했습니다. 등장 인물들이 이탈리아에서 생활하며 겪는 다양한 상황 속 대화로, 생활 밀착형 표현을 배울 수 있어요. 모르는 단어는 **VOCABOLI**에서 바로바로 찾고, 대화의 포인트가 되는 꿀팁까지 **포인트 잡GO!**로 확인해 보세요.

핵심 배우GO!

대화문 중 핵심이 되는 표현을 꼼꼼히 짚고, 응용 표현까지 자연스럽게 익힙니다. 실수하기 쉬운 부분, 유의사항까지 **Occhio!** 코너에서 빠짐없이 제공하니 놓치지 마세요.

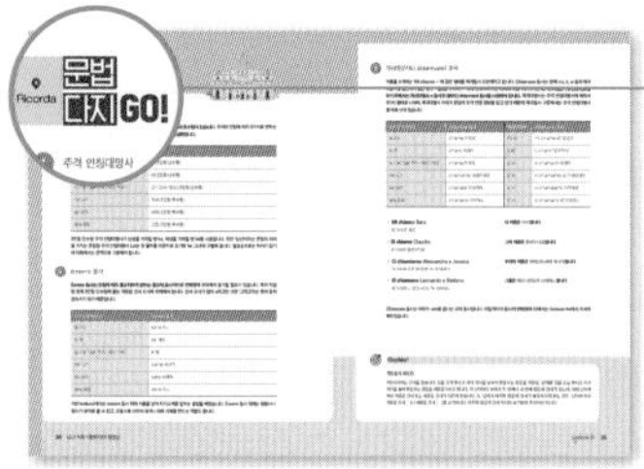

문법 다지GO!

꼭 필요한 문법만 제대로 배웁니다. 한눈에 들어오는 표, 간결하고 이해하기 쉬운 설명, 다양한 예문으로 차근차근 내 것으로 만드세요. 대화문에 등장한 이탈리아어 기초 핵심 문법을 빠짐없이 마스터할 수 있습니다.

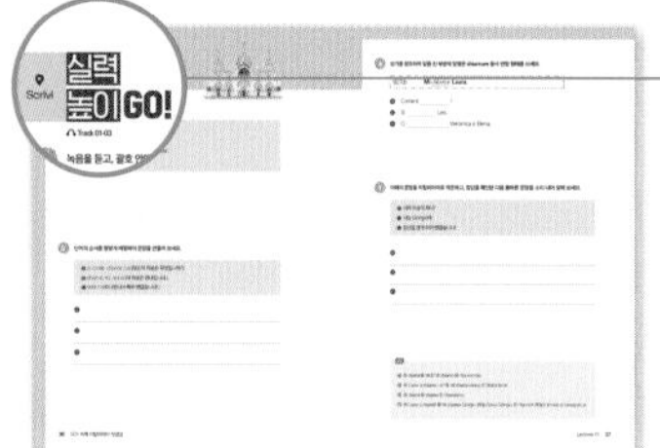

실력 높이GO!

각 Lezione에서 다룬 듣기, 문법, 작문까지 모든 영역의 실력을 점검할 수 있도록 연습문제를 제공합니다. 스스로 얼마나 완벽하게 이해하고 잘 습득했는지 점검해 보세요.

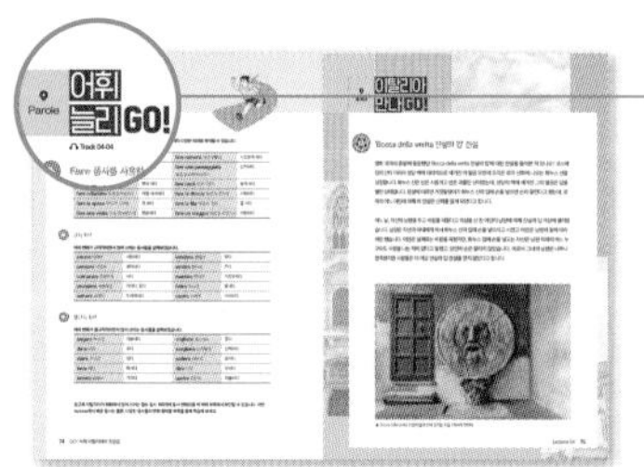

어휘 늘리GO!

각 Lezione과 관련된 주제로 꼭 알아야 할 필수 어휘와 표현까지 살펴봅니다. 교재에 수록된 다양한 어휘들을 꼼꼼히 학습하다 보면, 어느새 여러분의 어휘 실력이 쑥쑥 자라 있을 거예요.

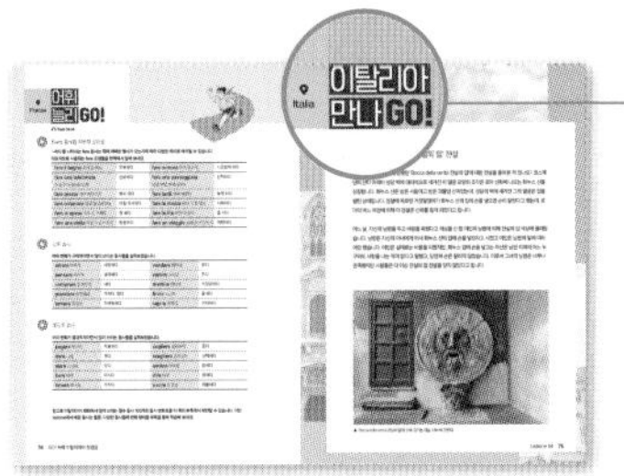

이탈리아 만나GO!

이탈리아의 음식, 와인, 예술가와 작품들, 관광명소, 대중교통, 교육, 주요 기념일 등 다양한 현지 정보와 문화 꿀팁을 만나 보세요.

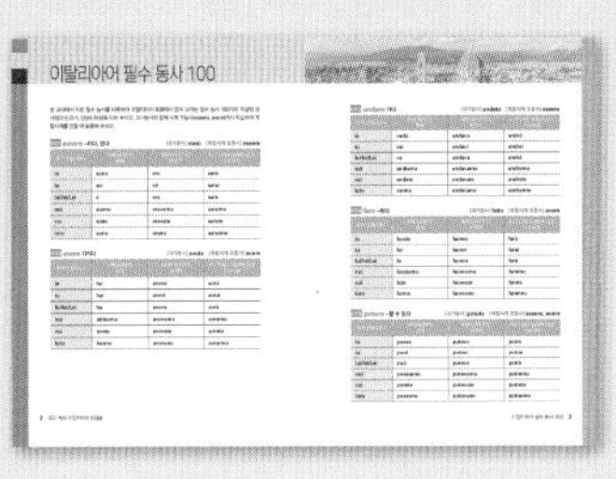

이탈리아어 필수 동사 100

이탈리아어 회화에서 많이 쓰이는 필수 동사 100개를 익혀 보세요. 직설법 현재, 반과거, 단순미래, 과거분사 형태까지 수록했습니다.

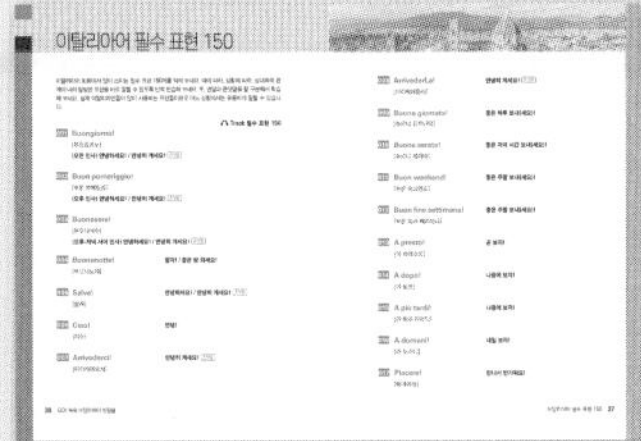

이탈리아어 필수 표현 150

이탈리아어 회화에서 많이 쓰이는 필수 표현 150개를 익혀 보세요. 실제 이탈리아인들이 자주 사용하는 표현들이므로 어느 상황에서든 유용하게 말할 수 있습니다.

무료 MP3 파일

외국어 학습에 있어 많이 듣고 따라하기는 매우 중요합니다. 대화문과 단어, 듣기 연습문제의 MP3파일을 제공하므로 원어민 전문 성우의 정확한 발음을 듣고 따라하며 반복 연습하세요.

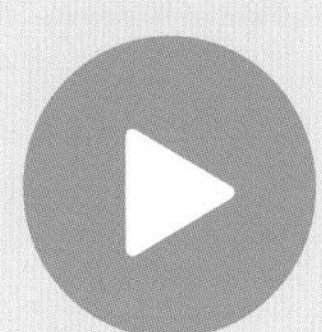

동영상 강의

독학을 위한 유료 동영상 강의를 제공합니다. 각 Lezione의 핵심 내용을 쉽고 간결하게 설명합니다. 동영상 강의는 italy.siwonschool.com에서 확인하세요.

GO
차례

별책부록

	Lezione	말문 트GO!	핵심 배우GO!
	준비하GO!	알파벳 / 발음 / 문법 기초 다지기	
1	**안녕! 나는 안나야.**	처음 만나 인사하기 / 이름 말하기 / 의문문 말하기	
2	**너는 어디에서 왔니?**	출신지, 국적 묻고 답하기 / 어디에 사는지 묻고 답하기	
3	**너는 무슨 일을 하니?**	직업 묻고 답하기 / 정관사와 부정관사 규칙 익히기	
4	**너 오늘 저녁에 뭐 해?**	존재 여부 말하기 / 취미 묻고 답하기	
5	**그녀는 나의 엄마야.**	가족 소개 / 형용사를 활용한 다양한 표현 / 소유형용사 / 형용사의 어미 변화	
6	**어떻게 지내니?**	안부 묻고 답하기 / 진행 중인 동작, 상태 말하기	
7	**나는 커피 한 잔을 원해요.**	음식 주문하기 / 직접 목적격 대명사와 간접 목적격 대명사	
8	**얼마예요?**	숫자 표현 말하기 / 가격 묻고 답하기	
9	**역이 어디에 있습니까?**	위치 묻기 / 장소전치사로 위치 답하기	
10	**몇 시에 밀라노 행 다음 기차가 출발하나요?**	대중교통 이용 표현 말하기 / 시간이 얼만큼 걸리는지 말하기	
11	**나는 7시에 일어납니다.**	하루 일과 표현하기 / 날씨 말하기	
12	**나는 열이 있어요.**	병원에서 유용한 표현 / 약국에서 유용한 표현	
13	**너는 언제 태어났니?**	태어난 해 묻고 답하기 / 생일 묻고 답하기 / 축하 표현	
14	**나는 어제 저녁에 아팠어.**	지나간 일 말하기 / 취미와 기호 말하기	
15	**오늘 며칠(무슨 요일)이야?**	날짜 묻고 답하기 / 요일 묻고 답하기 / 날씨 표현	
16	**어렸을 때 난 바다에서 수영하곤 했어.**	과거 상황 묘사하기 / 찬성, 반대 말하기	
17	**이번 주말에 뭐 할 거니?**	취미 묻고 답하기 / 계획 묻고 답하기	
18	**이 소포를 보내기 위해 우체국에 갈 거야.**	관공서 관련 용어, 표현 익히기	
19	**렌트할 아파트를 찾고 있어요**	거주지 구하기 / 부동산 관련 용어, 표현 익히기	
20	**싱글룸 하나 예약하고 싶습니다.**	전화 표현 및 예약하기 / 정중한 요청	

Lezione	문법 다지GO!	어휘 늘리GO!	이탈리아 만나GO!
1	주격 인칭대명사 / essere 동사 / 재귀대명사와 chiamarsi 동사	essere 동사를 활용한 표현	이탈리아의 인기 있는 이름
2	abitare 동사 / venire 동사 / 전치사 정관사 결합형	국가명, 국적형용사	이탈리아의 가 볼 만한 도시
3	lavorare 동사와 fare 동사의 직설법 현재 변화형/ 명사의 성, 수	직업 명사 성별 변화형	이탈리아 문학의 3대 거장
4	직설법 현재 규칙동사 / 직설법 현재 불규칙동사	fare 동사를 사용한 표현/ 규칙동사 / 불규칙동사	진실의 입 전설
5	명사 뒤에서 수식하는 형용사 / 가족 명칭을 수식하는 소유형용사	가족 명칭	이탈리아의 미신
6	stare 동사의 다양한 용법	인사말	부활절과 작은 부활절
7	조동사 volere, potere, dovere 변화형 / 조동사처럼 쓰이는 sapere, desiderare, preferire	레스토랑 관련 어휘	음악의 나라 이탈리아
8	지시형용사 변화형 / 지시형용사 quello의 변화형 / 가격을 물을 때 주의해야 할 동사 변화	숫자와 기수	유로화 단위
9	ci의 다양한 용법	길 찾기 관련 표현	표준 이탈리아어
10	시간 묻기 / 시간 단위 관련 표현 / 전치사 a + 시간 표현	대중교통 표현	이탈리아의 대중교통
11	재귀동사 원형 원칙 / 재귀동사 용법 / 조동사와 재귀대명사	자주 쓰이는 재귀동사	이탈리아의 와인
12	과거분사형 / 근과거 구조 / 조동사와 근과거형	병원, 약국 관련 어휘	이탈리아에서 응급실 이용하기
13	과거분사 불규칙형 / 연도 표현	축하 표현과 인사말	이탈리아의 학제와 특징
14	재귀동사 근과거 / 직접 목적격 대명사와 근과거	piacere 동사를 사용한 기호와 취미 표현	이탈리아의 커피 문화
15	접어 ne / 날짜 표현 시 주의할 점	요일과 월	이탈리아의 파업 문화
16	반과거 시제 어미 변화형 / stare 동사와 과거진행형	자주 쓰이는 접속사들	이탈리아의 주현절 문화
17	규칙 동사 미래형 / 조동사의 미래형	극장 및 서점 관련 어휘	이탈리아의 글로벌 기업
18	불규칙 미래형 / 선립 미래	관공서 관련 어휘	이탈리아에서 장 보기
19	명령법 규칙 동사 / 불규칙 명령형	부동산 어휘	베네치아의 침수 현상
20	조건법 현재 동사 변화형 / 조건법 불규칙형 / 조건법 용법	숙소, 공항, 비행기 관련 어휘	이탈리아의 수도, 로마

등장인물

주요 인물

안나 (한국인, 학생, 여)

이탈리아 사피엔자 대학에서 어학 연수 중인 전공생입니다.
연수를 마치면 한국에서 이탈리아 소설 번역가가 되는 것이 꿈입니다.

루이지 (이탈리아인, 학생, 남)

사피엔자 대학에서 문학을 전공하는 학생입니다.
졸업 후 교사가 되는 것이 꿈입니다.

프란체스카 (이탈리아인, 바리스타, 여)

루이지의 누나로, 사피엔자 대학 근처의 바에서 바리스타로 일합니다.

레오나르도 (이탈리아인, 바리스타, 남)

프란체스카와 같이 일하는 동료이자 친구입니다.

사라 (이탈리아인, 직장인, 여)

오스트리아의 비엔나에서 주재원으로 일하고 있는 직장인입니다.
휴가 땐 이탈리아 가족, 친구들과 시간을 보내거나 여행을 하는 편입니다.

파올로 (이탈리아인, 학생&요리사, 남)

요리를 전공하며 마찌니 거리의 레스토랑에서 경험을 쌓고 있습니다.
언젠가는 자신의 이름으로 이탈리안 레스토랑을 여는 것이 꿈입니다.

그 밖의 인물

웨이터(레스토랑)

점원(백화점)

점원(슈퍼마켓)

매표소 직원(기차역)

기사(버스)

의사(정형외과)

직원(외국인 사무실)

중개인(부동산)

직원(호텔 프런트)

직원(여행사)

이 밖에도 대화문에 주어진 상황에 따라 다양한 인물들이 등장합니다.

Ready!

이탈리아어 첫걸음을
출발하기 전,
꼭 필요한 기초부터
탄탄히 준비해 보세요.

Ⅰ 알파벳 준비하GO!

Ⅱ 발음 규칙 준비하GO!

Ⅲ 문법 맛보GO!

preparazione

알파벳 준비하GO!

이탈리아어의 알파벳은 영어의 알파벳과 그 형태는 같지만 철자의 이름과 발음이 영어의 그것과 약간의 차이가 있답니다. 영어의 알파벳과 또 다른 차이점이 있다면 영어는 26개로 구성되어 있지만 이탈리아어는 21개의 알파벳만 존재한다는 것이에요. 그렇다면, 어떤 철자들이 이탈리아어의 알파벳에 속하지 않을까요? 이제부터 영어와 닮은 이탈리아어의 철자와 발음에 대해 알아볼까요?

1 이탈리아어 알파벳 구성

이탈리아어는 5개의 모음과 16개의 자음으로 구성되어 있어요. 그리고 외래어나 고전어에서 도입된 5개의 알파벳이 존재한답니다.

• 모음

A	E	I	O	U

• 자음

B	C	D	F	G
H	L	M	N	P
Q	R	S	T	V
Z				

• 외래어(고전어) 도입 철자

J	K	W	X	Y

Tip 현대 이탈리아어에서는 외래어(고전어) 철자들을 보통 J → I, K → C, W → V, Y → I로 대체해서 이탈리아어화 시켰지만, 이탈리아에 널리 퍼진 taxi(택시), yogurt(요거트)와 같은 외래어들은 그대로 차용하여 쓰기도 한답니다.

2 이탈리아어 알파벳의 명칭과 발음

Track 00-01

• Alfabeto

철자	명칭	발음	철자	명칭	발음
A a	아	/a/ 아	N n	엔네	/n/ ㄴ
B b	비	/b/ ㅂ	O o	오	/o/ /ɔ/ 오
C c	치	/ʧ/ ㅊ /k/ ㄲ	P p	삐	/p/ ㅃ
D d	디	/d/ ㄷ	Q q	꾸	/k/ ㄲ
E e	에	/e/ /ɛ/ 에	R r	에레	/r/ ㄹ
F f	에페	/f/ 영어의 f	S s	에쎄	/s/ ㅅ /z/ ㅈ
G g	지	/ʤ/ ㅈ /g/ ㄱ	T t	띠	/t/ ㄸ
H h	아까	묵음	U u	우	/u/ /w/ 우
I i	이	/i/ /j/ 이	V v	부	/v/ 영어의 v
L l	엘레	/l/ ㄹ	Z z	제따	/ʦ/ ㅊ /ʣ/ ㅈ
M m	엠메	/m/ ㅁ			

• 외래어 철자

철자	명칭	발음
J j	이 룽가	/j/ 이
K k	깝빠	/k/ ㄲ
W w	돕삐아부	/v/ /w/ 영어의 v
X x	익스	/ks/ 크스
Y y	입실론	/i/ /j/ 이

preparazione

발음 규칙 준비하GO!

이탈리아어의 발음은 모음과 자음으로 구분하여 공부하는 것이 편해요. 영어와 비교하면 아주 간단한 발음 규칙을 갖고 있답니다.

1 모음(vocali)

Track 00-02

이탈리아어의 모음은 A, E, I, O, U 다섯 개로 되어 있어요. 이들 중 I나 U가 다른 모음들과 결합하면 이중모음(dittongo)이나 삼중모음(trittongo)이 됩니다. 이때, 단모음과 복모음(이중모음, 삼중모음)은 모두 하나의 음절로 취급하므로 주의해야 합니다. 모음끼리의 결합을 공부하는 것은 다음에 배우게 될 강세의 위치 때문이에요. 그럼 우선 모음의 발음에 대해 공부해 볼까요?

• 단모음(vocale)

알파벳	발음	예	뜻
a	아	casa 까사	집
e	에	elefante 엘레판떼	코끼리
i	이	isola 이솔라	섬
o	오	regalo 레갈로	선물
u	우	buco 부꼬	구멍

• 이중모음(dittongo)

이중모음은 모음 i 나 u가 또 다른 모음과 만나 구성됩니다. 이중모음 역시 모음을 철자 그대로 연이어 발음해 주면 돼요.

알파벳	발음	예	뜻
ia	이아	figlia 필리아	딸
ie	이에	figlie 필리에	딸들
io	이오	figlio 필리오	아들
iu	이우	fiume 피우메	강
ai	아이	faida 파이다	복수, 앙갚음
ei	에이	crostacei 크로스타체이	갑각류
oi	오이	boicottaggio 보이콧탓찌오	보이콧
ui	우이	qui 뀌	여기
ua	우아	qua 꽈	저기
ue	우에	due 두에	숫자 2
uo	우오	uomo 우오모	남자, 사람
au	아우	causa 까우사	원인, 이유
eu	에우	Europa 에우로빠	유럽

• 삼중모음(trittongo)

삼중모음은 모음 i 나 u가 다른 모음 두 개와 결합되어 구성됩니다. 단모음, 이중모음과 마찬가지로 모음을 연달아 발음해 주면 된답니다.

알파벳	발음	예	뜻
iei	이에이	miei 미에이	나의 것들
iai	이아이	giainismo 지아이니즈모	[종교] 자이나교
ioi	이오이	ioide 이오이데	[해부학]선골
iuo	이우오	aiuola 아이우올라	화단
uei	우에이	quei 꾸에이	그것들
uai	우아이	guai 구아이	고난들
uoi	우오이	tuoi 뚜오이	너의 것들

2 자음(consonanti)

Track 00-03

자음의 경우는 c, g, s를 제외하고는 있는 그대로 발음하면 됩니다. 주의해야 될 몇 가지 경우를 살펴볼게요.

• 이중자음

bb, cc, ll, tt 등 같은 자음이 연속으로 두 번 쓰인 경우는 길고 세게 발음하면 돼요.

예 bella 벨라 아름다운
Terra 떼:라 지구
tetto 뗃또 지붕
mamma 맘마 엄마
rosso 롯쏘 빨간색
cucciolo 꿋치올로 강아지, 동물의 새끼

• h

h는 묵음으로 발음되지 않아요.

예 hamburger 암부르거 햄버거
ho 오 동사 'avere 가지다'의 1인칭 단수 직설법 현재형

• 발음법이 두 가지 이상인 자음 c, g, s

이탈리아어의 자음 중 c, g, s는 뒤에 오는 모음에 따라서 하나의 철자에 발음이 여러 가지가 존재하는 특이한 자음이에요. 이 세 자음만 주의하면 이탈리아어의 발음 규칙은 비교적 쉽답니다.

❶ 자음 c

• c + a / o / u → [k]

예 casa 까사 집, comodo 꼬모도 편안한, cuoco 꾸오꼬 요리사

• c + e / i → [ʧ]

예 aceto 아체또 식초, cielo 치엘로 하늘

• c + ia / io / iu → [ʧ]

예 ciao 챠오 안녕!, ghiaccio 기앗쵸 얼음, ciuccio 츄쵸 공갈젖꼭지

Tip c 뒤에 ia / io / iu 와 같은 이중모음이 올 경우에는 각각 '챠 / 쵸 / 츄'로 발음되요.

• c + h + e / i → [k]

예 pacchetto 빠껫또 상자, chiave 끼아베 열쇠

Tip c와 묵음인 h가 결합하고 그 뒤에 모음 e나 i가 오게 되면 각각 '께 / 끼'로 발음되요.

❷ 자음 g

• g + a / o / u → [g]

예 gatto 갓또 고양이, orgoglio 오르골리오 자긍심, figura 피구라 형태

• g + e / i → [ʤ]

예 gelato 젤라또 아이스크림, girasole 지라쏠레 해바라기

• g + ia / io / iu → [ʤ]

예 giallo 쟐로 노란색, gioco 죠꼬 놀이, giugno 쥬뇨 6월

Tip g 다음에 ia / io / iu 와 같은 이중모음이 결합할 경우 각각 '쟈 / 죠 / 쥬'로 발음되요.

• g + h + e / i → [g]

예 ghepardo 게빠르도 치타, ghiaccio 기앗쵸 얼음

Tip g와 묵음인 h가 결합하고 그 뒤에 모음 e나 i가 오게 되면 각각 '게 / 기'로 발음되요.

• g + n + a / e / i / o / u → [ɲ]

예 gnocchi 뇨끼 뇨끼, Bologna 볼로냐 볼로냐, sogno 소뇨 꿈, agnello 아녤로 양

Tip g와 n가 결합하고 그 뒤에 모음 a / e / i / o / u 가 오게 되면 각각 '냐 / 녜 / 니 /뇨/ 뉴'로 발음 됩니다.

• g + l + i / ia / ie / io / iu → /ʎ/

예 maglia 마을리아 셔츠, aglio 아을리오 마늘, figlie 피을리에 딸들, pagliuzza 빠을리우짜 작은 지푸라기

Tip g와 l가 결합하고 그 뒤에 모음 i / ia / ie / io / iu 가 오게 되면 각각 '을리 / 을리아 / 을리에 / 을리오 / 을리우'로 발음됩니다. 단, '을' 발음은 매우 약하게 하여 잘 들리지 않게 살짝 합니다.

• g + l + a / e / o / u → [g]

예 gloria 글로리아 영광, inglese 잉글레제 영어

Tip g와 l가 결합하고 그 뒤에 모음 a / e / o / u 가 오게 되면 각각 '글라 / 글레 / 글로 / 글루'로 발음 됩니다.

❸ 자음 s

• s + 자음 / 자음 + s → [s]

예 sporco 스뽀르꼬 더러운, casco 까스꼬 헬멧

Tip 단, s 가 자음 b, d, g, l, m, n, z, v 앞에 올 경우 유성음 [z]으로 발음되므로 주의합니다.
예 sveglia 즈벨리아 자명종, sbaglio 즈발리오 실수, smettere 즈메떼레 그만두다

• 모음 + s + 모음 → [z]

예 riso 리조 쌀, cosa 꼬자 어떤 것, chiuso 끼우조 다음

Tip 모음과 모음 사이에 온 s는 [z] 발음을 해줍니다.

• s + c + i / e / ia / io / iu → [ʃ]

예 sciarpa 쉬아르빠 스카프, scimmia 쉼미아 원숭이, scena 쉐나 무대

Tip s와 c가 결합하고 그 뒤에 모음 i / e / ia / io / iu 가 오게 되면 각각 '시 / 세 / 샤 / 쇼/ 슈'로 발음이 됩니다.

❹ 외래어 자음

외래어 철자인 j, k, x, y, v는 원어의 발음을 따르지만, 일반적으로 j는 [i]로, k는 [k]로, x는 [s]로, y는 [i]로, w는 [v]로 발음해 준답니다.

예 Juventus 유벤투스 유벤투스, yogurt 요구르트 요구르트, taxi 딱씨 택시, weekend 위크엔드 주말, kilo 낄로 킬로그램

3 강세(accento)

Track 00-04

이탈리아어의 모든 단어는 강세를 갖고 있어요. 강세는 기본적으로 '뒤'에서 두 번째 음절 모음이나 세 번째 음절의 모음에 오는 것이 규칙이고 따로 강세 표시를 하지는 않아요. 하지만, 위의 규칙에 어긋난 강세를 가진 단어들은 개모음 표시(accento grave, [`]) 또는 폐모음 표시(accento acuto, [´])로 강세 표기를 해 준답니다. 현대 이탈리아어에서 개모음, 폐모음 발음 구별은 따로 해 주지 않고 단어마다 강세 표기의 차이만 있을 뿐이에요. 이탈리아어의 불규칙 강세는 보통 개모음 표시가 많지만, 폐모음 강세도 존재하니 주의해야 한답니다.

• 강세 규칙형

❶ 두 번째 음절 모음 강세

예 piz-za 핏짜 피자
ca-sa 까사 집

❷ 세 번째 음절 모음 강세

예 sa-ba-to 사바또 토요일
do-me-ni-ca 도메니까 일요일
ta-vo-la 따볼라 테이블

• 불규칙 강세

마지막 모음에 강세가 오는 경우에는 단어에 따라 개모음 강세나 폐모음 강세로 표기를 해야 해요.

❶ 개모음 강세

예 università 우니베르씨따 대학, caffè 까페 커피, città 치따 도시

❷ 폐모음 강세

예 perché 뻬르께 왜냐하면, affinché 아핀께 ~하기 위하여, benché 벤께 비록 ~이지만

다시 말하지만, 발음상 개모음과 폐모음은 구별하지 않아요. 하지만 단어에 따라 강세 표기가 틀리니 불규칙 강세를 가진 단어들은 주의해서 강세 표기를 봐야 한답니다.

preparazione

문법 맛보GO!

이탈리아어 문법의 가장 필수적인 내용들을 살펴보세요. 당장 이해가 잘되지 않아도 괜찮습니다. 우선은 '이런 것들이 있구나!'하고 훑어보듯 맛보고, 본문에서 하나하나 더 상세히 공부할 거니까요.

1 명사의 성별

이탈리아어 명사는 기본적으로 하나의 성별을 가집니다. 성별은 명사의 어미에 따라 결정이 되는데, 보통 남성 명사는 마지막 모음이 -o로 끝나고, 여성 명사는 -a로 끝납니다. -e로 끝나는 단어의 경우 단어의 형태만 보아서는 남성인지 여성인지 알 수 없기에 개별적으로 암기해야 해요.

남성 명사	마지막 모음이 -o로 끝나는 단어 예 ragazzo 라가쪼 소년 / bambino 밤비노 어린 남자아이	
여성 명사	마지막 모음이 -a로 끝나는 단어 예 ragazza 라가짜 소녀 / bambina 밤비나 어린 여자아이	
남성/여성 명사	마지막 모음이 -e로 끝나는 단어	
	남성 명사	예 padre 빠드레 아버지 / fiore 피오레 꽃
	여성 명사	예 madre 마드레 어머니 / fame 파메 배고픔

2 관사의 종류

이탈리아어의 모든 명사는 일반적으로 명사 앞에 정관사나 부정관사가 오는 것이 원칙입니다. 하지만 명사 앞의 관사가 종종 생략되는 경우도 있으니 주의해야 합니다.

• 정관사

정관사는 구체적이거나 특정한 대상을 가리킬 때 사용합니다.

	단수형	복수형
남성 정관사	il 일	i 이
	lo 로	gli 리
	l' ㄹ	gli 리
여성 정관사	la 라	le 레
	l' ㄹ	le 레

• 부정관사

부정관사는 불확실하거나 이전에 언급되지 않은 대상을 가리킬 때 사용합니다.

남성 단수 부정관사	un 운
	uno 우노
	un 운
여성 단수 부정관사	una 우나
	un' 운

3 주격 인칭대명사의 형태

이탈리아어의 주격 인칭대명사는 크게 6가지로 나뉘며, 각 인칭에 따라 단수형과 복수형이 있어요.

인칭	주격 인칭대명사	뜻
1인칭 단수형	io 이오	나
2인칭 단수형	tu 뚜	너
3인칭 단수형	lui / lei / Lei 루이/레이/레이	그/그녀/당신
1인칭 복수형	noi 노이	우리
2인칭 복수형	voi 보이	너희
3인칭 복수형	loro 로로	그들

4 형용사와 동사의 어미 변화

이탈리아어는 형용사, 동사에서 어미 변화가 이루어져요.

• 형용사

이탈리아어의 형용사는 수식하는 명사나 주어의 성과 수에 따라 어미가 변화해요. 형용사의 원형은 남성 단수형 어미인 -o나 -e로 끝나는 형태인데, 다음과 같은 규칙에 따라 어미가 변화합니다.

원형 형태	성별 구분	단수형	복수형
-o로 끝나는 형용사	남성형 어미	-o	-i
	여성형 어미	-a	-e
-e로 끝나는 형용사	남성형/여성형 어미	-e	-i

• 동사

이탈리아어의 동사는 주어의 인칭에 따라 6가지 형태로 변하는데, 동사 원형의 어미 변화 형태에 따라 규칙 동사와 불규칙 동사로 구분됩니다. 여기서는 규칙 동사의 일반적인 변화 형태와 대표적인 불규칙 동사의 변화 형태를 간단히 살펴볼게요.

❶ 규칙 동사의 일반적인 변화 형태

주격 인칭대명사	-are 동사	-ere 동사	-ire 동사 (1)	-ire 동사 (2)
io 이오	-o	-o	-o	-isco
tu 뚜	-i	-i	-i	-isci
lui / lei / Lei 루이/레이/레이	-a	-e	-e	-isce
noi 노이	-iamo	-iamo	-iamo	-iamo
voi 보이	-ate	-ete	-ite	-ite
loro 로로	-ano	-ono	-ono	-iscono

❷ 대표적인 불규칙 동사들의 변화 형태

주격 인칭대명사	essere ~이다, ~있다	avere 가지다	fare 하다
io 이오	sono 소노	ho 오	faccio 팟쵸
tu 뚜	sei 세이	hai 아이	fai 파이
lui / lei / Lei 루이/레이/레이	è 에	ha 아	fa 파
noi 노이	siamo 씨아모	abbiamo 압비아모	facciamo 팟치아모
voi 보이	siete 씨에떼	avete 아베떼	fate 파떼
loro 로로	sono 소노	hanno 안노	fanno 판노

5 이탈리아어의 어순

• 평서문

이탈리아어의 평서문은 **주어 + 동사 + 목적어/보어**의 어순으로 되어 있어요.

Io sono Daniele. 이오 소노 다니엘레 내 이름은 Daniele입니다.
Lei va al cinema. 레이 바 알 치네마 그녀는 영화관에 갑니다.
Anna legge il giornale. 안나 렛제 일 죠르날레 Anna는 신문을 읽습니다.

이탈리아어는 주어의 인칭에 따라 동사가 6가지의 형태로 변하기 때문에 보통 주격 인칭대명사를 생략시켜요.

(io) Sono studente. (이오) 소노 스뚜덴떼 나는 학생입니다.

• 부정문

부정문의 경우에는 부정부사 non을 주어와 동사 사이에 위치시켜 주면 됩니다.

Anna non legge il giornale. 안나 논 렛제 일 죠르날레 Anna는 신문을 읽지 않습니다.
(io) Non ho da fare. (이오) 논 오 다 파레 나는 할 일이 없습니다.
(io) Non voglio tornare a casa. (이오) 논 볼리오 또르나레 아 까사 나는 집으로 돌아가고 싶지 않습니다.

• 의문문

이탈리아어의 의문문 어순은 의문사의 유무에 따라 달라져요.

❶ 의문사 + 동사 + 주어?

의문사가 존재하는 경우에는 의문사가 문장의 맨 앞에 오고 동사 + 주어의 어순으로 옵니다.

Quanti anni hai (tu)? 꾸안띠 안니 아이 (뚜) 너 몇 살이니?
* 의문형용사 quanti (얼마나 많은)

❷ 주어 + 동사 + 목적어/보어?

의문사가 존재하지 않는 경우에는 평서문과 어순이 같습니다. 의문문의 경우에도 평서문과 마찬가지로 주격 인칭대명사를 생략시킬 수 있습니다.

Hai freddo? 아이 프렛도 너 춥니?
Non vuoi dire la verità? 논 부오이 디레 라 베리따 너는 진실을 말하고 싶지 않니?

preparazione

이탈리아는 어떤 나라?

스웨덴
덴마크
영국
네덜란드
폴란드
독일
벨기에
체코
오스트리아
프랑스
스위스
이탈리아
포르투갈
로마
스페인

- **국가명** 이탈리아 공화국 (Repubblica Italiana)
- **수도** 로마 (Roma)
- **면적** 302,072㎢ (한반도의 1.5배)
- **인구** 약 6,100만 명 (2023년 기준)
- **종교** 가톨릭 (인구의 약 80.8%)
- **GDP** 1조 9,970억 $
- **화폐 단위** 유로화(Euro)

출처 대한민국 외교부, The WORLD FACTBOOK (CIA), 2023 유럽 진출 전략 (KOTRA)

이제 이탈리아로
출발해 보자GO!

Ciao!
Sono Anna.

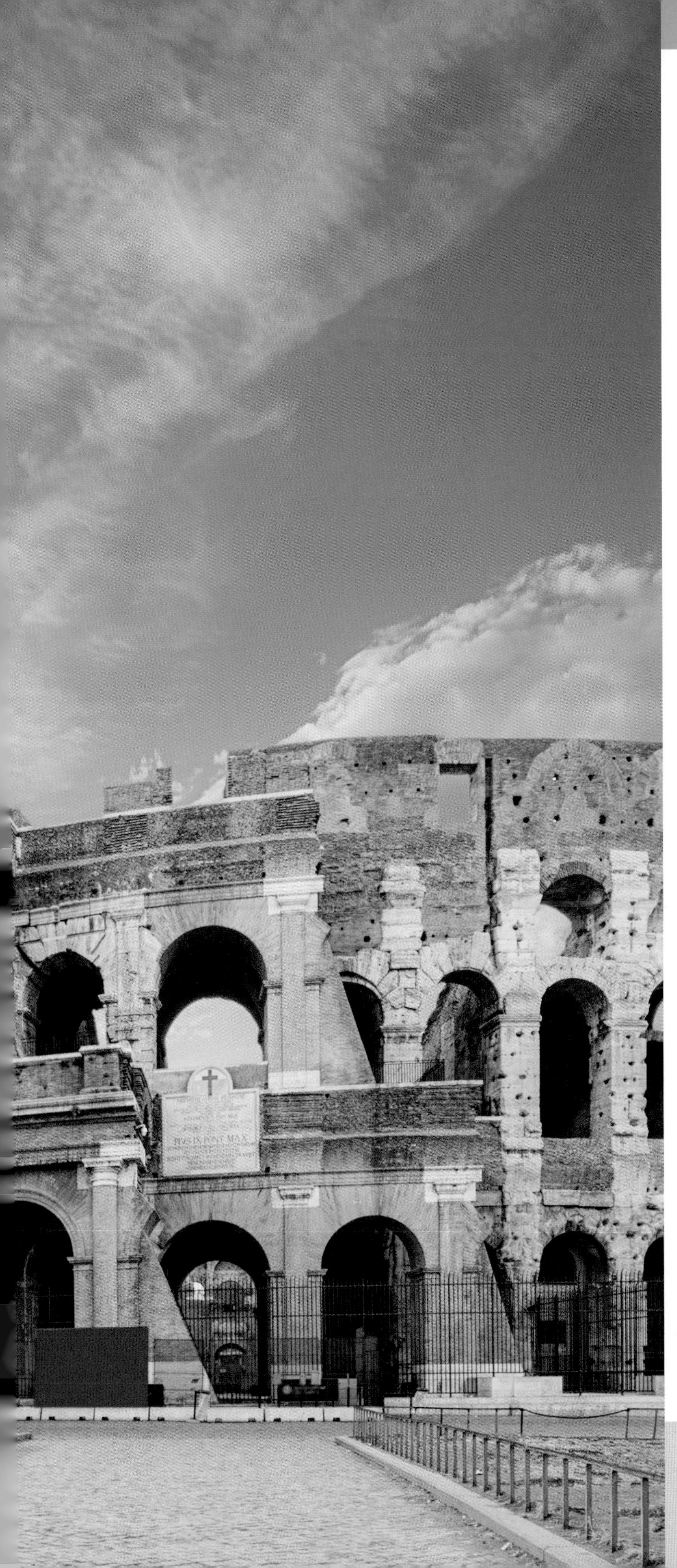

Lezione 01

Ciao! Sono Anna.

안녕! 나는 안나야.

01강

학습 목표

처음 만나 인사하기
이름 말하기

공부할 내용

주격 인칭대명사
essere 동사
chiamarsi 동사
재귀대명사

주요 표현

Ciao!
Buongiorno!
Come ti chiami?
Mi chiamo Anna.

◀ 로마에 있는 고대의 원형 투기장 콜로세움. 서기 80년경 지어졌으며 4층 규모의 관람석에 수용 인원은 5만 명에 이른다.

Parla

말문 트GO!

Dialogo 1 Track 01-01

안나와 루이지가 처음 만나 인사를 나눕니다.

Anna Ciao! Sono Anna.
챠오 소노 안나

Luigi Ciao! Sono Luigi.
챠오 소노 루이지

Anna Piacere!
삐아체레

Luigi Piacere mio!
삐아체레 미오

안나 안녕! 나는 안나야.

루이지 안녕! 나는 루이지야.

안나 만나서 반가워!

루이지 나도 만나서 반가워!

VOCA BOLI

ciao 감 안녕 **sono** 동사 'essere ~(이)다'의 1인칭 단수 직설법 현재형 **piacere** 명 즐거움, 쾌감

mio 소유형용사 나의

포인트 잡GO!

'나는 이름이 ~입니다.'라는 자기소개를 할 때는 '~(이)다, ~있다'라는 의미의 essere 동사를 사용합니다. Essere 동사는 **lezione 04**에서 다시 보게 되겠지만, 직설법 현재형이 불규칙하게 변하는 불규칙 동사입니다. Essere 동사 변화형은 **문법 다지GO!** 코너를 참조하세요.

Sono Andrea. **소노** 안드레아 **나는** 안드레아**입니다**.

Lui **è** Matteo. 루이 **에** 마떼오 **그는** 마테오**입니다**.

Lei **è** Chiara. 레이 **에** 끼아라 **그녀는** 키아라**입니다**.

Chiavi

핵심 배우GO!

1 다양한 상황별 인사 말하기

이탈리아어의 인사말은 크게 만남과 헤어짐, 존칭과 비존칭 표현으로 구분할 수 있습니다. 다양한 상황별 인사를 말해 보세요.

- Ciao! 챠오 — 안녕!
- Salve! 살베 — 안녕하세요! / 안녕히 계세요!
- Buongiorno! 부온죠르노 — 안녕하세요! / 안녕히 계세요! (오전 인사)
- Buonasera! 부오나세라 — 안녕하세요! / 안녕히 계세요! (오후~저녁 인사)
- Arrivederci! 아리베데르치 — 안녕히 계세요!

- Buona giornata! 부오나 죠르나따 — 좋은 하루 보내(세요)!
- Buona serata! 부오나 세라따 — 좋은 저녁 시간 보내(세요)!
- Buonanotte! 부오나노떼 — 좋은 밤 보내(세요)!
- Buon fine settimana! 부온 피네 쎄띠마나 — 좋은 주말 보내(세요)!

- A presto! 아 쁘레스또 — 곧 보자!
- A dopo! 아 도뽀 — 나중에 보자!
- A più tardi! 아 삐우 따르디 — 나중에 보자!
- A domani! 아 도마니 — 내일 보자!

2 첫 만남에서 인사 말하기

처음 만나 반가움을 표현하는 인사를 말해 보세요.

- Piacere! 삐아체레 — 만나서 반가워요!
- Piacere mio! 삐아체레 미오 — 저도 만나서 반가워요!
- Molto lieto/a! 몰또 리에또/따 — 만나서 매우 반가워요!
- (Molto) lieto/a di conoscerti. (몰또) 리에또/따 디 꼬노셰르띠 — 너를 알게 되어 (매우) 반가워.
- (Molto) lieto/a di conoscerLa. (몰또) 리에또/따 디 꼬노셰를라 — 당신을 알게 되어 (매우) 반갑습니다.

Occhio!

Lieto는 형용사로 '기쁜'이란 의미입니다. 보통 (molto) lieto 앞에는 '~(이)다.'라는 뜻의 essere 동사가 생략된 채 '만나서 반갑습니다.'라는 표현으로 쓰이는데, essere 동사의 보어로 쓰이기 때문에 주어가 남성인 경우는 lieto로, 여성인 경우는 lieta로 마지막 모음이 변화합니다. 형용사의 성, 수 일치에 대해서는 **lezione 05**에서 좀 더 자세히 배우겠습니다.

Parla

말문 트GO!

Dialogo 2 Track 01-02

안나는 프란체스카, 레오나르도와도 반갑게 인사를 나눕니다.

Anna Buongiorno! Sono Anna. Come si chiama Lei?
부온죠르노 소노 안나 꼬메 씨 끼아마 레이

Francesca Buongiorno! Mi chiamo Francesca e lui è Leonardo.
부온죠르노 미 끼아모 프란체스카 에루이에 레오나르도

Anna Molto lieta!
몰또 리에따

Leonardo Lieto di conoscerLa!
리에또 디 꼬노셰를라

Francesca Piacere!
삐아체레

안나 안녕하세요! 저는 안나입니다. 당신의 이름은 무엇입니까?

프란체스카 안녕하세요! 저는 프란체스카고 이 사람은 레오나르도예요.

안나 매우 반갑습니다!

레오나르도 당신을 알게 되어 반갑습니다!

프란체스카 반가워요!

VOCABOLI

buongiorno (감) 안녕하세요! (오전 인사) **sono** 동사 'essere ~(이)다'의 1인칭 단수 직설법 현재형 **come** (의문부사) 어떻게 **si** (재귀대명사) 당신 **chiama** 동사 'chiamare 부르다'의 3인칭 단수 직설법 현재형 **Lei** (인칭대명사) 당신 (주격 인칭대명사 3인칭 단수 존칭형) **e** (접) 그리고 **lui** (인칭대명사) 그 (주격 인칭대명사 3인칭 단수) **è** 동사 'essere ~(이)다'의 3인칭 단수 직설법 현재형 **molto** (부) 매우 **lieta** (형) 'lieto 기쁜, 즐거운'의 여성 단수형 **di** (전) [동사 원형이 뒤따라서 '~해서'의 의미] **conoscere** (동) 알다 **La** (직접 목적격 대명사 존칭형) 당신을

포인트 잡GO!

'Si chiama ~', 'mi chiamo ~'와 같이 재귀대명사와 함께 쓰인 동사를 재귀동사라고 부릅니다. Chiamare는 '부르다, 전화하다'란 뜻의 동사 원형이고 chiamarsi는 '이름이 ~이다'란 의미의 재귀동사 원형입니다. 'Si, mi'와 같은 재귀대명사는 동사 앞에 오며 주어의 인칭에 따라 6가지가 존재합니다. 재귀대명사와 chiamarsi 동사는 **문법 다지GO!** 코너에서 좀 더 자세히 배우겠습니다.

[동사원형] chiamar<u>**e**</u> → [재귀동사 원형] chiamar<u>**si**</u>

Chiavi

핵심 배우GO!

1 의문문 말하기

의문사가 있는 의문문의 어순은 '의문사 - 동사 - 주어'입니다. 의문사가 없는 의문문은 평서문과 같은 어순에서 문장 끝만 올려 발음해 주면 됩니다. 이름을 물어보는 질문은 의문부사 'come 어떻게'와 재귀동사 'chiamarsi ~라고 불리다'의 결합으로 말할 수 있습니다.

- (Tu) sei Arianna? (뚜) 쎄이 아리안나 — 너는 아리안나니?
- (Lei) è Veronica? (레이) 에 베로니카 — 당신은 베로니카입니까?
- (Lui) è Riccardo? (루이) 에 리까르도 — 그가 리카르도입니까?

- **Come** ti chiami (tu)? 꼬메 띠 끼아미 (뚜) — 너의 이름이 **뭐니**?
- **Come** si chiama (Lei)? 꼬메 씨 끼아마 (레이) — 당신의 이름은 **무엇입니까**?
- **Come** si chiamano (loro)? 꼬메 씨 끼아마노 (로로) — 그들의 이름은 **무엇입니까**?

2 이름 묻고 답하기

이름을 묻는 표현은 존칭과 비존칭으로 나눌 수 있습니다. 존칭형은 재귀대명사 3인칭 단수형과 chiamare 동사의 직설법 현재 3인칭 단수형을 써서 말할 수 있습니다. 재귀동사 chiamarsi 관련한 자세한 내용은 문법 **다지GO!** 코너에서 배우겠습니다.

- **Come** si chiama (Lei)? 꼬메 씨 끼아마 (레이) — 당신의 이름은 **무엇입니까**?

이름을 묻는 비존칭 표현으로 재귀대명사 2인칭 단수형과 chiamare 동사의 직설법 현재 2인칭 단수형을 써서 말할 수 있어요.

- **Come** ti chiami (tu)? 꼬메 띠 끼아미 (뚜) — 너의 이름은 **무엇이니**?

Tip 존칭형, 비존칭형 모두 주어인 Lei와 tu는 생략 가능합니다.

질문에 대한 답으로는 두 가지 방법이 있는데, 아래와 같이 essere 동사 또는 '재귀대명사 + chiamarsi 동사'를 사용하여 말하면 됩니다.

- **Sono** Roberta. 소노 로베르따 — **나는** 로베르타**입니다**.
- **Mi chiamo** Roberta. 미 끼아모 로베르따 — **내 이름은** 로베르타**입니다**.

Occhio!

성까지 함께 말하고 싶다면, '이름 + 성' 순으로 말하면 됩니다. 이름은 이탈리아어로 'nome', 성은 'cognome'입니다.

Mi chiamo Cristoforo Colombo. 미 끼아모 끄리스또포로 꼴롬보 — 내 이름은 크리스토포로 콜롬보입니다.
Mi chiamo Giuseppe Rossi. 미 끼아모 쥬세뻬 로씨 — 내 이름은 쥬세페 로시입니다.

Ricorda

문법 다지GO!

1 주격 인칭대명사

주격 인칭대명사는 크게 6가지로 나뉘며, 각 인칭에 따라 단수형과 복수형이 있습니다. 주어의 인칭에 따라 6가지로 변하는 동사 형태를 통해 주어를 충분히 유추할 수 있기에 주어는 보통 생략됩니다.

주격 인칭대명사	뜻
io 이오	나 (1인칭 단수형)
tu 뚜	너 (2인칭 단수형)
lui / lei / Lei 루이 / 레이 / 레이	그 / 그녀 / 당신 (3인칭 단수형)
noi 노이	우리 (1인칭 복수형)
voi 보이	너희 (2인칭 복수형)
loro 로로	그들 (3인칭 복수형)

3인칭 단수형 주격 인칭대명사가 남성을 가리킬 땐 lui, 여성을 가리킬 땐 lei를 사용합니다. 또한 '당신'이라는 존칭의 의미를 가지는 존칭형 주격 인칭대명사 Lei는 첫 글자를 대문자로 표기해 'lei 그녀'와 구별해 줍니다. 발음상으로는 차이가 없기에 대화에서는 문맥으로 구분해야 합니다.

2 Essere 동사

Essere 동사는 인칭에 따라 불규칙하게 변하는 불규칙 동사이므로 변화형에 주의해서 암기할 필요가 있습니다. 특히 직설법 현재 3인칭 단수형에 붙는 개모음 강세 표시에 주의해야 합니다. 강세 표시가 없이 e라고만 쓰면 '그리고'라는 뜻의 등위 접속사가 되기 때문입니다.

주격 인칭대명사	essere 동사
io 이오	sono 소노
tu 뚜	sei 세이
lui / lei / Lei 루이 / 레이 / 레이	è 에
noi 노이	siamo 씨아모
voi 보이	siete 씨에떼
loro 로로	sono 소노

이번 **lezione**에서는 essere 동사 뒤에 이름을 넣어 자기소개를 말하는 용법을 배웠습니다. Essere 동사 뒤에는 형용사나 명사가 보어로 올 수 있고, 조동사로 쓰여서 과거나 미래 시제를 만드는 역할도 합니다.

3 재귀대명사와 chiamarsi 동사

이름을 소개하는 'Mi chiamo ~' 와 같은 형태를 재귀동사 표현이라고 합니다. Chiamare 동사는 앞에 mi, ti, si 등의 재귀대명사를 동반하지 않은 경우 '~을(를) 부르다', '~에게 전화하다'라는 의미의 타동사로 쓰이는데, '내 이름은 ~(이)다'라고 말하기 위해서는 '재귀대명사 + 동사'의 형태인 chiamarsi 동사를 사용해야 합니다. 재귀대명사는 주격 인칭대명사에 따라서 6가지 형태로 나뉘며, 재귀대명사 자체가 문장의 주격 인칭 정보를 담고 있기 때문에 재귀동사 구문에서는 주격 인칭대명사를 따로 쓰지 않습니다.

주격 인칭대명사	chiamare 동사	재귀대명사	chiamarsi 동사
io 이오	chiamo 끼아모	mi 미	mi chiamo 미 끼아모
tu 뚜	chiami 끼아미	ti 띠	ti chiami 띠 끼아미
lui / lei / Lei 루이 / 레이 / 레이	chiama 끼아마	si 씨	si chiama 씨 끼아마
noi 노이	chiamiamo 끼아미아모	ci 치	ci chiamiamo 치 끼아미아모
voi 보이	chiamate 끼아마떼	vi 비	vi chiamate 비 끼아마떼
loro 로로	chiamano 끼아마노	si 씨	si chiamano 씨 끼아마노

- **Mi chiamo** Sara.
  미 끼아모 사라
  내 이름은 사라**입니다**.
- **Si chiama** Claudio.
  씨 끼아마 클라우디오
  그의 이름은 클라우디오**입니다**.
- **Ci chiamiamo** Alessandra e Jessica.
  치 끼아미아모 알레싼드라 에 제씨카
  우리의 이름은 알레산드라와 제시카**입니다**.
- **Si chiamano** Leonardo e Stefano.
  씨 끼아마노 레오나르도 에 스테파노
  그들은 레오나르도와 스테파노**입니다**.

Chiamare 동사는 어미가 -are로 끝나는 규칙 동사입니다. 이탈리아어 동사의 변화형에 대해서는 **lezione 04**에서 자세히 배우겠습니다.

Occhio!

개모음과 폐모음

이탈리아어는 강세를 갖습니다. 입을 크게 벌리고 혀의 위치를 낮추어 발음하는 모음을 개모음, 반대로 입을 조금 벌리고 혀의 위치를 높여 발음하는 모음을 폐모음이라고 합니다. 각 단어마다 뒤에서 두 번째나 세 번째 모음에 강세가 오는데, 이때 단어에 따라 개모음 강세 또는 폐모음 강세가 다르게 붙습니다. 또, 단어의 마지막 모음에 강세가 불규칙하게 붙는 경우, 단어에 따라 개모음 강세 [`]나 폐모음 강세 [´]로 표기됩니다. 마지막 모음의 강세 위치와 표기법에 주의하면 됩니다.

Scrivi

실력 높이 GO!

Track 01-03

1 녹음을 듣고, 괄호 안에 알맞은 말을 쓰세요.

Laura: Come ti [ⓐ]?
Anna: [ⓑ] chiamo Anna. E tu?
Laura: [ⓒ] Laura. Piacere!
Anna: [ⓓ]!

2 단어의 순서를 알맞게 배열하여 문장을 만들어 보세요.

ⓐ si, come, chiama, Lei (당신의 이름은 무엇입니까?)
ⓑ chiamo, mi, Anna (내 이름은 안나입니다.)
ⓒ lieto, molto (만나서 매우 반갑습니다!)

ⓐ

ⓑ

ⓒ

3 보기를 참조하여 밑줄 친 부분에 알맞은 chiamare 동사 변형 형태를 쓰세요.

보기	Mi chiamo Laura.

ⓐ Come ti ____________ ?

ⓑ Si ____________ Leo.

ⓒ Ci ________________ Veronica e Elena.

4 아래의 문장을 이탈리아어로 작문하고, 정답을 확인한 다음 올바른 문장을 소리 내어 말해 보세요.

ⓐ 너의 이름이 뭐니?
ⓑ 나는 Giorgio야.
ⓒ 당신을 알게 되어 반갑습니다!

ⓐ ________________________________

ⓑ ________________________________

ⓒ ________________________________

정답

❶ ⓐ chiami ⓑ Mi ⓒ Mi chiamo ⓓ Piacere mio

❷ ⓐ Come si chiama Lei? ⓑ Mi chiamo Anna. ⓒ Molto lieto!

❸ ⓐ chiami ⓑ chiama ⓒ chiamiamo

❹ ⓐ Come ti chiami? ⓑ Mi chiamo Giorgio. (또는) Sono Giorgio. ⓒ Piacere! (또는) Lieto/a di conoscerLa!

Parole

어휘 늘리GO!

Track 01-04

Essere 동사를 활용한 표현 말하기

Essere 동사 뒤에 보어로 어떤 명사나 형용사가 오느냐에 따라, 주어의 의미나 상태를 다양하게 표현하고 보충 설명을 해 줄 수 있습니다. Essere 동사를 활용한 다양한 말하기를 연습해 보세요.

이름

Sono Mario. 소노 마리오 — **저는** 마리오**입니다**.

국적

Sono coreano. 소노 꼬레아노 — **저는** 한국 사람**입니다**. (남성)

Sono coreana. 소노 꼬레아나 — **저는** 한국 사람**입니다**. (여성)

직업

Sono studente. 소노 스뚜덴떼 — **나는** 학생**입니다**. (남성)

Sono studentessa. 소노 스뚜덴떼싸 — **나는** 학생**입니다**. (여성)

~있다

C'**è** una mela. 체 우나 멜라 — 사과 하나가 **있습니다**.

Ci **sono** delle mele. 치 소노 델레 멜레 — 사과들이 **있습니다**.

시간

Sono le dieci e un quarto. 소노 레 디에치 에 운 꾸아르또 — 10시 15분**입니다**.

È l'una. 에 루나 — 1시**입니다**.

상태

Sono stanco. 소노 스땅꼬 — **나는** 피곤**하다**. (남성)

Sono stanca. 소노 스땅까 — **나는** 피곤**하다**. (여성)

Sono felice. 소노 펠리체 — **나는** 행복**하다**.

Sono sorpreso. 소노 소르쁘레소 — **나는** 놀랐**다**. (남성)

Sono sorpresa. 소노 소르쁘레사 — **나는** 놀랐**다**. (여성)

Italia

이탈리아 만나 GO!

이탈리아의 인기 있는 이름

이탈리아 광장에서 'Marco 마르코'를 부르면 열 명은 뒤돌아본다고 합니다.
이탈리아에서 많이 불리며 인기 있는 이름을 알아볼게요.

남성 이름	여성 이름
Andrea 안드레아	Giulia 쥴리아
Luca 루까	Chiara 끼아라
Marco 마르꼬	Francesca 프란체스까
Francesco 프란체스꼬	Federica 페데리까
Matteo 마떼오	Sara 사라
Alessandro 알레싼드로	Martina 마르띠나
Davide 다비데	Valentina 발렌띠나
Simone 씨모네	Alessia 알레씨아
Federico 페데리꼬	Silvia 실비아
Lorenzo 로렌쪼	Elisa 엘리사

많이 쓰이는 성은 무엇인지도 살펴보세요. 이탈리아에서 성과 이름을 소개할 땐, 이름을 먼저 말하고 성을 말한다는 순서도 잊지 마세요.

순위	성
1	Rossi 로씨
2	Russo 루쏘
3	Ferrari 페라리
4	Esposito 에스뽀지또
5	Bianchi 비앙끼
6	Romano 로마노
7	Colombo 꼴롬보
8	Ricci 리치
9	Marino 마리노
10	Greco 그레꼬

Di dove sei?

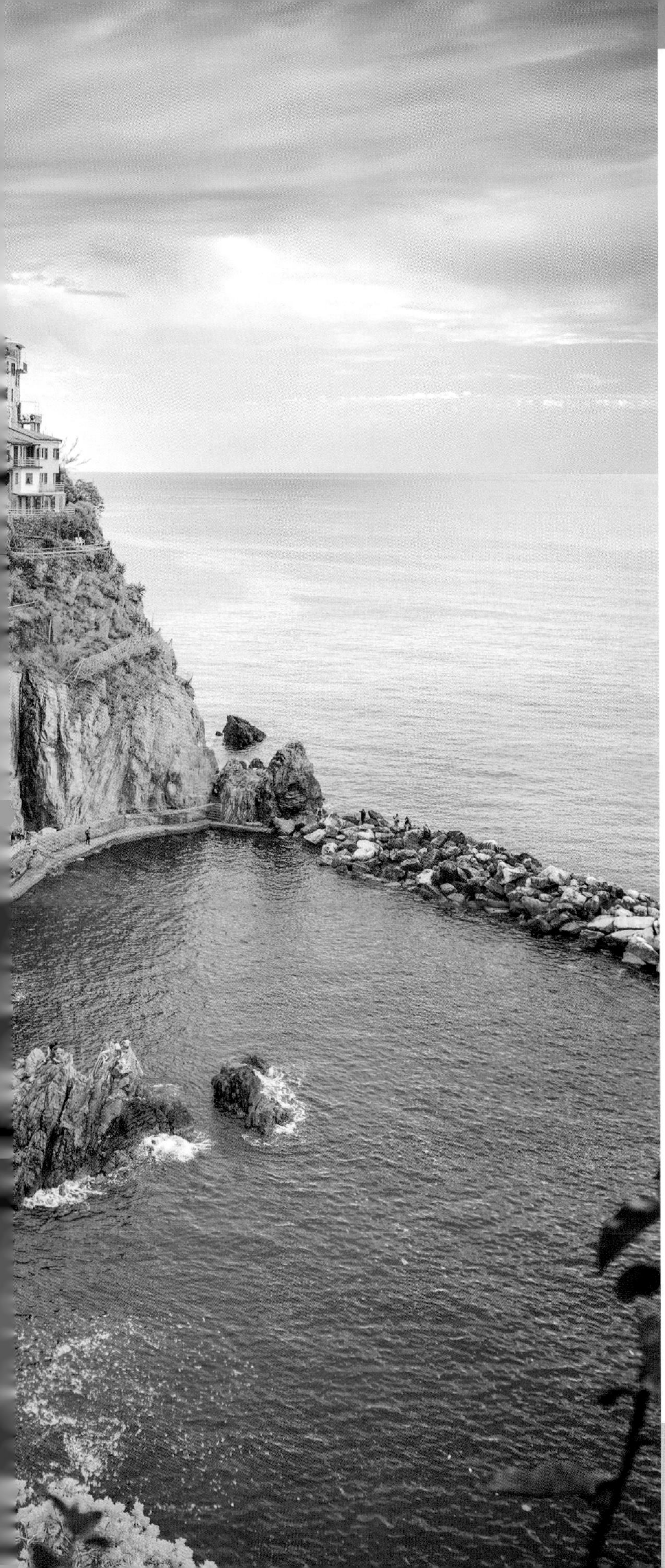

Lezione 02

Di dove sei?

너는 어디에서 왔니?

02강

학습 목표

출신지, 국적 묻고 답하기

어디에 사는지 묻고 답하기

공부할 내용

의문부사 dove

전치사 in, a, da, di

주요 표현

Di dove sei?

Sono di Seoul.

Dove abiti?

Abito in Italia.

◀ 리비에라에 위치한 아름다운 해안 마을 친테퀘레. 국립 공원이자 유네스코 세계 문화 유산으로 지정된 명소이다.

Parla

말문 트GO!

Dialogo 1 Track 02-01

안나는 한국인, 루이지는 이탈리아인입니다.

Anna Ciao! Sei italiano?
챠오 세이 이딸리아노

Luigi Sì. Sono italiano. E tu di dove sei?
씨 소노 이딸리아노 에 뚜 디 도베 세이

Anna Sono coreana. Sono di Seoul. E tu? Da dove vieni?
소노 꼬레아나 소노 디 서울 에 뚜 다 도베 비에니

Luigi Vengo da Roma.
벵고 다 로마

안나 안녕! 너는 이탈리아 사람이니?
루이지 응. 나는 이탈리아 사람이야. 너는 어디 출신이니?
안나 나는 한국 사람이야. 서울 출신이야. 넌? 어디에서 왔니?
루이지 나는 로마에서 왔어.

VOCA BOLI

italiano 명 이탈리아인, 이탈리아어 형 이탈리아인의, 이탈리아어의 **sì** 부 예, 그래 **e** 접 그리고 **tu** 인칭대명사 너 **di** 전 ~(으)로부터 **dove** 의문부사 어디 **coreana** 형 한국 사람의 (여) 명 'coreano 한국 사람, 한국인'의 여성 단수 형태 **da** 전 ~(으)로부터 **vieni** 동사 'venire 오다, ~출신이다'의 2인칭 단수 직설법 현재형 **vengo** 동사 'venire 오다, ~출신이다'의 1인칭 단수 직설법 현재형

포인트 잡GO!

Essere 동사 뒤에 국적형용사를 붙여 국적을 말할 수 있습니다. 주의할 점은 주어의 성, 수에 따라 국적형용사의 어미가 아래와 같이 달라진다는 것입니다. 주어가 남성 단수이면 국적형용사의 어미도 남성 단수형을, 여성 단수이면 여성 단수형을 씁니다.

Io sono **coreano.** 이오 소노 **꼬레아노** — 나는 **한국 사람**입니다. (주어가 남성, 1인칭 단수형)

Tu sei **coreana.** 뚜 쎄이 **꼬레아나** — 너는 **한국 사람**이다. (주어가 여성, 2인칭 단수형)

Lei è **italiana.** 레이 에 **이딸리아나** — 그녀는 **이탈리아 사람**입니다. (주어가 여성, 3인칭 단수형)

Noi siamo **coreani.** 노이 씨아모 **꼬레아니** — 우리는 **한국 사람**입니다. (주어가 남성 복수 / 남녀 혼성, 1인칭 복수형)

Tip 이탈리아어는 국적형용사의 첫 글자를 대문자로 표기하지 않는 점 주의하세요.
Io sono Coreano. (X) → Io sono coreano. (O)

형용사의 성, 수에 관해서는 **lezione 05**에서 좀 더 자세히 배우겠습니다.

Chiavi

핵심 배우GO!

1 어느 나라 사람인지 말하기

대화문에 나온 'italiano, coreana'와 같은 국적형용사는 '이탈리아 사람, 한국 사람'과 같이 국적명을 가리키는 명사로도 사용될 수 있습니다. 이탈리아어의 모든 명사는 성, 수의 구분이 있는데, 남성인 경우 -o, 여성인 경우 -a로 끝나고 남성 복수나 혼성의 경우 -i로, 여성 복수의 경우에는 -e로 변화시켜 성, 수를 구분합니다. -e로 끝나는 국적명은 따로 성별 구분 형태는 없습니다. 단, 복수를 나타낼 때 -e를 -i로 변화시키면 됩니다.

	단수형	복수형
-a로 끝나는 여성 국적명	-a	-e
-o로 끝나는 남성 국적명	-o	-i
-e로 끝나는 남성 / 여성 국적명	-e	

예 coreano 한국 사람 (남성) → coreani 한국 사람들 (남성 복수 / 남녀 혼성)
coreana 한국 사람 (여성) → coreane 한국 사람들 (여성 복수)

italiano 이탈리아 사람 (남성) → italiani 이탈리아 사람들 (남성 복수 / 남녀 혼성)
italiana 이탈리아 사람 (여성) → italiane 이탈리아 사람들 (여성 복수)

giapponese 일본 사람 (남성 / 여성) → giapponesi 일본 사람들 (남성 복수 / 여성 복수 / 남녀 혼성)
cinese 중국 사람 (남성 / 여성) → cinesi 중국 사람들 (남성 복수 / 여성 복수 / 남녀 혼성)

2 어디에서 왔는지 묻고 답하기

출신지를 묻고 싶다면 '어디에'라는 의미를 가지는 의문부사 dove를 essere 또는 venire 동사와 함께 사용하면 됩니다. 이때 '~(으)로부터'라는 의미를 나타낼 수 있는 전치사 di나 da를 함께 사용하는데, 묻는 대상이 전치사와 함께 오게 되면 전치사를 의문사 앞에 위치시킵니다.

❶ 'Essere + di + 도시명', 'essere + 국적형용사'로 말하기

- Di dove **sei**? 디 도베 세이 어디 출신이니?
- **Sono** di Seoul. 소노 디 서울 나는 서울 출신이야.
- **Sono** coreano. 소노 꼬레아노 나는 한국 사람이야.

❷ 'Venire + da + 도시명', 'venire + da + 정관사 + 국가명'으로 말하기

Venire 동사 뒤에 국가명이 올 경우, 국가명의 성, 수에 따른 정관사를 바르게 써 주어야 해요. 정관사 규칙은 **lezione 03**에서 자세히 배우겠습니다. 도시명이 올 경우에는 도시명 앞에 정관사를 쓰지 않습니다.

- Da dove **vieni**? 다 도베 비에니 어디에서 왔니?
- **Vengo** da Roma. 벵고 다 로마 로마에서 왔어.
- **Vengo** dalla Germania. 벵고 달라 제르마니아 독일에서 왔습니다.

Tip 위 문장에서 'dalla'는 전치사 da와 정관사 la의 결합형입니다. 전치사 정관사 결합형은 **문법 다지GO!**에서 자세히 배우겠습니다.

Parla

말문 트GO!

Dialogo 2 Track 02-02

사라는 이탈리아 사람이에요.

Anna Scusi, Lei è spagnola?
스꾸지 레이 에 스빠뇰라

Sara No. Sono italiana. E Lei? Di dov'è?
노 소노 이딸리아나 에 레이 디 도베

Anna Io sono coreana, ma abito in Italia. E Lei?
이오 소노 꼬레아나 마 아비또 인이딸리아 에 레이
Dove abita?
도베 아비따

Sara Abito in Austria, a Vienna.
아비또 인아우스뜨리아 아 비엔나

안나 실례하지만, 스페인 사람이세요?
사라 아니요. 이탈리아 사람이에요. 당신은요? 어디 출신이세요?
안나 저는 한국 사람인데, 하지만 이탈리아에 거주하고 있어요. 당신은요? 어디 사세요?
사라 오스트리아의 비엔나에 살아요.

VOCA BOLI

scusi 동사 'scusare 용서하다'의 2인칭 단수 직설법 현재형 ('실례합니다.'의 의미) **spagnola** 형 스페인 사람의 (여) **no** 부 아니요 **di** 전 ~(으)로부터 **dove** 의문부사 어디에 **ma** 접 하지만 **abito** 동사 'abitare 거주하다'의 1인칭 단수 직설법 현재형 **in** 전 ~에 **Italia** 고유 이탈리아 **abita** 동사 'abitare 거주하다'의 3인칭 단수 직설법 현재형 **Austria** 고유 오스트리아 **a** 전 ~에 **Vienna** 고유 비엔나, 빈

포인트 잡GO!

❶ '~에'라는 뜻으로 쓰일 수 있는 전치사는 in과 a가 있습니다. 전치사 in과 a는 모두 'andare 가다', 'vivere 살다', 'abitare 거주하다', 'essere ~있다' 등의 동사 뒤에 위치하여 '~에'라는 의미로 쓰이는데, 도시명 앞에는 a, 나라명 앞에는 전치사 in으로 말합니다.

Sono **a Roma**. 소노 **아 로마**	나는 **로마에** 있어요.
Sono **a Venezia**. 소노 **아 베네치아**	나는 **베네치아에** 있어요.
Sono **in Italia**. 소노 **인 이딸리아**	나는 **이탈리아에** 있어요.
Marco è **in Francia**. 마르꼬 에 **인 프란치아**	마르코는 **프랑스에** 있어요.
Sono **in Sicilia**. 소노 **인 시칠리아**	우리는 **시칠리아에** 있어요.

❷ **Dov'è 결합형**

의문사 dove와 essere 동사의 3인칭 단수형 è가 함께 오면 dove의 마지막 모음이 탈락하고 è와 결합하는 현상을 보입니다. 이때 두 단어는 작은 따옴표 (')로 연결됩니다. È 가 아닌 다른 단어가 dove 뒤에 오면 dove는 뒤에 오는 단어와 축약되지 않습니다.

Di **dov'è**? 디 **도베**	당신은 어디 출신입니까?
Di dove sei? 디 도베 쎄이	너는 어디 출신이니?

Chiavi

핵심 배우GO!

1 어디에 사는지 말하기

'Abitare ~에 거주하다' 동사로 어디에 사는지 말할 수 있습니다. 어디에 사는지 묻기 위해 '의문사 dove + abitare 동사' 순으로 연결합니다. Abitare 동사는 어미가 -are로 끝나는 규칙 동사입니다. Abitare 동사의 변화형에 관해서는 문법 **다지 GO!** 코너를 참고하세요.

- Dove **abiti** (tu)? 도베 아비띠 (뚜) — 너 어디에 **사니**?
- Dove **abita** (Lei)? 도베 아비따 (레이) — 당신은 어디에 **사세요**?

2 장소 명사에 따라 전치사 구분하기

Abitare 동사는 어디에 거주하는지를 나타내는 장소 전치사구와 함께 사용하는 것이 원칙입니다. 거주하는 장소 명사에 따라 전치사 in이나 a로 말해 보세요.

도시명 앞에는 a, 나라명 앞에는 전치사 in으로 말합니다.

- Abito **a** Torino. 아비또 **아** 또리노 — 나는 토리노**에** 삽니다.
- Abito **in** Germania. 아비또 **인** 제르마니아 — 나는 독일**에** 삽니다.

보통 작은 섬의 경우 a, 큰 섬의 경우 in으로 말합니다.

- Abito **a** Capri. 아비또 **아** 까쁘리 — 나는 카프리**에** 삽니다.
- Abito **in** Sardegna. 아비또 **인** 사르데냐 — 나는 사르데냐**에** 삽니다.

Tip 그 밖의 장소 명사도 알아 두세요.

Abito **in centro.**	아비또 **인 첸뜨로**	나는 **시내에** 삽니다.
Abito **in città.**	아비또 **인 치따**	나는 **도시에** 삽니다.
Abito **in periferia.**	아비또 **인 뻬리페리아**	나는 **외곽에** 삽니다.
Abito **in Via Garibaldi.**	아비또 **인 비아 가리발디**	나는 **가리발디 거리에** 삽니다.
Abito **in un appartamento.**	아비또 **인 운 아빠르따멘또**	나는 **아파트에** 삽니다.
Abito **in un monolocale.**	아비또 **인 운 모노로깔레**	나는 **원룸에** 삽니다.

Ricorda

문법 다지GO!

1 Abitare 동사 직설법 현재 변화형

Abitare 동사는 어미가 -are로 끝나는 규칙 동사로, 주어의 인칭에 따라 6가지 형태로 변화합니다.

주격 인칭대명사	abitare 동사
io 이오	abito 아비또
tu 뚜	abiti 아비띠
lui / lei / Lei 루이 / 레이 / 레이	abita 아비따
noi 노이	abitiamo 아비띠아모
voi 보이	abitate 아비따떼
loro 로로	abitano 아비따노

2 Venire 동사 직설법 현재 변화형

Venire 동사는 어미가 -ire로 끝나는 불규칙 동사로, 주어의 인칭에 따라 6가지 형태로 변화합니다.

주격 인칭대명사	venire 동사
io 이오	vengo 벵고
tu 뚜	vieni 비에니
lui / lei / Lei 루이 / 레이 / 레이	viene 비에네
noi 노이	veniamo 베니아모
voi 보이	venite 베니떼
loro 로로	vengono 벵고노

Venire 동사로 출신지를 물을 땐 의문사 dove 앞에 전치사 da가 와야 합니다.

- Dove vieni? (X) → **Da** dove vieni? (O)

대답할 때도 venire 동사 뒤에 전치사 da와 함께 출신지를 써서 문장을 완성시켜야 합니다.

- Vengo **da** Roma. 벵고 **다** 로마 나는 로마**에서** 왔습니다.
- Viene **da** Barcellona. 비에네 **다** 바르첼로나 그는 바르셀로나**에서** 왔습니다.
- Vengo **da**ll'Inghilterra. 벵고 **달**링길떼라 나는 영국**에서** 왔습니다.
- Viene **da**gli Stati Uniti. 비에네 **달**리 스따띠 우니띠 그는 미국**에서** 왔습니다.

3 전치사 정관사 결합형

이탈리아어 전치사 중 'a ~에(방향)', 'in ~에(위치)', 'su ~에 대해/~의 위에', 'di ~(으)로 부터', 'da ~(으)로 부터'는 정관사와 결합하여 전치사 관사 결합형을 만듭니다. 아래 표를 보며 전치사 정관사 결합형에 대해 자세히 살펴보겠습니다.

정관사	a	in	su	di	da
il	al 알	nel 넬	sul 술	del 델	dal 달
lo	allo 알로	nello 넬로	sullo 술로	dello 델로	dallo 달로
l'	all' 알	nell' 넬	sull' 술	dell' 델	dall' 달
la	alla 알라	nella 넬라	sulla 술라	della 델라	dalla 달라
i	ai 아이	nei 네이	sui 수이	dei 데이	dai 다이
gli	agli 알리	negli 넬리	sugli 술리	degli 델리	dagli 달리
le	alle 알레	nelle 넬레	sulle 술래	delle 델레	dalle 달레

전치사 da 뒤에 국가명이 올 경우 국가명의 성, 수에 맞는 정관사와 함께여야 합니다.

- Vengo **dalla** Corea del Sud. 벵고 **달라** 꼬레아 델 수드 나는 한국**에서** 왔습니다.
- Vengo **dal** Giappone. 벵고 **달** 쟈뽀네 나는 일본**에서** 왔습니다.
- Vengo **dall'**Italia. 벵고 **달리**딸리아 나는 이탈리아**에서** 왔습니다.
- Vengo **dalla** Cina. 벵고 **달라** 치나 나는 중국**에서** 왔습니다.

Scrivi

실력 높이 GO!

Track 02-03

1 녹음을 듣고, 빈칸에 알맞은 말을 쓰세요.

Anna: Di dove [ⓐ   ] ?
Francesca: [ⓑ   ] italiana. E tu?
Anna: [ⓒ   ] .
Francesca: [ⓓ   ] abiti?
Anna: Abito [ⓔ   ] Roma.

2 단어의 순서를 알맞게 배열하여 문장을 만들어 보세요.

ⓐ dove, di, è (당신은 어디 출신입니까?)
ⓑ sono, io, tedesco (나는 독일인입니다.)
ⓒ dove, viene, da (어디 출신입니까?)

ⓐ

ⓑ

ⓒ

3 보기를 참조하여 빈칸에 알맞은 동사 변형 형태를 쓰세요.

보기	Io vengo da Roma.

ⓐ Da dove__________ tu?

ⓑ Lei __________ dalla Francia.

ⓒ Loro __________ dalla Sicilia.

4 아래의 문장을 이탈리아어로 작문하고, 정답을 확인한 다음 올바른 문장을 소리 내어 말해 보세요.

ⓐ 나는 한국 사람입니다.
ⓑ 나는 서울 출신입니다.
ⓒ 도시에 삽니다.

città 명 도시

ⓐ

ⓑ

ⓒ

정답

❶ ⓐ sei ⓑ Sono ⓒ Sono coreana ⓓ Dove ⓔ a

❷ ⓐ Di dove è (dov'è)? ⓑ Io sono tedesco. ⓒ Da dove viene?

❸ ⓐ vieni ⓑ viene ⓒ vengono

❹ ⓐ Sono coreano/a. ⓑ Sono di Seoul. (또는) Vengo da Seoul. ⓒ Abito in città.

Parole

어휘 늘리GO!

Track 02-04

국가명과 국적형용사를 이탈리아어로 말해 보세요.

국가명		국적형용사
한국	Corea del Sud 꼬레아 델 수드	coreano 꼬레아노
이탈리아	Italia 이딸리아	italiano 이딸리아노
독일	Germania 제르마니아	tedesco 떼데스꼬
미국	Stati Uniti 스따띠 우니띠	americano / statunitense 아메리까노 / 스따뚜니뗀세
스페인	Spagna 스빠냐	spagnolo 스빠뇰로
그리스	Grecia 그레치아	greco 그레꼬
오스트리아	Austria 아우스뜨리아	austriaco 아우스뜨리아꼬
포르투갈	Portogallo 뽀르또갈로	portoghese 뽀르또게제
영국	Inghilterra 잉길떼라	inglese 잉글레제
캐나다	Canada 까나다	canadese 까나데제
프랑스	Francia 프란치아	francese 프란체제
일본	Giappone 쟈뽀네	giapponese 쟈뽀네제
중국	Cina 치나	cinese 치네제

이탈리아의 가 볼 만한 도시 추천

로마 제국의 중심지이자 중세 인문주의와 유럽 르네상스에 큰 영향을 끼친 이탈리아는 풍요로운 역사와 문화를 가진 나라입니다. 지리적으로는 북쪽으로 알프스 산맥을 끼고 프랑스, 스위스, 오스트리아, 슬로베니아와 국경을 마주하며, 삼면이 지중해로 둘러싸인 반도 국가지요. 지중해 건너 남쪽으로는 아프리카, 중동 지역과도 가깝습니다. 풍부한 역사와 좋은 접근성을 가진 이탈리아는 전 세계 여행객들이 모여드는 관광 대국이기도 합니다.

2017년도 ISTAT(이탈리아 통계청)의 조사에 따르면 여행객들이 가장 많이 다녀간 도시는 단연 로마입니다. 뒤이어 밀라노, 베네치아, 피렌체, 토리노 등 역사·문화의 도시들이 순위를 다투고 있지요. 이탈리아의 20개 'Regione 주' 가운데 여행객들이 가장 선호하는 곳은 'Veneto 베네토'를 시작으로 'Trentino-Alto Adige 트렌티노-알토 아디제', 'Toscana 토스카나', 'Emilia-Romagna 에밀리아-로마냐', 'Lombardia 롬바르디아' 등입니다. 베네토와 트렌티노-알토 아디제, 롬바르디아는 모두 북부에 위치하며, 주로 알프스 산맥을 끼고 있어 훌륭한 자연 경관이 특징입니다.

특히 추천하고 싶은 도시는 아직까지 한국인들에게는 많이 알려지지 않은 트렌티노-알토 아디제 주의 'Bolzano 볼차노'입니다. 알프스 산맥 아래 아디제 강 유역 분지에 위치한 이 도시로 전 세계 여행객들이 겨울에는 스키를 타러, 봄·여름에는 트레킹을 하러 몰려듭니다. 오스트리아와 가까워 주민 중 오스트리아계 인구가 많으며 독일어를 함께 사용하고 있어서, 이탈리아와 오스트리아 두 나라의 문화를 모두 접할 수 있는 특이한 도시이기도 합니다.

▲ 'Bolzano 볼차노'의 중심에 있는 'Piazza Walther 발터 광장'

Che lavoro fai?

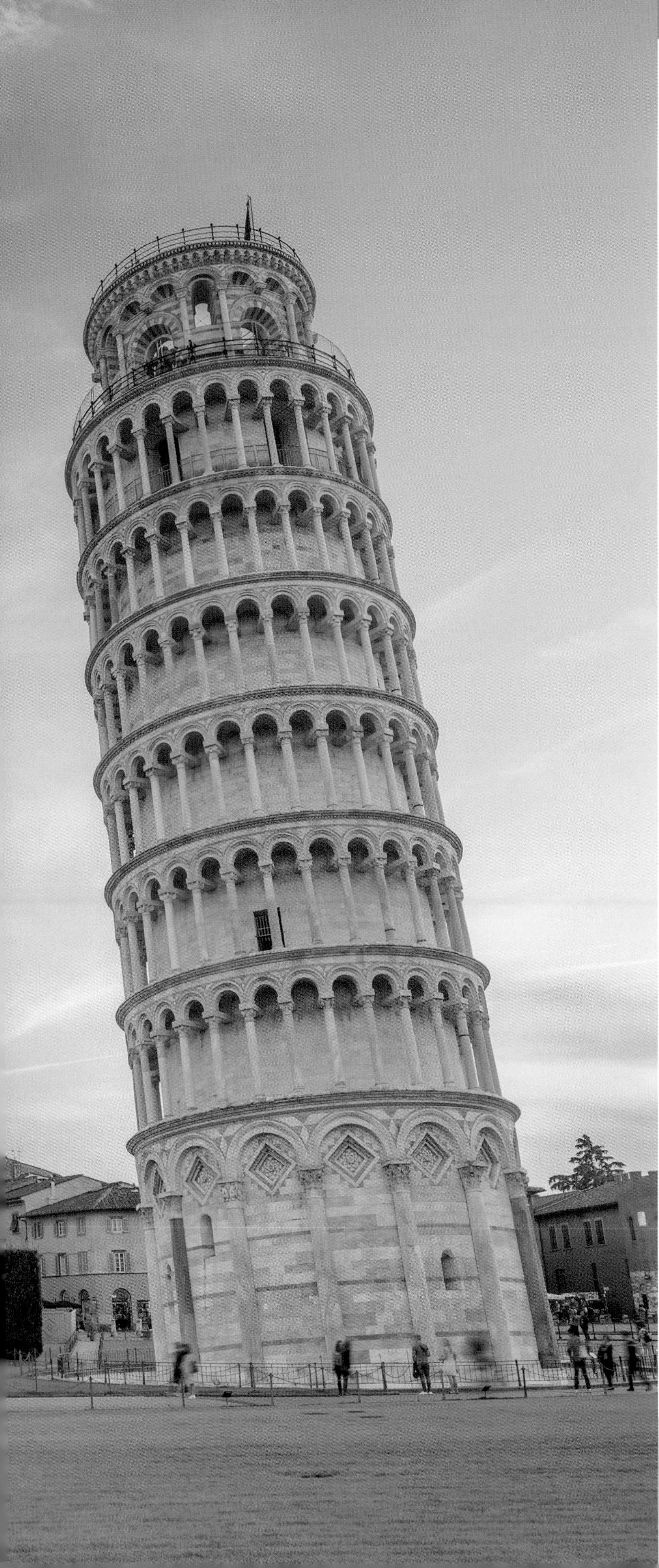

Lezione

03

Che lavoro fai?

너는 무슨 일을 하니?

03강

학습 목표

직업 묻고 답하기

공부할 내용

fare 동사

lavorare 동사

정관사

부정관사

명사의 성, 수

주요 표현

Che lavoro fai?

Sono studente.

Faccio il cuoco.

Lavoro in centro, in Via Mazzini.

◀ 기울어진 모습으로 잘 알려진 피사의 사탑

Dialogo 1 Track 03-01

안나와 루이지는 사피엔자 대학의 학생이고, 프란체스카는 바리스타로 일해요.

Anna Che lavoro fai?
께 라보로 파이

Luigi Sono uno studente. E tu?
소노 우노 스뚜덴떼 에 뚜

Anna Anch'io. Sono studentessa. Che lavoro fa Francesca?
안끼오 소노 스뚜덴떼싸 께 라보로 파 프란체스카

Luigi Lei fa la barista in un bar vicino all'Università Sapienza.
레이 파 라 바리스따 인 운 바르 비치노 알루니베르시따 사삐엔자

Anna Ah, anch'io sono studentessa della Sapienza.
아 안끼오 소노 스뚜덴떼사 델라 사삐엔자

Luigi Incredibile! Anch'io!
인끄레디빌레 안끼오

안나 너는 무슨 일을 하니?
루이지 나는 학생이야. 넌?
안나 나도. 나도 학생이야. 프란체스카는 무슨 일을 해?
루이지 그녀는 사피엔자 대학 근처의 바에서 바리스타를 해.
안나 아, 나도 사피엔자의 학생이야.
루이지 믿을 수 없어! 나도야!

VOCABOLI

che (의문형용사) 무슨 **lavoro** (명) 직업, 일 **fai** 동사 'fare ~하다'의 2인칭 단수 직설법 현재형 **uno** (부정관사) 어느, 한 **studente** (명) 남학생 **anche** (접) ~도 또한 (anch'io 나도, 나 역시) **studentessa** (명) 여학생 **fa** 동사 'fare ~하다'의 3인칭 단수 직설법 현재형 **la** (정관사) 여성 단수 정관사 **barista** (명) 바리스타 **un** (부정관사) 어느, 한 **bar** (명) 바, 커피숍 **vicino a** (전치사) ~근처에 **università** (명) 대학교 **incredibile** (형) 믿을 수 없는, 놀라운

포인트 잡GO!

'Studente 남학생', 'studentessa 여학생'에서 볼 수 있듯, 직업 명사는 종사하는 사람의 성별에 따라 형태가 변화합니다. '성'과 '수'의 성질을 가지는 명사는 함께 오는 부정관사 (**uno** studente / **una** studentessa)나 정관사 (**lo** studente / **la** studentessa) 형태에 영향을 끼칩니다. 따라서 명사의 성, 수에 관한 개념을 잘 익혀 두어야 합니다. 명사의 성, 수와 관사에 대한 주요 개념은 **문법 다지GO!** 코너에서 좀 더 자세히 확인하겠습니다.

Chiavi

핵심 배우GO!

1 정관사 규칙에 맞게 말하기

이탈리아어의 모든 명사는 몇몇 경우를 제외하고 명사 앞에 정관사나 부정관사가 오는 것이 원칙입니다. Fare 동사로 직업을 소개하게 되면 직업명 앞에 정관사가 오게 되는데, 정관사는 뒤 따라오는 명사의 성과 수, 명사의 첫 글자가 자음으로 시작하는지 모음으로 시작하는지에 따라 달라집니다. 명사의 성격에 따른 정관사 규칙을 한눈에 표로 살펴보세요.

남성 정관사 단수형	남성 정관사 복수형	규칙	예
il	i	자음으로 시작하는 명사	il cavallo 일 까발로 말 → i cavalli 이 까발리 말들
lo	gli	gn/pn/ps/z/x/s+자음	lo studente 로 스뚜덴떼 남학생 → gli studenti 리 스뚜덴띠 남학생들
l'	gli	모음으로 시작하는 명사	l'insegnate 린세냔떼 선생님 → gli isegnanti 리 인세냔띠 선생님들
여성 정관사 단수형	여성 정관사 복수형	규칙	예
la	le	자음으로 시작하는 명사	la ragazza 라 라가짜 소녀 → le ragazze 레 라가쩨 소녀들
l'	le	모음으로 시작하는 명사	l'amica 라미까 여자 친구 → le amiche 레 아미께 여자 친구들

2 명사에 따른 부정관사 규칙 익히기

Essere 동사로 직업을 말할 땐 '부정관사 + 직업명'과 결합합니다. Essere 동사 뒤 부정관사는 생략이 가능합니다. 부정관사 역시 뒤따라오는 명사의 성과 수, 명사의 첫 글자가 자음으로 시작하는지 모음으로 시작하는지에 따라 달라집니다. 명사의 성격에 따른 부정관사 규칙을 한눈에 표로 살펴보세요.

남성 단수 부정관사	규칙	예
un	자음으로 시작하는 명사	un ragazzo 운 라가쪼 소년
uno	gn/pn/ps/z/x/s+자음	uno zaino 우노 자이노 배낭 uno studente 우노 스뚜덴떼 남학생
un	모음으로 시작하는 명사	un insegnante 운 인세냔떼 선생님
여성 단수 부정관사	규칙	예
una	자음으로 시작하는 여성 명사	una ragazza 우나 라가짜 소녀
un'	모음으로 시작하는 여성 명사	un'amica 운아미까 여자 친구

말문 트GO!

Parla

Dialogo 2 Track 03-02

파올로는 마찌니 거리의 레스토랑에서 일하는 요리사예요.

Anna Che lavoro fa?
께 라보로 파

Paolo Faccio il cuoco. E Lei? È impiegata?
팟쵸 일 꾸오꼬 에 레이 에 임삐에가따

Anna No, sono una studentessa. Dove lavora?
노 소노 우나 스뚜덴떼싸 도베 라보라

Paolo Lavoro in centro, in Via Mazzini.
라보로 인 첸뜨로 인 비아 마찌니

Anna Anche una mia amica lavora lì. È una zona molto affascinante.
안께 우나 미아 아미까 라보라 리 에 우나 조나 몰또 아파시난떼

Paolo Sì, è vero.
씨 에 베로

안나 당신은 무슨 일을 하시나요?
파올로 나는 요리사입니다. 당신은요? 회사원인가요?
안나 아니요, 나는 학생이에요. 어디에서 일하세요?
파올로 시내의 마찌니 거리에서 일합니다.
안나 내 친구도 그곳에서 일해요. 정말 멋진 곳이에요.
파올로 그래요, 맞아요.

VOCA BOLI

fa 동사 'fare ~하다'의 3인칭 단수 직설법 현재형 **faccio** 동사 'fare ~하다'의 1인칭 단수 직설법 현재형 **cuoco** 명 요리사 (남) **è** 동사 'essere ~(이)다'의 3인칭 단수 직설법 현재형 **impiegata** 명 회사원 (여) **no** 부 아니요 **dove** 의문부사 어디에 **lavora** 동사 'lavorare 일하다'의 3인칭 단수 직설법 현재형 **lavoro** 동사 'lavorare 일하다'의 1인칭 단수 직설법 현재형 **in** 전 ~에 **centro** 명 중심, 시내 **via** 명 길, 거리 **anche** 부 ~도, 또 **mia** 소유형용사 'mio 나의'의 여성 단수형 **amica** 명 친구 (여) **lì** 부 거기, 그곳에 **zona** 명 장소, 지역 **molto** 부 매우 **affascinante** 형 매력적인 **vero** 형 진실의

포인트 잡GO!

장소를 묻는 의문부사인 'dove 어디에'와, 어미가 -are로 끝나는 규칙 동사 'lavorare 일하다'를 이용해 'Dove lavori / lavora? 어디에서 일하니 / 일하세요?'와 같이 일하는 곳을 물을 수 있습니다. 인칭에 따른 lavorare 동사의 변화형은 **문법 다지GO!** 코너에서 본격적으로 살펴보겠습니다.

Chiavi

핵심 배우 GO!

1 의문형용사 che로 직업 묻기

의문형용사 che로 명사 'lavoro 직업'를 꾸미고 동사 'fare ~하다'를 이어 주면, 직업을 묻는 표현을 말할 수 있습니다.

- **Che** lavoro fai? 께 라보로 파이 — 너는 **무슨** 일을 하니?
- **Che** lavoro fa? 께 라보로 파 — 당신은 **무슨** 일을 하십니까?
- **Che** lavoro fanno? 께 라보로 판노 — 그들은 **무슨** 일을 하나요?

Tip Che는 위와 같이 명사 lavoro를 꾸며 '무슨'이란 뜻의 의문형용사로도 쓰이지만, '무엇'이라는 의문대명사로 쓰이기도 합니다. 의문사 che 뒤에 어떤 명사도 없다면, '무엇'이란 의미의 의문대명사로 쓰인 경우입니다.

Che vuol dire? 께 부올 디레 — **무슨** 의미예요?

Che vuoi? 께 부오이 — **무엇**을 원하니?

Che ne dici? 께 네 디치 — 넌 **어떻게** 생각해?

2 직업 소개하기

직업을 소개 또는 대답할 땐 'essere + (부정관사) + 직업명' 또는 'fare + 정관사 + 직업명' 구조로 말할 수 있습니다.

- Sono **(uno) studente.** 소노 (우노) 스뚜덴떼 — 나는 **남학생**입니다.
- Sono **(una) studentessa.** 소노 (우나) 스뚜덴떼싸 — 나는 **여학생**입니다.
- Sono **(un) impiegato/(un')impiegata.** 소노 (운) 임삐에가또 / (운) 임삐에가따 — 나는 **회사원**입니다.

- Faccio **l'insegnante.** 팟쵸 린세냔떼 — 나는 **선생님**입니다.
- Faccio **la casalinga.** 팟쵸 라 까사링가 — 나는 **주부**입니다.
- Faccio **l'impiegato/a.** 팟쵸 림삐에가또/따 — 나는 **회사원**입니다.

Tip Essere 동사 뒤에 오는 직업명은 함께 오는 부정관사를 생략 할 수 있습니다. 반면, fare 동사 뒤에 오는 직업명은 정관사 생략이 불가능 합니다.

Ricorda

문법 다지GO!

1 Lavorare 동사와 fare 동사 직설법 현재 변화형

주격 인칭대명사에 따른 lavorare 동사와 fare 동사의 직설법 현재 변화형을 다음 표와 예문으로 익혀 보세요.

주격 인칭대명사	lavorare 일하다	fare ~하다
io 이오	lavoro 라보로	faccio 팟쵸
tu 뚜	lavori 라보리	fai 파이
lui / lei / Lei 루이 / 레이 / 레이	lavora 라보라	fa 파
noi 노이	lavoriamo 라보리아모	facciamo 팟치아모
voi 보이	lavorate 라보라떼	fate 파떼
loro 로로	lavorano 라보라노	fanno 판노

예 lavorare 동사

Io **lavoro** fino a tardi.
이오 **라보로** 피노 아 따르디
나는 늦게까지 **일합니다**.

Tu **lavori** in un ufficio.
뚜 **라보리** 인 운 우피치오
너는 사무실에서 **일한다**.

Lui **lavora** sodo.
루이 **라보라** 소도
그는 열심히 **일합니다**.

Noi **lavoriamo** domenica.
노이 **라보리아모** 도메니까
우리는 일요일에 **일합니다**.

Voi non **lavorate** nei giorni festivi.
보이 논 **라보라떼** 네이 죠르니 페스띠비
너희는 휴일에 **일하**지 않는다.

Lavorano ogni sabato?
라보라노 온니 사바또
그들은 토요일마다 **일을 합니**까?

예 fare 동사

Faccio tardi. **팟쵸** 따르디 나는 늦**는다**.

Oggi **fa** caldo. 옷지 **파** 깔도 오늘은 덥**다**.

Fanno molte spese. **판노** 몰떼 스뻬제 그들은 쇼핑을 많이 **한다**.

Fai i compiti. **파이** 이 꼼삐띠 너는 숙제를 **한다**.

Fate silenzio! **파떼** 씰렌찌오 너희 조용히 **해**!

2 명사의 성, 수

이탈리아어의 모든 명사에는 성, 수 개념이 존재합니다. 명사는 남성과 여성으로 구분되며, 각각 단수형과 복수형의 어미를 갖습니다.

명사의 성

보통 남성 명사는 마지막 모음이 -o로 끝나고, 여성 명사는 -a로 끝납니다. -e로 끝나는 단어의 경우 단어의 형태만 보아서는 남성인지 여성인지 알 수 없기에 개별적으로 암기해야 합니다.

	마지막 모음	예	
남성 단수	-o	ragazzo 라가쪼 소년 / bambino 밤비노 어린 남자아이 / cielo 치엘로 하늘 / frigorifero 프리고리페로 냉장고 / pozzo 뽀쪼 우물	
여성 단수	-a	ragazza 라가짜 소녀 / bambina 밤비나 어린 여자아이 / sedia 쎄디아 의자 / macchina 막끼나 자동차 / mamma 맘마 엄마	
남성 / 여성 단수	-e	남성	padre 빠드레 아버지 / fiore 피오레 꽃 / elefante 엘레판떼 코끼리 / fiume 피우메 강
		여성	madre 마드레 어머니 / chiave 끼아베 열쇠 / legge 렛제 법

명사의 수

명사는 성별과 더불어, 단수형과 복수형 어미도 가집니다. 명사의 성, 수에 따라 단수형 어미와 복수형 어미가 남성과 여성으로 다시 구분됩니다. 복수형을 만들 때에는 -o로 끝나는 남성 명사는 마지막 모음을 -i로, -a로 끝나는 여성 명사는 마지막 모음을 -e로 변형시킵니다. 단수형이 -e로 끝나는 명사는 성별과 관계없이 마지막 모음을 -i로 변형시키면 복수형이 됩니다.

	단수형	복수형	예	
-a로 끝나는 여성 명사	-a	-e	ragazze 라가쩨 소녀들 / bambine 밤비네 어린 여자아이들 / sedie 쎄디에 의자들 / macchine 막끼네 자동차들 / mamme 맘메 엄마들	
-o로 끝나는 남성 명사	-o	-i	ragazzi 라가찌 소년들 / bambini 밤비니 어린 남자아이들 / frigoriferi 프리고리페리 냉장고들 / pozzi 뽀찌 우물들	
-e로 끝나는 남성 / 여성 명사	-e		남성	padri 빠드리 아버지들 / fiori 피오리 꽃들 / elefanti 엘레판띠 코끼리들 / fiumi 피우미 강들
			여성	madri 마드리 어머니들 / chiavi 끼아비 열쇠들 / leggi 렛지 법률들

Scrivi

실력 높이 GO!

Track 03-03

1 녹음을 듣고, 빈칸에 알맞은 말을 쓰세요.

Anna: Che lavoro [ⓐ] ?

Luigi: [ⓑ] lo studente, e tu?

Anna: [ⓒ] studentessa. Che lavoro [ⓓ] Francesca?

Luigi: Lei [ⓔ] una barista.

2 단어의 순서를 알맞게 배열하여 문장을 만들어 보세요.

ⓐ il, faccio, barista (나는 바리스타입니다.)

ⓑ lavori, dove (어디에서 일하니?)

ⓒ in, centro, lavoro (나는 시내에서 일해.)

ⓐ

ⓑ

ⓒ

3 보기를 참조하여 빈칸에 알맞은 정관사를 쓰세요.

보기	la casa

ⓐ ___________ idea

ⓑ ___________ ragazzo

ⓒ ___________ insegnante

ⓓ ___________ zaino

4 보기를 참조하여 빈칸에 알맞은 부정관사를 쓰세요.

보기	una mela

ⓐ ___________ bambina

ⓑ ___________ studente

ⓒ ___________ amica

ⓓ ___________ zaino

정답

❶ ⓐ fai ⓑ Faccio ⓒ Sono ⓓ fa ⓔ è

❷ ⓐ Faccio il barista. ⓑ Dove lavori? ⓒ Lavoro in centro.

❸ ⓐ l' ⓑ il ⓒ l' ⓓ lo

❹ ⓐ una ⓑ uno ⓒ un' ⓓ uno

Parole

어휘 늘리GO!

Track 03-04

이탈리아어 직업 명사 성별 변화형

직업명의 경우, 직업을 가진 사람이 남성인지 여성인지에 따라 어미의 변화만으로 성을 구분하는 경우가 많아요. 보통은 남성형 어미 -o를 -a로 변화시켜 'maestro 남자 선생님 → maestra 여자 선생님'와 같이 구분하는데, 어미에 별도의 접미사를 붙여 구분하는 경우도 있습니다. 직업 명사 어휘들의 성별 변화 유형을 확인하며 말하기를 연습해 보세요.

❶ -o로 끝나는 남성 명사 중, 여성이면 -a로 바뀌는 경우

alunno 알룬노 남학생 → alunna 알룬나 여학생

maestro 마에스뜨로 남자 선생님 → maestra 마에스뜨라 여자 선생님

impiegato 임삐에가또 남자 직장인 → impiegata 임삐에가따 여자 직장인

Tip Alunno와 studente는 모두 한국어로 '학생'이란 뜻이지만, 이탈리아에서 보통 alunno는 초등학생부터 중고등학생까지를 가리킬 때 쓰이고, studente는 고등학생부터 대학생까지를 가리킬 때 쓰입니다.

❷ -e로 끝나는 남성 명사 중, 여성이면 -a로 바뀌는 경우

infermiere 인페르미에레 남자 간호사 → infermiera 인페르미에라 여자 간호사

cameriere 까메리에레 남자 종업원 → cameriera 까메리에라 여자 종업원

❸ -e로 끝나는 남성 명사 중, 여성이면 -essa로 바뀌는 경우

studente 스뚜덴떼 남학생 → studentessa 스뚜덴떼싸 여학생

principe 쁘린치뻬 왕자 → principessa 쁘린치뻬싸 공주

❹ -tore로 끝나는 남성 명사 중, 여성이면 -trice로 바뀌는 경우

attore 아또레 남자 배우 → attrice 아뜨리체 여자 배우

scrittore 스끄리또레 남자 작가 → scrittrice 스끄리뜨리체 여자 작가

❺ 남성형만 존재하는 직업명

architetto 아르끼떼또 건축가 / medico 메디꼬 의사 / presidente 쁘레지덴떼 대통령 / ministro 미니스뜨로 장관 / magistrato 마지스뜨라또 판사 / avvocato 아보까또 변호사 / poliziotto 폴리찌오또 경찰관

Tip ❺의 직업명은 과거 이탈리아 사회의 여성 차별이 드러나는 한 단면입니다. 여성이 진출할 수 없었던 직업이었기에 여성형 명사가 아예 존재하지 않았습니다. 위와 같은 직업명에서 여성을 지칭할 땐 남성형을 그대로 사용하며 관사 역시 보통 남성형으로 씁니다.

Italia

이탈리아 만나 GO!

여러분들은 얼마나 많은 이탈리아 위인들을 알고 있나요? 유럽 역사와 문화의 본고장을 자부하는 이탈리아는 문학, 과학, 미술, 음악, 종교, 정치 등 다양한 분야의 위인들도 많답니다. 그중에서도 이탈리아 문학의 3대 거장으로 유명한 'Dante 단테', 'Petrarca 페트라르카', 'Boccaccio 보카치오'에 대해 알아볼까요?

Dante 단테 (1265~1321)

단테의 본명은 'Durante degli Alighieri 두란테 델리 알리기에리'입니다. 그가 남긴 가장 유명한 작품은 'La Divina Commedia 신곡'으로 지옥, 연옥, 천국으로 이루어진 저승 세계의 여행을 주제로 한 서사시입니다.

Petrarca 페트라르카 (1304~1374)

이탈리아의 시인이자 인문주의자인 'Francesco Petrarca 프란체스코 페트라르카'는 단테의 뒤를 이은 이탈리아의 최고 시인으로 꼽힙니다. 그의 대표 작품 'Canzoniere 칸초니에레'는 자신의 뮤즈였던 여성 'Laura 라우라'에게 바치는 300여 편의 서정시로 이루어져 있습니다.

Boccaccio 보카치오 (1313~1375)

'Giovanni Boccaccio 조반니 보카치오'는 소설가이자 시인입니다. 그는 페트라르카를 특히 동경하여 그의 영향을 받은 서정시도 많이 남겼으나, 최고의 작품은 단연 'Decameron 데카메론'입니다. 데카메론은 중세의 우화적인 작품으로 피렌체의 흑사병을 피해 시골 마을의 별장으로 온 일곱 명의 여성과 세 명의 남성이 매일 한 편씩 이야기를 해서 총 14일 동안 100편의 이야기를 한다는 액자식 구성입니다. 100편의 이야기는 로맨스, 희극, 비극, 풍자 등을 두루 포함하고 있습니다.

이 세 사람을 3대 거장이라 칭하는 이유는 뛰어난 작품성도 있지만, 그들의 작품들이 당시의 피렌체 방언으로 쓰여졌다는 큰 특징이 있기 때문입니다. 이전 시대의 지식인들은 라틴어 저술을 선호했습니다. 하지만 1300년대에 이르러 유럽에서는 민족 중심 국가관이 형성되었고 개별 국가 언어의 필요성이 부각되기 시작했습니다. 이탈리아의 지식인들 사이에서도 당대 이탈리아 최고의 도시였던 피렌체 말을 표준어로 삼자는 움직임이 일어났습니다. 그 후, 피렌체 말로 집필한 3대 거장의 작품을 통해 이탈리아의 전 지역으로 피렌체 말이 퍼져 나갔고, 오늘날 이탈리아어의 토대가 되었습니다.

Che fai stasera?

Lezione

04

Che fai stasera?

너 오늘 저녁에 뭐 해?

04강

학습 목표

존재 여부 말하기

취미 묻고 답하기

공부할 내용

직설법 현재 규칙 동사

직설법 현재 불규칙 동사

주요 표현

Che fai stasera?

Ci sono molti amici.

Ho da studiare.

Che fai di solito?

Vado spesso in palestra.

◀ 베네치아 운하에서 바라본 산타 마리아 델라 살루테 성당. 페스트 퇴치를 기념하기 위해 건립했으며 1687년에 완공되었다.

Parla

Dialogo 1 Track 04-01

오늘은 마리아의 집에서 파티가 열립니다.

Anna Oggi c'è una festa da Maria. Che fai stasera?
옷지 체 우나 페스따 다 마리아 께 파이 스따쎄라

Luigi Non ho da fare. Allora, vengo con te.
논 오 다 파레 알로라 벵고 꼰 떼

Anna D'accordo. E Paolo, che fa stasera?
다 꼬르도 에 빠올로 께 파 스따쎄라

Luigi Studia a casa. Fa i compiti.
스뚜디아 아 까사 파 이 꼼삐띠

Anna Andrea e Alice, che fanno loro?
안드레아 에 알리체 께 판노 로로

Luigi Adesso stanno in montagna. Rimangono lì fino a questo fine settimana.
아데쏘 스딴노 인 몬타냐 리망고노 리 피노 아 꾸에스또 피네 쎄띠마나

Anna Allora, andiamo insieme alla festa.
알로라 안디아모 인씨에메 알라 페스따

Luigi Va bene.
바 베네

안나 오늘 마리아네 집에서 파티가 있어. 너 오늘 저녁에 뭐 해?

루이지 아무 할 일 없어. 그러니까 나도 너랑 갈게.

안나 그래. 그리고 파올로는 오늘 저녁에 뭐 해?

루이지 집에서 공부해. 숙제를 해.

안나 안드레아와 알리체는 뭐 해?

루이지 그들은 지금 산에 있어. 이번 주말까지 그곳에 머무를거야.

안나 그렇다면 우리 함께 파티에 가자.

루이지 좋아.

VOCA BOLI

oggi 부 오늘 **ci** 부 거기에 **festa** 명 파티 **da** 전 ~집에, ~이(가) 있는 곳에 **stasera** 부 오늘 저녁에 **ho** 동사 'avere 가지다'의 1인칭 단수 직설법 현재형 **allora** 부 그렇다면, 자 **con** 전 ~와(과) 함께 **te** 강세형 대명사 너 **d'accordo** 알겠어, 동의해 **studia** 동사 'studiare 공부하다'의 3인칭 단수 직설법 현재형 **compiti** 명 'compito 숙제, 일, 업무'의 남성 복수형 **fanno** 동사 'fare 하다'의 3인칭 복수 직설법 현재형 **adesso** 부 지금 **stanno** 동사 'stare ~(이)다'의 3인칭 복수 직설법 현재형 **montagna** 명 산 **rimangono** 동사 'rimanere 있다, 머무르다'의 3인칭 복수 직설법 현재형 **lì** 부 그곳에 **fino a** 전 ~까지 **questo** 형 이것의 **fine settimana** 명 주말 **andiamo** 동사 'andare 가다'의 1인칭 복수 직설법 현재형 **insieme** 부 함께, 모두 **va** 동사 'andare 가다'의 3인칭 단수 직설법 현재형 **bene** 부 좋게

포인트 잡GO!

❶ 의문사 che와 함께 '~하다'라는 의미인 fare 동사를 사용하면 앞서 배운 직업 외에도 '무엇을 하는지' 물을 수 있습니다.

Che fai? 께 파이 뭐 해? Faccio colazione. 팟쵸 꼴라찌오네 나는 아침을 먹는다.

❷ **C'è 결합형**

부사 ci와 essere 동사의 3인칭 단수형 è가 함께 오면 ci의 마지막 모음이 탈락하고 è와 결합하는 현상을 보입니다. 이때 두 단어는 앞서 언급했던 dov'è의 경우와 마찬가지로 작은따옴표 (')로 연결됩니다.

Chiavi

핵심 배우 GO!

1 부사 ci로 존재 여부 말하기

'C'è + 단수 명사', 'ci sono + 복수 명사' 구조로 '~이(가) 있다', '~들이 있다'를 말할 수 있습니다. 이때 부사 ci가 따로 해석되지는 않습니다.

- C'è **una mela.** 체 우나 멜라 — **사과 하나**가 있다.
- Ci sono **molti amici.** 치 소노 몰띠 아미치 — **많은 친구들**이 있다.

부정형은 ci 앞에 부정부사 non이 옵니다.

- **Non c'è** il latte. 논 체 일 라떼 — 우유가 **없습니다.**
- **Non ci sono** le uova. 논 치 소노 레 워바 — 달걀이 **없습니다.**

2 '~할 것이 있다'고 말하기

Avere 동사 뒤에 전치사 da와 함께 동사 원형이 오면 '~(da 이하의 동사)할 것이 있다'라는 의미로 쓰입니다.

- **Ho** da lavorare. 오 다 라보라레 — 나는 일할 것**이 있다.**
- **Ho** da studiare. 오 다 스뚜디아레 — 나는 공부할 것**이 있다.**
- **Ho** da preparare. 오 다 쁘레빠라레 — 나는 준비할 것**이 있다.**
- **Hai** da mangiare? 아이 다 만쟈레 — 너 먹을 것 **좀 있니?**

부정형 말하기도 연습해 보세요.

- **Non** abbiamo da fare oggi. 논 압비아모 다 파레 옷지 — 오늘 우리는 할 일이 **없어.**
- **Non** abbiamo **niente** da fare oggi. 논 압비아모 **니엔떼** 다 파레 옷지 — 오늘 우리는 **전혀** 할 일이 **없어.**
- **Non** abbiamo **nulla** da fare oggi. 논 압비아모 **눌라** 다 파레 옷지 — 오늘 우리는 **전혀** 할 일이 **없어.**

Tip 부정을 강조하는 부사인 niente나 nulla는 동사 뒤에 위치하여 non과 함께 '전혀 ~않다.'라는 부정의 의미를 강조합니다.

Occhio!

Ci의 다양한 쓰임새를 더 알아 두세요. 보다 자세한 내용은 **lezione 09**에서 배우겠습니다.

❶ **직접 목적격 대명사 '우리를'**
Luigi **ci** aiuta. 루이지 **치** 아이우따 — 루이지는 **우리를** 도와준다.

❷ **간접 목적격 대명사 '우리에게'**
Anna non **ci** dice la verità. 안나 논 **치** 디체 라 베리따 — 안나는 **우리에게** 진실을 이야기하지 않는다.

Parla

말문 트GO!

Dialogo 2 Track 04-02

프란체스카와 파올로는 함께 수영장에 가기로 했습니다.

Francesca Di solito che fai a casa?
디 솔리또 께 파이아 까사

Paolo Leggo i giornali. E tu, che fai quando sei libera?
렛고 이 죠르날리 에 뚜 께 파이 꾸안도 쎄이 리베라

Francesca Vado spesso in palestra. E ogni tanto nuoto. Fai spesso ginnastica?
바도 스뻬쏘 인 빨레스뜨라 에 온니 딴또 누오또 파이 스뻬쏘 진나스띠까

Paolo No, mai. Preferisco stare a casa e dormire.
노 마이 쁘레페리스꼬 스따레 아 까사 에 도르미레

Francesca Così ti fa male. Andiamo insieme in piscina domani!
꼬지 띠 파 말레 안디아모 인씨에메 인 삐시나 도마니

프란체스카 보통 집에서 뭐 하니?

파올로 신문 읽어. 너는 쉬는 시간에 뭐 하니?

프란체스카 종종 체육관에 가. 그리고 때때로 수영을 해. 너는 운동 자주 해?

파올로 아니, 난 절대 체육관에 안 가. 집에 있고 잠자는 것을 선호해.

프란체스카 그러면 네 건강에 안 좋아. 우리 내일 같이 수영장에 가자!

VOCA BOLI

di solito ㊖ 보통 **a** ㊟ ~에 **casa** ㊔ 집 **leggo** 동사 'leggere 읽다'의 1인칭 단수 직설법 현재형 **giornali** 'giornale 신문'의 복수형 **quando** ㊘ ~할 때 **libera** ㊗ 'libero 자유로운'의 여성 단수형 **spesso** ㊖ 자주 **palestra** ㊔ 체육관 **ogni tanto** ㊖ 때때로 **nuoto** 동사 'nuotare 수영하다'의 1인칭 단수 직설법 현재형 **ginnastica** ㊔ 운동 **mai** ㊖ (non과 함께) 결코 ~않다 **preferisco** 동사 'preferire 선호하다'의 1인칭 단수 직설법 현재형 **stare** ㊕ (장소, 상태) ~있다 **dormire** ㊕ 잠 자다 **così** ㊖ 그렇게 **ti** (간접 목적격 대명사) 너에게 **fa** 동사 'fare ~하다'의 3인칭 단수 직설법 현재형 **male** ㊖ 나쁘게 **andiamo** 동사 'andare 가다'의 1인칭 복수 직설법 현재형 **piscina** ㊔ 수영장 **domani** ㊖ 내일

포인트 잡GO!

이탈리아어에서 부사의 위치는 다른 품사에 비해 유동적입니다. 보통 동사 뒤에 오지만 문장 전체를 수식할 땐 문장 맨 앞에 오기도 합니다. 형용사를 수식할 땐 형용사 앞, 부사를 수식할 땐 부사 앞에 위치합니다. 부정부사 non은 동사 앞에서 수식합니다.

In questo letto dormo **comodamente.** 인 꾸에스또 렛또 도르모 **꼬모다멘떼** 이 침대에서 나는 **편히** 잠을 잡니다.

Non esco stasera. 논 에스꼬 스따쎄라 나는 오늘 저녁 외출하지 **않는다**.

Chiavi

핵심 배우 GO!

1 취미 묻고 답하기

의문사 che와 함께 동사 'fare ~하다', 빈도 부사까지 덧붙여 취미를 물을 수 있습니다. 'Di solito 보통', 'spesso 자주', 'ogni tanto 때때로' 등의 빈도 부사를 활용해서 말하기 연습을 해 보세요.

- Che fai **di solito**? 께 파이 **디 솔리또** — **보통** 뭐 하니?
- **Di solito** faccio un viaggio. **디 솔리또** 팟쵸 운 비앗지오 — 나는 **보통** 여행을 해.
- Guardo **spesso** la TV. 구아르도 **스뻬쏘** 라 띠부 — 나는 **자주** 텔레비전을 봐.
- **Ogni tanto** leggo libri. 온니 **딴또** 렛고 리브리 — 나는 **때때로** 책을 읽어.

'Non ~ quasi mai 거의 ~않다', 'non ~ mai 결코 ~ 않다'까지 활용하여 말해 보세요.

- **Non** faccio **quasi mai** la spesa. 논 팟쵸 **꽈지 마이** 라 스뻬자 — 나는 **거의** 장을 보지 **않아**.
- **Non** vado **mai** a teatro. 논 바도 **마이** 아 떼아뜨로 — 나는 **결코** 극장에 가지 **않아**.

2 부사 종류 알고 가기

Dialogo에 등장한 양태 부사 male와 더불어, 이탈리아어에 존재하는 시간 부사, 빈도 부사, 장소 부사, 질량 부사, 양태 부사까지 두루 학습해 보세요.

시간 부사	ieri 이에리 어제 / oggi 옷지 오늘 / domani 도마니 내일 / prima 쁘리마 ~전에 / dopo 도뽀 ~후에 / presto 쁘레스또 일찍 / tardi 따르디 늦게
빈도 부사	sempre 셈쁘레 항상 / di solito 디 솔리또 보통 / spesso 스뻬쏘 종종, 자주 / ogni tanto 온니 딴또 때때로 / qualche volta 꾸알께 볼따 때때로 / raramente 라라멘떼 드물게 / non ~ quasi mai 논 꽈지 마이 거의 ~않다 / non ~ mai 논 마이 결코 ~않다 / normalmente 노르말멘떼 일반적으로
장소 부사	dietro 디에뜨로 뒤에 / davanti 다반띠 앞에 / sopra 소쁘라 위에 / sotto 소또 아래에 / dentro 덴뜨로 안에 / fuori 푸오리 밖에 / intorno 인또르노 주변에 / vicino 비치노 근처에 / lontano 론따노 멀리
질량 부사	molto 몰또 많이, 매우 / poco 뽀꼬 적게 / abbastanza 압바스딴짜 상당히
양태 부사	bene 베네 좋게 / male 말레 나쁘게 / piano 삐아노 천천히 / forte 포르떼 강하게

Ricorda

문법 다지GO!

1 직설법 현재 규칙 동사

이탈리아어의 동사는 주어의 인칭에 따라 6가지 형태로 변합니다. 인칭에 따른 동사 변화란 어미의 변화를 의미하며, 동사 원형의 어미가 -are, -ere, -ire로 끝나는 규칙 동사의 변화는 다음 표와 같습니다. -ire의 경우 dormire처럼 변하는 유형과 capire처럼 변하는 유형 두 가지가 존재하니 주의해야 합니다.

주격 인칭대명사	parlare 말하다	scrivere 쓰다	dormire 잠자다	capire 이해하다
io	parlo 빠를로	scrivo 스끄리보	dormo 도르모	capisco 까삐스꼬
tu	parli 빠를리	scrivi 스끄리비	dormi 도르미	capisci 까삐쉬
lui / lei / Lei	parla 빠를라	scrive 스끄리베	dorme 도르메	capisce 까삐셰
noi	parliamo 빠를리아모	scriviamo 스끄리비아모	dormiamo 도르미아모	capiamo 까삐아모
voi	parlate 빠를라떼	scrivete 스끄리베떼	dormite 도르미떼	capite 까삐떼
loro	parlano 빠를라노	scrivono 스끄리보노	dormono 도르모노	capiscono 까삐스꼬노

Occhio!

-are의 규칙 동사 변화형 어미에서 'mangiare 먹다', 'cominciare 시작하다' 등 -ciare / -giare로 끝나는 동사는 2인칭 단수 어미 -i와 1인칭 복수형 어미 -iamo에서 -i가 생략됩니다. 이는 어간(mangi / cominci)의 마지막에 존재하는 모음 i와 어미의 규칙 동사 변화형에 존재하는 -i의 중복 사용(mangi-i / mangi-iamo)을 방지하기 위해서입니다. 따라서, -ciare / -giare로 끝나는 동사의 직설법 현재 변화형은 다음과 같습니다.

주격 인칭대명사	mangiare 먹다	cominciare 시작하다
io	mangio 만죠	comincio 꼬민쵸
tu	mangi 만지	cominci 꼬민치
lui / lei / Lei	mangia 만쟈	comincia 꼬민챠
noi	mangiamo 만쟈모	cominciamo 꼬민치아모
noi	mangiate 만쟈떼	cominciate 꼬민챠떼
loro	mangiano 만쟈노	cominciano 꼬민챠노

2 직설법 현재 불규칙 동사

앞서 익힌 규칙 동사 외에, 어미 변화가 불규칙적인 동사도 존재합니다. 이러한 동사들은 개별적으로 암기해야 하는데, 그중에서도 가장 많이 쓰이는 몇 가지 불규칙 동사의 변화형을 한눈에 살펴보겠습니다.

주격 인칭대명사	essere ~(이)다	avere 가지다	andare 가다	rimanere 남다	venire 오다
io	sono 소노	ho 오	vado 바도	rimango 리망고	vengo 벵고
tu	sei 쎄이	hai 아이	vai 바이	rimani 리마니	vieni 비에니
lui / lei / Lei	è 에	ha 아	va 바	rimane 리마네	viene 비에네
noi	siamo 씨아모	abbiamo 압비아모	andiamo 안디아모	rimaniamo 리마니아모	veniamo 베니아모
voi	siete 씨에떼	avete 아베떼	andate 안다떼	rimanete 리마네떼	venite 베니떼
loro	sono 소노	hanno 안노	vanno 반노	rimangono 리망고노	vengono 벵고노

주격 인칭대명사	fare 하다	stare (장소, 상황) ~있다	dare 주다	dire 말하다	morire 죽다
io	faccio 팟쵸	sto 스또	do 도	dico 디고	muoio 무오이오
tu	fai 파이	stai 스따이	dai 다이	dici 디치	muori 무오리
lui / lei / Lei	fa 파	sta 스따	dà 다	dice 디체	muore 무오레
noi	facciamo 팟치아모	stiamo 스띠아모	diamo 디아모	diciamo 디치아모	moriamo 모리아모
voi	fate 파떼	state 스따떼	date 다떼	dite 디떼	morite 모리떼
loro	fanno 판누	stanno 스딴노	danno 단노	dicono 디꼬노	muoiono 무오이오노

Tip Essere 동사의 3인칭 단수형인 è가 강세 없이 e로 쓰이면 '그리고'라는 의미의 접속사가 되므로 주의해야 합니다. 마찬가지로 dare 동사의 3인칭 단수형에 강세가 없으면 '~(으)로부터' 즉, 유래를 나타내는 전치사 da가 되므로 동사에는 꼭 강세 표시를 해 주세요. Avere 동사 변화형 중 ho, hai, ha, hanno의 h는 묵음으로, 발음하지 않습니다.

Scrivi

실력 높이 GO!

Track 04-03

1 녹음을 듣고, 빈칸에 알맞은 말을 쓰세요.

Laura: Che [ⓐ] ?
Antonio: [ⓑ] un libro. E tu?
Laura: [ⓒ] la spesa.
Antonio: [ⓓ] insieme al bar?
Laura: È una buona idea!

2 단어의 순서를 알맞게 배열하여 문장을 만들어 보세요.

ⓐ un, bevo, caffè (커피 한 잔을 마십니다.)
ⓑ al, mare, vado (바다에 갑니다.)
ⓒ fino a, dorme, tardi (그는 늦게까지 잠을 잡니다.)

ⓐ

ⓑ

ⓒ

3 보기를 참고하여 빈칸에 알맞은 rimanere 동사 변형 형태를 쓰세요.

보기	Io **rimango** a casa.

ⓐ Tu ______________ a Roma?

ⓑ Lei ______________ in aula.

ⓒ Loro ______________ in Inghilterra.

4 아래의 문장을 이탈리아어로 작문하고, 정답을 확인한 다음 올바른 문장을 소리 내어 말해 보세요.

ⓐ 오늘 저녁에 뭐 하니?

ⓑ 나는 샤워를 해.

ⓒ 같이 영화관에 가자.

la doccia 명 샤워 **il cinema** 명 영화관

ⓐ ______________________________

ⓑ ______________________________

ⓒ ______________________________

정답

❶ ⓐ fai ⓑ Leggo ⓒ Faccio ⓓ Andiamo

❷ ⓐ Bevo un caffè. ⓑ Vado al mare. ⓒ Dorme fino a tardi.

❸ ⓐ rimani ⓑ rimane ⓒ rimangono

❹ ⓐ Che fai stasera? ⓑ Faccio la doccia. ⓒ Andiamo insieme al cinema.

Parole

어휘 늘리GO!

Track 04-04

Fare 동사를 사용한 표현들

'~하다'를 나타내는 fare 동사는 뒤에 어떠한 명사가 오는지에 따라 다양한 의미로 해석될 수 있습니다. 대표적으로 사용되는 fare 표현들을 반복해서 말해 보세요.

fare il bagno 파레 일 바뇨	목욕하다	fare rumore 파레 루모레	시끄럽게 하다
fare una telefonata 파레 우나 뗄레포나따	전화하다	fare una passeggiata 파레 우나 빠쎄지아따	산책하다
fare presto 파레 쁘레스또	빨리 하다	fare tardi 파레 따르디	늦게 하다
fare colazione 파레 꼴라찌오네	아침 식사하다	fare la doccia 파레 라 돗치아	샤워하다
fare la spesa 파레 라 스뻬자	장 보다	fare la fila 파레 라 필라	줄 서다
fare una visita 파레 우나 비지따	방문하다	fare un viaggio 파레 운 비앗지오	여행하다

규칙 동사

어미 변화가 규칙적이면서 많이 쓰이는 동사들을 살펴보겠습니다.

amare 아마레	사랑하다	vendere 벤데레	팔다
pensare 뻰사레	생각하다	sentire 센띠레	듣다
comprare 꼼쁘라레	사다	mentire 멘띠레	거짓말하다
prendere 쁘렌데레	가지다, 잡다	finire 피니레	끝내다
temere 떼메레	두려워하다	capire 까삐레	이해하다

불규칙 동사

어미 변화가 불규칙적이면서 많이 쓰이는 동사들을 살펴보겠습니다.

pagare 빠가레	지불하다	cogliere 꼴리에레	줍다
dare 다레	주다	scegliere 쉴리에레	선택하다
stare 스따레	있다	sedere 쎄데레	앉히다
bere 베레	마시다	dire 디레	말하다
tenere 떼네레	가지다	uscire 우쉬레	외출하다

참고로 이탈리아어 회화에서 많이 쓰이는 필수 동사 100개의 동사 변화표를 이 책의 부록에서 확인할 수 있습니다. 이번 lezione에서 배운 동사는 물론, 다양한 동사들의 변화 형태를 부록을 통해 학습해 보세요.

'Bocca della verità 진실의 입' 전설

영화 '로마의 휴일'에 등장했던 'Bocca della verità 진실의 입'에 대한 전설을 들어본 적 있나요? 코스메딘의 산타 마리아 성당 벽에 대리석으로 새겨진 이 얼굴 모양의 조각은 로마 신화에 나오는 화누스 신을 상징합니다. 화누스 신은 반은 사람이고 반은 괴물인 신이었는데, 성당의 벽에 새겨진 그의 얼굴은 입을 벌린 상태입니다. 전설에 따르면 거짓말쟁이가 화누스 신의 입에 손을 넣으면 손이 잘린다고 했는데, 로마의 어느 여인에 의해 이 전설은 신뢰를 잃게 되었다고 합니다.

어느 날, 자신의 남편을 두고 바람을 피웠다고 의심을 산 한 여인이 남편에 의해 진실의 입 석상에 끌려왔습니다. 남편은 자신의 아내에게 어서 화누스 신의 입에 손을 넣으라고 시켰고 여인은 남편의 말에 따라야만 했습니다. 여인은 실제로는 바람을 피웠지만, 화누스 입에 손을 넣고는 자신은 남편 이외의 어느 누구와도 사랑을 나눈 적이 없다고 말했고, 당연히 손은 잘리지 않았습니다. 이로써 그녀의 남편은 너무나 만족했지만 사람들은 더 이상 진실의 입 전설을 믿지 않았다고 합니다.

▲ 'Bocca della verità 진실의 입'의 전체 크기는 지름 1.5m에 달한다.

Lei è la mia
mamma.

Lezione

05

Lei è la mia mamma.

그녀는 나의 엄마야.

05강

학습 목표

가족 소개

형용사를 활용한 다양한 표현

공부할 내용

소유형용사

형용사의 어미 변화

주요 표현

Lei è mia madre.

Loro sono i miei fratelli.

Ho la macchina rossa.

Lui è simpatico.

◀ 서기 79년 베수비오 화산의 폭발로 화산재에 묻혔다가 18세기에 발굴된 고대 도시 폼페이의 유적. 멀리 베수비오 화산이 보인다.

Parla

말문 트GO!

Dialogo 1 Track 05-01

안나는 오빠가 있고, 루이지는 누나가 있습니다.

Anna Sei figlio unico?
쎄이 필리오 우니꼬

Luigi No, ho una sorella. E tu? Hai fratelli o sorelle?
노 오 우나 소렐라 에 뚜 아이 프라뗄리 오 쏘렐레

Anna Ho un fratello. Si chiama Min-su. Fa l'impiegato e abita a Seoul con i miei genitori.
오 운 프라뗄로 씨 끼아마 민-수 파 림삐에가또 에 아비따 아 서울 꼰 이 미에이 제니또리

Luigi Che lavoro fanno i tuoi genitori?
께 라보로 판노 이 뚜오이 제니또리

Anna Il mio papà lavora come l'impiegato in una banca e la mia mamma è casalinga. E i tuoi che lavoro fanno?
일 미오 빠빠 라보라 꼬메 림삐에가또 인 우나 방까 에 라 미아 맘마 에 까사링가 에 이 뚜오이 께 라보로 판노

Luigi I miei genitori gestiscono una fattoria a Bolzano.
이 미에이 제니또리 제스띠스꼬노 우나 파또리아 아 볼짜노

Anna Che bello! Ci voglio andare un giorno!
께 벨로 치 볼리오 안다레 운 죠르노

안나 너는 외동 아들이니?
루이지 아니, 누나 하나가 있어. 너는? 형제나 자매가 있니?
안나 오빠가 하나 있어. 이름이 민수야. 회사원이고 서울에서 나의 부모님과 함께 살고 있어.
루이지 너의 부모님은 무슨 일을 하시니?
안나 나의 아빠는 은행에서 회사원으로 일하고 엄마는 주부야. 너의 부모님은 무슨 일을 하시니?
루이지 우리 부모님은 볼차노에서 농장을 경영하셔.
안나 멋지다! 언젠가 그곳에 가 보고 싶어!

VOCA BOLI

figlio 명 아들 **unico** 형 유일한, 독보적인 **sorella** 명 언니, 누나, 자매 **fratelli** 명 'fratello 남자 형제'의 남성 복수 형태 **impiegato** 명 회사원 **abita** 동사 'abitare 거주하다'의 3인칭 단수 직설법 현재형 **a** 전 ~에 **con** 전 ~와(과) 함께 **miei** 소유형용사 'mio 나의'의 남성 복수 형태 **genitori** 명 부모 **lavoro** 명 일 **tuoi** 소유형용사 'tuo 너의'의 남성 복수 형태 **mio** 소유형용사 나의 **papà** 명 아빠 **lavora** 동사 'lavorare 일하다'의 3인칭 단수 직설법 현재형 **come** 전 ~처럼, ~로서, ~같이 **banca** 명 은행 **mia** 소유형용사 'mio 나의'의 여성 단수 변화형 **mamma** 명 엄마 **casalinga** 명 가정주부 (여) **gestiscono** 동사 'gestire 운영하다'의 3인칭 복수 직설법 현재형 **fattoria** 명 농장 **bello** 형 아름다운 **ci** 장소 부사 그곳에 **voglio** 동사 'volere 원하다'의 1인칭 단수 직설법 현재형 **andare** 동 가다 **giorno** 명 날, 일

포인트 잡GO!

의문사인 che는 뒤에 명사나 형용사가 함께 쓰여 'Che bello!'와 같은 감탄문을 만들 수 있습니다.

Che peccato! 께 뻬까또! 안타깝다!
Che sorpresa! 께 소르쁘레자! 깜짝이야!
Che buono! 께 부오노! 맛있어!

Chiavi

핵심 배우GO!

1 인칭대명사에 알맞은 소유형용사 말하기

소유형용사는 소유를 나타내는 형용사라는 용어 그대로 형용사의 한 종류이기 때문에, 수식해 주는 명사의 성, 수에 따른 어미 변화가 일어납니다. 인칭대명사의 성, 수에 따른 소유형용사 변화형을 한눈에 익혀 보겠습니다.

	단수형		복수형	
	남성	여성	남성	여성
1인칭 단수형 나의 (것)	mio 미오	mia 미아	miei 미에이	mie 미에
2인칭 단수형 너의 (것)	tuo 뚜오	tua 뚜아	tuoi 뚜오이	tue 뚜에
3인칭 단수/존칭형 그/그녀/당신의 (것)	suo / Suo 수오 / 수오	sua / Sua 수아 / 수아	suoi / Suoi 수오이 / 수오이	sue / Sue 수에 / 수에
1인칭 복수형 우리의 (것)	nostro 노스뜨로	nostra 노스뜨라	nostri 노스뜨리	nostre 노스뜨레
2인칭 복수형 너희의 (것)	vostro 보스뜨로	vostra 보스뜨라	vostri 보스뜨리	vostre 보스뜨레
3인칭 복수형 그들/그녀들의 (것)	loro 로로	loro 로로	loro 로로	loro 로로

Tip 소유형용사는 문장에서 '관사(정관사/부정관사) + 소유형용사(소유주) + 명사(소유물)' 어순으로 쓰일 수 있습니다. 주의할 점은, 소유형용사의 성, 수 일치는 소유주가 아닌 소유물에 따른다는 것입니다.

예 남자는 차 한 대를 갖고 있습니다. 그의 차는 빨간 색입니다.
L'uomo ha una macchina. La **sua** macchina è rossa. (O)
루오모 아 우나 막끼나 라 수아 막끼나 에 롯싸
L'uomo ha una macchina. La **suo** macchina è rossa. (X)

Occhio!

3인칭 단수형 소유형용사가 존칭의 쓰임도 있으므로 '당신의'의 의미로도 사용 가능합니다. 단, 존칭의 의미로 사용한 경우 첫 글자를 대문자로 표기합니다. '그들의'에 해당하는 3인칭 복수형 소유형용사는 명사의 성, 수에 따라 형태가 변하지 않으니, 3인칭 단수형 존칭 소유형용사와 3인칭 복수형 소유형용사는 특히 주의를 기울여야 합니다.

il **Suo** quaderno 일 **수오** 꾸아데르노 — 당신의 노트
i **Suoi** quaderni 이 **수오이** 꾸아데르니 — 당신의 노트들

la **loro** casa 라 **로로** 까사 — 그들의 집
le **loro** case 레 **로로** 까세 — 그들의 집들

Parla

말문 트GO!

Dialogo 2 Track 05-02

안나와 루이지는 가족들에 대해 이야기를 나눕니다.

Luigi Com'è tuo fratello?
꼬메 뚜오 프라뗼로

Anna Mio fratello è molto alto e magro. Lui è simpatico.
미오 프라뗼로 에 몰또 알또 에 마그로 루이 에 씸빠띠꼬
E com'è tua sorella?
에 꼬메 뚜아 쏘렐라

Luigi Lei è simpatica e allegra. Ha i capelli lunghi e
레이 에 씸빠띠까 에 알레그라 아 이 까뻴리 룽기 에
biondi. Come sono i tuoi genitori?
비온디 꼬메 소노 이 뚜오이 제니또리

Anna I miei genitori sono simpatici e molto generosi.
이 미에이 제니또리 소노 씸빠띠치 에 몰또 제네로지
Il mio papà è alto ma un po' grasso. Invece la mia
일 미오 빠빠 에 알또 마 운 뽀 그라쏘 인베체 라 미아
mamma è bassa e magra. Lei ha i capelli bruni e
맘마 에 밧싸 에 마그라 레이 아 이 까뻴리 브루니 에
gli occhi grandi.
리 옥끼 그란디

Luigi Ah! Quindi tu assomigli a tua madre!
아 뀐디 뚜 아쏘밀리 아 뚜아 마드레

루이지 너의 오빠는 어때?
안나 나의 오빠는 매우 키가 크고 말랐어. 그는 친절해. 너의 누나는 어때?
루이지 그녀는 친절하고 밝아. 길고 금발의 머리카락을 가졌어. 너의 부모님은 어떠시니?
안나 우리 부모님은 상냥하고 매우 관대하셔. 아빠는 키가 크지만 조금 뚱뚱해. 반면에 엄마는 작고 말랐어. 그녀는 갈색의 머리카락과 큰 눈을 가졌어.
루이지 아! 그렇다면 너는 너의 엄마를 닮았구나!

VOCA BOLI

come 의문형용사 어떻게 **molto** 부 매우 **alto** 형 키가 큰 **magro** 형 마른 **simpatico** 형 친절한, 상냥한 **simpatica** 형 'simpatico 친절한'의 여성 단수형 어미 **allegra** 형 'allegro 성격이 밝은, 쾌활한'의 여성 단수형 **ha** 동사 'avere 가지다'의 3인칭 단수 직설법 현재형 **capelli** 명 'capello 머리카락'의 남성 복수형 **lunghi** 형 'lungo 긴'의 남성 복수형 **biondi** 형 'biondo 금발의'의 남성 복수형 **simpatici** 형 'simpatico 친절한'의 남성 복수형 어미 **generosi** 형 'generoso 관대한'의 남성 복수형 **un po'** 부 약간, 조금 **grasso** 형 살이 찐 **invece** 접 반면 **bassa** 형 'basso 키가 작은, 낮은'의 여성 단수형 **magra** 형 'magro 마른'의 여성 단수형 **bruni** 형 'bruno 갈색의' 남성 복수형 **occhi** 명 'occhio 눈'의 남성 복수형 **grandi** 형 'grande 큰'의 복수형 **ah** 감 아! **quindi** 부 그래서, 그러면 **assomigli** 동사 'assomigliare 닮다'의 2인칭 단수 직설법 현재형 **madre** 명 어머니

포인트 잡GO!

형용사가 명사를 수식할 땐 명사의 성, 수에 따라 어미의 형태를 일치시키고, 동사의 보어로 올 땐 주어의 성, 수에 따라 어미를 일치시킵니다.

명사 수식	동사의 보어
i capelli lunghi 이 까뻴리 룽기 긴 머리카락	Lei è bassa. 레이 에 밧싸 그녀는 작습니다.
gli occhi grandi 리 옥끼 그란디 커다란 눈	Loro sono simpatici. 로로 소노 씸빠띠치 그들은 친절합니다.

Chiavi

핵심 배우GO!

1 형용사 어미 일치 규칙에 따라 말하기

이탈리아어의 형용사는 남성 단수형 어미인 -o나 -e로 끝나는 형태가 원형입니다. 수식하는 명사나 주어의 성과 수에 따라 형용사의 어미는 다음과 같은 규칙으로 변합니다.

		단수형	복수형
-o로 끝나는 형용사	남성형 어미	-o	-i
	여성형 어미	-a	-e
-e로 끝나는 형용사	남성형 / 여성형 어미	-e	-i

❶ -o로 끝나는 형용사

- un ragazzo carino 운 라가쪼 까리노 귀여운 소년 → ragazzi carini 라가찌 까리니 귀여운 소년들
- una ragazza carina 우나 라가짜 까리나 귀여운 소녀 → ragazze carine 라가쩨 까리네 귀여운 소녀들
- un lavoro faticoso 운 라보로 파띠꼬조 힘든 일 → lavori faticosi 라보리 파띠꼬지 힘든 일들
- una giornata faticosa 우나 죠르나따 파띠꼬자 힘든 날 → giornate faticose 죠르나떼 파띠꼬제 힘든 날들

❷ -e로 끝나는 형용사

- un libro facile 운 리브로 파칠레 쉬운 책 → libri facili 리브리 파칠리 쉬운 책들
- una soluzione semplice 단순한 해결 방법 → soluzioni semplici 단순한 해결 방법들
우나 솔루찌오네 셈쁠리체 솔루찌오니 셈쁠리치
- una macchina veloce 우나 막끼나 벨로체 빠른 자동차 → macchine veloci 막끼네 벨로치 빠른 자동차들

2 형용사 발음 규칙에 따라 말하기

-co나 -go로 끝나는 형용사가 복수형 어미인 -i / -e로 변화할 땐 묵음인 -h를 넣어 [k], [g]의 발음 규칙을 유지시킵니다.

-co / -go	단수형	복수형
남성	-co / -go	-chi / -ghi
여성	-ca / -ga	-che / -ghe

- un quadro antico 운 꾸아드로 안띠꼬 고풍스러운 그림 → quadri antichi 꾸아드리 안띠끼 고풍스러운 그림들
- una casa antica 우나 까사 안띠까 고풍스러운 집 → case antiche 까제 안띠께 고풍스러운 집들
- un fiume lungo 운 피우메 룽고 긴 강 → fiumi lunghi 피우미 룽기 긴 강들
- una fila lunga 우나 필라 룽가 긴 줄 → file lunghe 필레 룽게 긴 줄들

Ricorda

문법 다지GO!

1 명사 뒤에서 수식하는 형용사

이탈리아어의 형용사는 일반적으로 수식해 주는 명사 앞이나 뒤에 모두 위치할 수 있지만, 다음과 같은 어미를 갖는 형용사들은 반드시 명사 뒤에서 수식합니다.

-ale	iniziale 이니찌알레 시작의	-(i)ario	bancario 방까리오 은행의
-ano	paesano 빠에사노 지방의	-(i)ano	cristiano 끄리스띠아노 가톨릭의
-oso	nervoso 네르보조 신경질적인	-ico	economico 에꼬노미꼬 경제적인
-are	polare 뽈라레 극의	-ista	egoista 에고이스따 이기주의적인

색, 국적, 모양, 종교, 계층을 나타내는 형용사 역시 반드시 명사 뒤에서 수식합니다.

- la gonna **bianca** 라 곤나 **비앙까** **흰** 치마
- il gatto **nero** 일 가또 **네로** **검은** 고양이
- la ragazza **tedesca** 라 라가짜 **떼데스까** **독일** 소녀
- lo specchio **rotondo** 로 스뻬끼오 **로똔도** **둥근** 거울
- la scuola **media** 라 스꾸올라 **메디아** **중**학교

2 가족 명칭을 수식하는 소유형용사

형용사의 수식을 받는 명사구는 정관사나 부정관사를 수반하는 것이 원칙이나, 가족 명칭 단수형을 수식하는 소유형용사(3인칭 복수 소유형용사 loro형 제외)가 사용될 경우 정관사 탈락 현상이 일어납니다.

- **mio** padre　미오 빠드레　**나의** 아버지 (il mio padre라고 하지 않음)
- **mia** madre　미아 마드레　**나의** 어머니 (la mia madre라고 하지 않음)
- **vostro** figlio　보스뜨로 필리오　**너희의** 아들 (il vostro figlio라고 하지 않음)
- **vostra** figlia　보스뜨라 필리아　**너희의** 딸 (la vostra figlia라고 하지 않음)

가족 명칭이 복수형이거나 소유형용사가 loro가 올 경우 다음과 같이 정관사를 수반하니 주의하세요.

- i vostri **figli**　이 보스뜨리 필리　너희들의 **아들들**
- le vostre **figlie**　레 보스뜨레 필리에　너희들의 **딸들**
- il **loro** figlio　일 로로 필리오　**그들의** 아들
- i **loro** figli　이 로로 필리　**그들의** 아들들

Tip 가족 명칭이 단수형이라 할지라도 소유형용사와 함께 올 때 정관사를 함께 써야 하는 단어가 있습니다. Papà는 '아빠'라는 뜻으로 'padre 아버지'의 애칭이고, mamma는 '엄마'라는 뜻으로 'madre 어머니'의 애칭입니다. 이 두 단어 papà와 mamma는 단수형인 경우에도 소유형용사와 함께 꼭 정관사를 수반합니다.

il **mio** papà 일 미오 빠빠 나의 아빠 → **mio** padre 미오 빠드레 나의 아버지

la **mia** mamma 라 미아 맘마 나의 엄마 → **mia** madre 미아 마드레 나의 어머니

Scrivi

실력 높이 GO!

Track 05-03

1 녹음을 듣고, 빈칸에 알맞은 말을 쓰세요.

Anna: Come sta [ⓐ] sorella?
Luigi: Lei sta bene. Come sta [ⓑ] fratello?
Anna: [ⓒ] fratello sta bene. E come stanno [ⓓ] genitori?
Luigi: Loro stanno bene.

2 단어의 순서를 알맞게 배열하여 문장을 만들어 보세요.

ⓐ sono, loro, miei, i, genitori (그들은 나의 부모님입니다.)
ⓑ mia, madre, è (그녀는 나의 어머니입니다.)
ⓒ stanno, tuoi, i, fratelli, come (너의 형제들은 어떻게 지내니?)

ⓐ

ⓑ

ⓒ

3 보기를 참고하여 빈칸에 알맞은 소유형용사를 쓰세요.

보기	________ (io) casa → **la mia** casa

ⓐ ________ (tu) libri

ⓑ ________ (loro) madre

ⓒ ________ (lei) mamma

4 아래의 문장을 이탈리아어로 작문하고, 정답을 확인한 다음 올바른 문장을 소리 내어 말해 보세요.

ⓐ 그는 나의 아빠야.

ⓑ 그는 그들의 아들이다.

ⓒ 나의 빨간 자동차

ⓐ

ⓑ

ⓒ

정답

❶ ⓐ tua ⓑ tuo ⓒ Mio ⓓ i tuoi

❷ ⓐ Loro sono i miei genitori. ⓑ È mia madre. ⓒ Come stanno i tuoi fratelli?

❸ ⓐ i tuoi ⓑ la loro ⓒ la sua

❹ ⓐ Lui è il mio papà. ⓑ Lui è il loro figlio. ⓒ la mia macchina rossa

Parole

어휘 늘리GO!

Track 05-04

우리 가족 말하기

padre 빠드레	아버지	madre 마드레	어머니
nonno 논노	할아버지	nonna 논나	할머니
figlio 필리오	아들	figlia 필리아	딸
fratello 프라뗄로	형제, 형, 오빠, 남동생	sorella 쏘렐라	자매, 언니, 누나, 여동생
zio 찌오	삼촌	zia 찌아	숙모, 이모, 고모
cugino 꾸지노	남자 사촌	cugina 꾸지나	여자 사촌
suocero 수오체로	장인, 시부	suocera 수오체라	장모, 시모
genero 제네로	사위	nuora 누오라	며느리
marito 마리또	남편	moglie 몰리에	아내
cognato 꼬냐또	처남, 매형, 시숙, 시동생, 형부, 제부	cognata 꼬냐따	시누이, 형수, 처형, 처제, 매제
nipote 니뽀떼	조카, 손자, 손녀		

가족 명칭 애칭으로 말하기

nonnino 논니노	할아버지	nonnina 논니나	할머니
mamma 맘마	엄마	papà 빠빠 babbo 밥뽀	아빠
fratellino 프라뗄리노	어린 남동생	sorellina 쏘렐리나	어린 여동생
nipotino 니뽀띠노	어린 조카 / 어린 손자	nipotina 니뽀띠나	어린 조카 / 어린 손녀

Italia

이탈리아 만나 GO!

이탈리아의 미신

1. 모자를 절대 침대 위에 두지 않아요.

이탈리아인들은 침대 위에 모자를 올려두는 행위는 그 침대 위에서 자는 사람에게 불운이 찾아오게 한다고 믿습니다. 이러한 미신은 집안에 위독한 사람이 있을 경우 마지막 기도를 해 주기 위해 찾아오던 신부님이 기도를 하기 전, 또는 진찰하기 위해 찾아 온 의사가 진료를 시작하기 전에 모자를 침대 위에 두던 습관에서 유래한 것입니다. 집안에 신부님이 오거나, 의사가 온다는 것은 누군가의 임종을 앞두고 있다는 것이므로 불행을 나타내는 것이었습니다. 따라서 오늘날에도 침대 위에 모자를 두는 것을 이탈리아 사람들은 피하고 있습니다.

2. 소금을 테이블 위에 흘리면 안돼요.

소금은 과거 아주 귀한 식자재로 여겨졌습니다. 오늘날 이탈리아어의 'salario 살라리오 월급'가 소금을 일컫는 'sale 살레'에서 유래했을 정도로 소금은 아주 값비싸고 귀한 것이었습니다. 따라서 이런 소금을 테이블에 흘리는 행위는 금기시되는 것이었습니다. 소금을 만약 테이블 위에 흘렸다면, 그것은 돈을 잃는 행위로 여겨져 불운을 상징했습니다. 만약 소금을 흘렸다면, 불운을 쫓기 위해서 그 흘린 소금을 집어서 왼쪽 어깨 뒤로 던져 바닥에 떨어진 소금을 치운 사람이 그 불운을 가져가도록 했습니다.

3. 길을 건너가는 검은 고양이는 불운을 상징해요.

검은 고양이는 이탈리아 뿐만이 아니라 미국, 스페인 등지에서 불운을 상징합니다. 이는 중세시대로 거슬러 올라가는데, 깜깜한 밤에 말과 함께 길을 가다가 검은 고양이를 갑자기 만나면 놀라서 말이 다치거나 말 위에 타고 있던 사람이 크게 다치게 되기 때문이었습니다. 따라서 신부님들은 검은 고양이를 불태워 죽이라고 명하곤 했습니다. 하지만 이런 검은 고양이가 행운을 상징하는 나라도 있습니다. 바로 일본과 영국, 스코틀랜드에서는 검은 고양이를 행운의 상징으로 여기고 있습니다.

Come stai?

Lezione
06

Come stai?

어떻게 지내니?

06강

학습 목표
안부 묻고 답하기
진행 중인 동작, 상태 말하기

공부할 내용
stare 동사
의문부사 come
avere 동사

주요 표현
Come stai?
Sto bene.
Sono stanco.
Ho mal di stomaco.

◀ 곤돌라를 타고 베네치아 운하를 즐기는 사람들. 멀리 리알토 다리가 보인다.

Parla

말문 트GO!

Dialogo 1 Track 06-01

루이지와 파올로는 서로 안부를 주고받습니다.

Luigi Ciao! Come stai?
챠오 꼬메 스따이

Paolo Bene, grazie! E tu, come stai?
베네 그라찌에 에 뚜 꼬메 스따이

Luigi Sto bene. Come stanno i tuoi genitori?
스또 베네 꼬메 스딴노 이 뚜오이 제니또리

Paolo Loro stanno bene. Ma sono un po' occupati per dei lavori in casa.
로로 스딴노 베네 마 소노 운 뽀 오꾸빠띠 뻬르 데이 라보리 인 까사

Luigi Come mai? C'è qualche problema?
꼬메 마이 체 꾸알께 쁘로블레마

Paolo No, niente affatto! Stanno solo restaurando la cucina. Allora, come procede il tuo lavoro?
노 니엔떼 아팟또 스딴노 솔로 레스따우란도 라 꾸치나 알로라 꼬메 쁘로체데 일 뚜오 라보로

Luigi Va tutto bene. Grazie.
바 뚜또 베네 그라찌에

루이지 안녕! 어떻게 지내?
파올로 잘 지내, 고마워! 너는 어떻게 지내니?
루이지 잘 지내. 너의 부모님은 잘 지내시니?
파올로 잘 지내고 계셔. 그런데 집안 일로 조금 바쁘셔.
루이지 왜? 무슨 문제가 있니?
파올로 아니, 전혀! 단지 주방을 고치고 있는 중이셔. 그런데, 너의 일은 어떻게 되어가고 있니?
루이지 잘되어 가고 있어. 고마워.

VOCA BOLI

come 의문부사 어떻게 **stai** 동사 'stare ~(이)다'의 2인칭 단수 직설법 현재형 **bene** 부 좋게, 잘 **grazie** 감 감사합니다 **stanno** 동사 'stare ~(이)다'의 3인칭 복수 직설법 현재형 **ma** 접 하지만, 그런데 **occupati** 형 'occupato 바쁜'의 남성 복수형 **per** 전 ~때문에 **lavori** 명 'lavoro 일, 업무'의 복수형 **casa** 명 집 **come mai?** 의문부사 왜?, 어째서? **qualche** 형 몇몇의, 약간의 **problema** 명 문제 **niente affatto** 부 전혀 ~않다 **solo** 부 단지, 오직 **restaurando** 동사 'restaurare 재건축하다'의 현재분사형 **cucina** 명 주방 **procede** 동사 'procedere 나아가다, 진행하다'의 3인칭 단수 직설법 현재형 **tutto** 부 모두

포인트 잡GO!

의문부사 'come 어떻게'와 동사 'stare ~(이)다'를 활용하여 안부를 묻고 답할 수 있어요. Stare 동사 뒤에 부사를 넣거나, essere 동사 뒤에 상태를 나타내는 형용사 보어를 넣어 답변할 수 있습니다. 이때 형용사는 주어의 성, 수에 일치시킵니다.

Come stai?	꼬메 스따이	어떻게 지내니?
Come sta?	꼬메 스따	어떻게 지내세요?
Sto bene/male.	스또 베네/말레	잘 지내(요)./못 지내(요).
Sono stanco/a.	소노 스땅꼬/까	나는 피곤해요.

Chiavi

핵심 배우GO!

1 존칭형, 비존칭형 안부 묻고 답하기

안부를 묻는 존칭형은 'Come sta? 당신 어떻게 지내세요?', 비존칭형은 'Come stai? 너는 어떻게 지내니?'입니다. 대답은 'stare 동사 + 부사' 혹은 'essere 동사 + 형용사' 구조로 말할 수 있습니다. 다양한 부사와 형용사를 결합하여 안부를 말해 봅시다.

- Sto **bene.** 스또 베네 — 나는 **잘** 지내(요).
- Sto **molto bene.** 스또 몰또 베네 — 나는 **매우 잘** 지내(요).
- Sto **benissimo.** 스또 베니씨모 — 나는 **매우 잘** 지내(요).

- Sto **male.** 스또 말레 — 나는 **잘 못** 지내(요).
- Sto **molto male.** 스또 몰또 말레 — 나는 **매우 잘 못** 지내(요).
- Sto **malissimo.** 스또 말리씨모 — 나는 **매우 잘 못** 지내(요).

- **Così così.** 꼬지 꼬지 — 나는 **그저 그렇게** 지내(요).
- **Non molto bene.** 논 몰또 베네 — 나는 **그렇게 잘 지내지는 않**아(요).
- **Abbastanza bene.** 압바스딴짜 베네 — **꽤 잘 지내**.
- **Non** c'è **male.** 논 체 말레 — **나쁘지 않**아.

2 강조하는 부사 활용하여 말하기

형용사 바로 앞에 부사 'molto 매우'를 넣어 형용사를 강조해 보세요.

- Sono **molto** occupato/a. 소노 몰또 오꾸빠또/따 — 나는 **매우** 바쁘다.
- Sono **molto** stanco/a. 소노 몰또 스땅꼬/까 — 나는 **매우** 피곤하다.
- Sono **molto** contento/a. 소노 몰또 꼰뗀또/따 — 나는 **매우** 기쁘다.
- Sono **molto** felice. 소노 몰또 펠리체 — 나는 **매우** 행복하다.
- Sono **molto** preoccupato/a. 소노 몰또 쁘레오꾸빠또/따 — 나는 **매우** 걱정스럽다.
- Sono **molto** arrabbiato/a. 소노 몰또 아라비아또/따 — 나는 **매우** 화가 났다.

Tip 형용사를 강조하기 위해 해당 형용사 뒤에 최상급을 나타내는 접미사인 -issimo를 첨가할 수도 있습니다. 이때 부사 molto는 함께 쓰이지 않습니다.

예 Sono occupat**issimo/a.** 소노 오꾸빠띠씨모/마 나는 **매우** 바쁘다. (occupato 바쁜)
Sono content**issimo/a.** 소노 꼰뗀띠씨모/마 나는 **매우** 기쁘다. (contento 기쁜)

Parla

말문 트GO!

Dialogo 2 Track 06-02

루이지는 안나와 함께 병원에 가기로 했습니다.

Luigi Come va?
꼬메 바

Anna Non molto bene. Ho mal di stomaco.
논 몰또 베네 오 말 디 스또마꼬

Luigi Perché non vai dal dottore?
뻬르께 논 바이 달 도또레

Anna Preferisco dormire a casa.
쁘레페리스꼬 도르미레 아 까사

Luigi No! Andiamo insieme dal dottore. Stai troppo male. Ti accompagno io.
노 안디아모 인씨에메 달 도또레 스따이 뜨로뽀 말레 띠 아꼼빠뇨 이오

Anna Grazie mille!
그라찌에 밀레

루이지 어떻게 지내니?
안나 잘 지내지 못해. 나는 위가 아파.
루이지 왜 의사한테 가지 않니?
안나 집에서 자고 싶어.
루이지 안 돼! 같이 의사에게 가자. 너 너무 안 좋아. 내가 데려다 줄게.
안나 정말 고마워!

VOCA BOLI

come 의문부사 어떻게 **va** 동사 'andare 가다'의 3인칭 단수 직설법 현재형 **ho** 동사 'avere 가지다'의 1인칭 단수 직설법 현재형 **di** 전 ~의 **stomaco** 명 위장 **perché** 의문부사 왜, 어째서 **vai** 동사 'andare 가다'의 2인칭 단수 직설법 현재형 **da** 전 ~에 **dottore** 명 박사, 의사 **preferisco** 동사 'preferire 선호하다'의 1인칭 단수 직설법 현재형 **dormire** 동 잠 자다 **insieme** 부 함께 **troppo** 부 너무 **ti** 직접 목적격 대명사 너를 **accompagno** 동사 'accompagnare 동행하다, 함께하다'의 1인칭 단수 직설법 현재형 **mille** 형 1000의, 다수의

포인트 잡GO!

'Come va?'는 안부를 물을 때 자주 쓰이는 표현입니다. '의문부사 come + andare 동사의 3인칭 단수 직설법 현재형' 구조로, '어떻게 지내니?', '어떻게 지내세요?'의 의미입니다. 대답은 'Come sta?'로 물었을 때와 같이 말하면 됩니다.

Come va? 꼬메 바 　 어떻게 지내세요?

Sto bene, grazie. 스또 베네 그라찌에 　 잘 지냅니다. 고마워요.

Chiavi

핵심 배우GO!

1 'Avere 동사 + 추상 명사'로 상태 표현하기

Avere 동사의 기본 의미는 타동사로서 '~을(를) 가지다'라는 뜻입니다. 상태를 나타내는 추상 명사와 함께 쓰여, 주어의 상태를 표현할 수 있습니다.

- Ho **fame.** 오 파메 — 나는 **배가 고프다.**
- Ho **sete.** 오 쎄떼 — 나는 **목이 마르다.**
- Ho **caldo.** 오 깔도 — 나는 **덥다.**
- Ho **freddo.** 오 프렛도 — 나는 **춥다.**
- Ho **appetito.** 오 아뻬띠또 — 나는 **식욕이 있다.**
- Ho **sonno.** 오 손노 — 나는 **졸리다.**
- Ho **la nausea.** 오 라 나우제아 — 나는 **토할 것 같다.**

2 'Avere mal di + 신체 부위'로 아픈 곳 말하기

Avere 동사와 함께 'male 나쁜 것, 안 좋은 것 (마지막 모음 e 생략 가능)'을 연결하여 '~이(가) 아프다'라고 말할 수 있습니다. 이때 신체 부위명 앞에 전치사 di를 동반합니다.

- Ho mal **di pancia.** 오 말 디 빤챠 — 나는 **배가** 아프다.
- Ho mal **di stomaco.** 오 말 디 스또마꼬 — 나는 **위가** 아프다.
- Ho mal **di denti.** 오 말 디 덴띠 — 나는 **이가** 아프다.
- Ho mal **di testa.** 오 말 디 떼스따 — 나는 **머리가** 아프다.
- Ho mal **di gola.** 오 말 디 골라 — 나는 **목이** 아프다.
- Ho mal **di gambe.** 오 말 디 감베 — 나는 **다리가** 아프다.

Ricorda

문법 다지GO!

1 Stare: ~이(가) 있다, 머무르다

장소, 위치, 상황이나 상태를 표현할 때 쓰이는 자동사로, 뒤에 보어로 부사나 전치사구가 올 수 있습니다.

- Come **stai**? 꼬메 스따이 어떻게 **지내**?
- **Sto** bene. 스또 베네 잘 **지내**.

- Dove **stai**? 도베 스따이 어디에 **있니**?
- **Sto** a casa. 스또 아 까사 나는 집에 **있어**.
- **Stiamo** a Roma. 스띠아모 아 로마 우리는 로마에 **있다**.

- Daniele **sta** in Italia. 다니엘레 스따 인 이딸리아 다니엘레는 이탈리아에 **있다**.
- **Sta** in albergo. 스따 인 알베르고 그는 호텔에 **있다**.
- Donatella **sta** a letto. 도나뗄라 스따 아 렛또 도나텔라는 침대에 **있다**.

2 Stare + per: 막 ~하려 하다

Stare 동사 뒤에 전치사 per와 함께 동사 원형이 오면 '막 ~하려던 참이다.'란 뜻으로 쓰일 수 있습니다.

- **Sto per** dormire. 스또 뻬르 도르미레
  나는 **막** 잠자려던 **참이다**.
- Paolo e Pietro **stanno per** partire. 빠올로 에 삐에뜨로 스딴노 뻬르 빠르띠레
  파울로와 피에트로는 **막** 출발하려던 **참이다**.
- **Stiamo per** pranzare alla mensa. 스띠아모 뻬르 쁘란짜레 알라 멘사
  우리는 **지금** 학생식당에서 점심을 먹으려던 **참이다**.
- Il professore **sta per** finire la lezione. 일 쁘로페쏘레 스따 뻬르 피니레 라 레찌오네
  교수님이 **막** 수업을 끝내시려는 **참이다**.

3 Stare 동사와 현재분사형 결합으로 진행형 문장 표현

이탈리아어에서 진행형 문장은 stare 동사와 현재분사형을 결합하여 표현할 수 있어요. 현재분사란 진행형을 나타낼 때 쓰이는데, 동사 원형의 어미 -are / -ere / -ire를 떼고 현재분사형 어미를 붙여 만듭니다. 주어의 인칭과 시제 표현은 진행형을 만들 때 조동사처럼 쓰이는 stare 동사에서 이루어지며, 현재분사는 주어의 성, 수에 영향을 받지 않는다는 점에 주의해야 합니다.

stare + 현재분사형 → ~하는 중이다

동사 어미	현재분사형
-are	-ando
-ere	-endo
-ire	

- **Sto lavorando** in ufficio. 스또 **라보란도** 인 우핏쵸
  나는 사무실에서 **일하는 중이다**.
- Luisa **sta prendendo** un caffè al bar. 루이자 **스따 쁘렌덴도** 운 까페 알 바르
  루이자는 바에서 커피 한 잔을 **마시는 중이다.**
- **State uscendo** di casa? **스따떼 우쉔도** 디 까사?
  너희들 집에서 **나가는 중이니**?
- I nonni **stanno dormendo** a casa. 이 논니 **스딴노 도르멘도** 아 까사
  조부모님은 집에서 **주무시는 중이다**.

Scrivi

실력 높이 GO!

Track 06-03

1 녹음을 듣고, 빈칸에 알맞은 말을 쓰세요.

Anna: Come [ⓐ]?
Luigi: [ⓑ] bene. E tu?
Anna: [ⓒ]. E come [ⓓ] i tuoi genitori?
Luigi: Loro stanno bene.

2 단어의 순서를 알맞게 배열하여 문장을 만들어 보세요.

ⓐ molto, non, bene (잘 지내지 못한다.)
ⓑ sto, bene, molto (나는 아주 잘 지내.)
ⓒ di, mal, ho, stomaco (나는 위가 아프다.)

ⓐ

ⓑ

ⓒ

3 보기를 참고하여 빈칸에 알맞은 현재분사형을 쓰세요.

> 보기 sto ________ (lavorare) → sto lavorando

ⓐ sta ______________ (dormire)

ⓑ stiamo ______________ (mangiare)

ⓒ sto ______________ (cucinare)

4 아래의 문장을 이탈리아어로 작문하고, 정답을 확인한 다음 올바른 문장을 소리 내어 말해 보세요.

> ⓐ 어떻게 지내니?
> ⓑ 나는 머리가 아프다.
> ⓒ 그는 잠 자는 중이다.

ⓐ ______________________________

ⓑ ______________________________

ⓒ ______________________________

정답

❶ ⓐ stai ⓑ Sto ⓒ Così così ⓓ stanno

❷ ⓐ Non molto bene. ⓑ Sto molto bene. ⓒ Ho mal di stomaco.

❸ ⓐ dormendo ⓑ mangiando ⓒ cucinando

❹ ⓐ Come stai? ⓑ Ho mal di testa. ⓒ (Lui) sta dormendo.

Parole

어휘 늘리GO!

Track 06-04

이탈리아어 인사말

'Come stai? 어떻게 지내니?', 'Come sta? 어떻게 지내세요?'에 대한 다양한 대답들

- Sto bene! 스또 베네 잘 지내 / 잘 지내요!
- Bene! 베네 잘 지내 / 잘 지내요!
- Benissimo! 베니씨모 아주 잘 지내(요)!
- Mai stato/a meglio! 마이 스따또/따 멜리오 아주 잘 지내(요)!
  *화자가 남성이면 -o,여성이면 -a를 사용
- Alla grande! 알라 그란데 아주 잘 지내(요)!
- Niente male! 니엔떼 말레 별일 없어(요)!
- Non c'è male! 논 체 말레 별일 없어(요)!
- Niente di speciale! 니엔떼 디 스뻬치알레 별일 없어(요)!
- Tutto a posto! 뚜또 아 뽀스또 괜찮아(요)!
- Tutto ok! 뚜또 오케이 괜찮아(요)!
- La solita. 라 솔리따 별일 없어(요).
- Al solito. 알 솔리또 별일 없어(요).
- Tutto uguale. 뚜또 우구알레 별일 없어(요).
- Così e così. 꼬지 에 꼬지 그저 그래(요).
- Non molto / troppo bene. 논 몰또 / 뜨로뽀 베네 아주 잘 지내진 못해(요).

Italia

이탈리아 만나 GO!

'Pasqua 부활절'과 'Pasquetta 작은 부활절'

봄의 첫 번째 보름달이 뜬 뒤 오는 첫 일요일은 기독교의 큰 축제일인 부활절입니다. 크리스마스처럼 날짜가 정해진 것이 아니기 때문에 매년 3월 22일에서 4월 25일 사이의 일요일에 부활절이 있습니다. 부활절은 이탈리아어로 'Pasqua 빠스꾸아'라고 합니다. 예수의 부활을 기념하는 날이지만, 어원은 히브리어에서 온 'passare oltre 빠싸레 올뜨레 넘어가다'에서 왔습니다. 이 표현은 이스라엘이 이집트의 노예로부터 해방이 된 것을 뜻하는 말이었습니다.

이탈리아 사람들은 부활절을 봄의 상징이라고 여깁니다. 부활절의 시기가 딱 이탈리아의 봄과 시간적으로 맞기도 하고, 부활절이 상징하는 'rinascita 리나쉬따 부활, 재탄생'이 모든 것이 새로 자라나는 봄과 의미적으로 잘 맞기 때문입니다. 부활절에 이탈리아 사람들은 평화를 상징하는 'colomba 꼴롬바 비둘기' 모양 케이크를 먹고 희생과 재물을 상징하는 'agnello 아녤로 양고기'를 먹습니다. 부활절은 매년 일요일에 있지만, 이탈리아 사람들은 그 다음 날인 월요일까지 휴가를 즐깁니다. 부활절 다음날은 'Pasquetta 빠스꾸에따 작은 부활절' 혹은 'Lunedì dell'Angelo 루네디 델란젤로 천사의 월요일'이라 부릅니다. 이 날에는 가족 혹은 친구들과 함께 근교로 여행을 떠나거나, 야외에서 피크닉이나 바비큐를 즐깁니다. 날이 좋은 봄이기 때문에 이날은 꼭 야외 활동을 하는 풍습이 있습니다.

▲ 이탈리아인들이 부활절에 먹는 비둘기 모양의 전통 케이크인 'Colomba di Pasqua 콜롬바 디 파스쿠아'

Voglio un caffè.

Lezione 07

Voglio un caffè.

나는 커피 한 잔을 원해요.

07강

학습 목표

음식 주문하기

공부할 내용

직접 목적격 대명사

간접 목적격 대명사

volere, potere, dovere 조동사

sapere, desiderare, preferire 동사의 용법

주요 표현

Volete ordinare?

Dovete prendere il nostro tiramisù.

Desidero un panino.

Può portarmi il conto?

◀ 반원형 붉은 지붕이 아름다운 피렌체 두오모. 정식 명칭은 '산타 마리아 델 피오레'이다.

Parla

말문 트GO!

Dialogo 1 Track 07-01

안나는 레스토랑에서 스파게티를 주문합니다.

Anna Scusi! C'è un tavolo libero? Siamo in due.
스꾸지 체 운 따볼로 리베로 씨아모 인 두에

Cameriere Certo! Volete un tavolo vicino alla finestra?
체르또 볼레떼 운 따볼로 비치노 알라 피네스뜨라

Anna Volentieri, grazie!
볼렌띠에리 그라찌에

Cameriere Ecco il menù. Guardate pure con comodo.
에꼬 일 메누 구아르다떼 뿌레 꼰 꼬모도

Anna Vogliamo ordinare un piatto di spaghetti alle vongole e un altro al pomodoro.
볼리아모 오르디나레 운 삐아또 디 스빠게띠 알레 봉골레 에 운 알뜨로 알 뽀모도로

Cameriere E da bere?
에 다 베레

Anna Una bottiglia grande di acqua frizzante, per favore.
우나 보띨리아 그란데 디 악꾸아 프리짠떼 뻬르 파보레

안나 저기요! 빈 테이블 하나 있을까요? 저희는 두 사람입니다.
웨이터 물론이지요! 창문 가까이에 있는 테이블 하나를 원하시나요?
안나 물론이죠, 감사합니다!
웨이터 여기 메뉴판이 있습니다. 편히 보세요.
안나 우리는 봉골레 스파게티 하나랑 토마토 스파게티 하나를 주문하고 싶습니다.
웨이터 마실 것은요?
안나 탄산수 큰 병으로 하나 부탁합니다.

VOCA BOLI

tavolo 명 테이블 **libero** 형 빈, 자유로운 **in** 전 ~안에, ~에 (essere in + 숫자: '~명입니다') **due** 수 2, 둘 **certo** 부 당연히 **volete** 동사 'volere 원하다'의 2인칭 복수 직설법 현재형 **vicino a** 전 ~근처에 **finestra** 명 창문 **volentieri** 부 기꺼이 **ecco** 부 여기 **menù** 명 메뉴 **guardate** 동사 'guardare 쳐다보다'의 2인칭 복수 직설법 현재형 **pure** 부 역시, 또한 **con comodo** 전치사구 편히 **vogliamo** 동사 'volere 원하다'의 1인칭 복수 직설법 현재형 **ordinare** 명 주문하다 **piatto** 명 접시, 음식 **spaghetti** 명 스파게티 **a** 전 ~(으)로 만들어진 **vongole** 명 'vongola 조개류'의 여성 복수 형태 **altro** 형 또 다른 **pomodoro** 명 토마토 **e** 접 그리고 **da** 전 da + 동사 원형: ~할 것 **bere** 동 마시다 **bottiglia** 명 병 **acqua** 명 물 **frizzante** 형 탄산의 **per favore** 감 부탁합니다

포인트 잡GO!

이탈리아어에는 조동사로 'volere ~을(를) 원하다', 'dovere ~을(를) 해야만 한다 / ~할 필요가 있다', 'potere ~할 수 있다'가 있습니다. 본동사는 조동사 뒤에 동사 원형 형태로 위치합니다. 주어의 인칭에 따라 조동사가 6가지의 형태로 인칭 변화하여 문장을 구성합니다.

Noi **vogliamo** ordinare un piatto di spaghetti alle vongole.

노이 **볼리아모** 오르디나레 운 삐아또 디 스빠게띠 알레 봉골레 우리는 봉골레 스파게티 한 접시를 주문**하고 싶습니다.**

Volete ordinare?

볼레떼 오르디나레 주문**하시겠습니까?**

Chiavi

핵심 배우GO!

1 Volere 동사, dovere 동사의 일반동사로서 쓰임 알기

Volere 동사가 일반동사 용법일 땐, '~을(를) 원하다'라는 의미의 타동사로, 뒤에 목적어 명사를 동반합니다.

- **Volete** un tavolo vicino alla finestra? 창문 근처의 테이블을 **원하**십니까?
  볼레떼 운 따볼로 비치노 알라 피네스뜨라
- **Voglio** un caffè. **볼리오** 운 까페 나는 커피 한 잔을 **원한다**.

위와 같이 volere 동사 뒤에 명사가 있다면 volere는 조동사가 아니라 '~을(를) 원하다'라는 타동사로 쓰였음에 유의해서 해석해야 합니다.

Dovere 동사 역시 조동사로 많이 쓰이지만, 간혹 '~을(를) 빚지다'라는 의미의 타동사로 뒤에 목적어 명사를 동반하여 쓰입니다. Volere 동사보다는 타동사로 많이 쓰이지 않습니다.

- Ti **devo** venti euro. 띠 **데보** 벤띠 에우로 나는 너에게 20유로를 **빚졌다**(갚아야 한다).
- Mi **devi** una cena. 미 **데비** 우나 체나 너는 나에게 저녁 식사를 **빚졌다**(대접해야 한다).

2 전치사 a로 맛, 재료 말하기

음식명에 '~맛 ~', '~재료의 ~'와 같이 부연 설명이 필요할 땐 전치사 a를 활용합니다. '음식명 + 전치사 a + 정관사 + 재료명' 문형입니다. 이탈리아의 가장 대표적인 3대 스파게티명을 살펴보겠습니다.

- spaghetti al pomodoro 토마토 스파게티
  Spaghetti는 파스타 면의 한 종류로, 가느다랗고 긴 국수 같은 면을 말합니다. 여기에 '전치사 a + 재료 또는 소스'를 덧붙여 보세요. Il pomodoro는 '토마토'를 뜻하는 명사로, al pomodoro는 '토마토를 주재료로 한', '토마토 소스로 된'이란 의미를 갖게 됩니다.

- spaghetti alle vongole 봉골레 스파게티
  Le vongole는 '조개'를 뜻하는 단어로 alle vongole는 '조개류를 재료로 한'의 의미가 됩니다.

- spaghetti alla carbonara 까르보나라 스파게티
  문형에 따라 소스 이름 carbonara를 붙여 'alla carbonara 까르보나라 소스로 된' 스파게티를 말합니다. Carbonara는 'carbone 석탄'에서 유래했는데, 로마의 탄광촌 지역에서 일하던 사람들이 주로 먹던 음식이었기 때문이라고 합니다.

Parla

Dialogo 2 Track 07-02

디저트는 티라미수와 커피로 정했어요.

Cameriere Tutto a posto?
뚜또 아 뽀스또

Anna Sì, grazie. Molto buono!
씨 그라찌에 몰또 부오노

Cameriere Desiderate prendere ancora qualcosa?
데지데라떼 쁘렌데레 앙꼬라 꾸알꼬자

Anna Possiamo ordinare il dolce?
뽀씨아모 오르디나레 일 돌체

Cameriere Certamente! Cosa volete? Dovete prendere il nostro tiramisù. È davvero buonissimo!
체르따멘떼 꼬자 볼레떼 도베떼 쁘렌데레 일 노스뜨로 티라미수 에 다베로 부오니씨모

Anna Ok. Allora, due tazze di caffè e un tiramisù, per favore.
오케이 알로라 두에 따쩨 디 까페 에 운 띠라미수 뻬르 파보레

Anna Può portarmi il conto, per cortesia?
뿌오 뽀르따르미 일 꼰또 뻬르 꼬르떼지아

Cameriere Sì, certo! Torno subito!...Ecco il conto.
씨 체르또 또르노 수비또 에꼬 일 꼰또

Anna Posso pagare con il bancomat?
뽀쏘 빠가레 꼰 일 방꼬맏

Cameriere Certo!
체르또

웨이터 모든 것이 괜찮으십니까?
안나 네, 고마워요. 매우 맛있어요.
웨이터 또 다른 어떤 걸 드시고 싶으신가요?
안나 디저트를 주문할 수 있을까요?
웨이터 물론이지요! 무엇을 원하십니까? 당신들은 우리 가게의 티라미수를 드셔 봐야만 합니다. 정말 아주 맛있어요.
안나 알겠어요. 그렇다면, 커피 두 잔과 티라미수 하나 부탁해요.
안나 저에게 계산서를 가져다주시겠어요?
웨이터 물론이죠! 곧 돌아오겠습니다!...여기 계산서요.
안나 체크 카드로 지불할 수 있을까요?
웨이터 물론입니다!

a posto (전치사구) 제자리에 **desiderate** 동사 'desiderare 바라다'의 2인칭 복수 직설법 현재형 **prendere** (동) 가지다, 먹다 **ancora** (부) 또한 **qualcosa** (명) 어떤 것 **possiamo** 동사 'potere ~할 수 있다'의 1인칭 복수 직설법 현재형 **dolce** (명) 단것, 디저트류 **certamente** (부) 물론 **dovete** 동사 'dovere ~을(를) 해야 한다'의 2인칭 복수 직설법 현재형 **davvero** (부) 정말 **buonissimo** (형) 아주 좋은, 맛있는 (buono의 최상급 형태) **tazze** (명) 'tazza 잔'의 여성 복수 형태 **conto** (명) 계산서 **per cortesia** (감) 부탁합니다 **torno** 동사 'tornare 돌아오다'의 1인칭 단수 직설법 현재형 **subito** (부) 곧, 즉시 **pagare** (동) 지불하다 **bancomat** (명) 체크 카드

포인트 잡GO!

웨이터의 두 번째 문장에서 desiderare 동사가 주어의 인칭에 따라 2인칭 복수형으로 변화했고 뒤에 본동사 prendere가 전치사 없이 동사 원형으로 위치한 것을 볼 수 있습니다. 단 이는 예외적인 경우로, 동사와 동사가 연결되는 대부분의 경우는 아래와 같이 전치사를 취합니다. 이때 전치사의 종류는 선행하는 동사에 따라 결정됩니다.

Vado **a** lavorare. 바도 **아** 라보라레 나는 일하러 갑니다.
Cerco **di** dormire. 체르꼬 **디** 도르미레 나는 잠을 자려고 노력합니다.

Chiavi

핵심 배우GO!

1 Desiderare 동사의 일반동사로서 쓰임 알기

Desiderare 동사는 volere 동사와 의미도 쓰임새도 비슷합니다. Desiderare 동사도 volere 동사처럼 타동사로 쓰여 뒤에 명사 목적어를 수반할 수 있다는 점 기억해 두세요.

- **Desidero** un litro di vino rosso. **데지데로** 운 리뜨로 디 비노 로쏘 나는 1리터의 레드와인을 **원합니다**.
- **Vogliono** una casa grande. **볼리오노** 우나 까사 그란데 그들은 큰 집을 **원한다**.

2 인칭과 수에 따른 직접 목적격 대명사, 간접 목적격 대명사

	직접 목적격 대명사		간접 목적격 대명사	
1인칭 단수형	mi 미	나를	mi 미	나에게
2인칭 단수형	ti 띠	너를	ti 띠	너에게
3인칭 단수형	lo 로 la 라 La 라	그를(그것을) 그녀를(그것을) 당신을	gli 리 le 레 Le 레	그에게 그녀에게 당신에게
1인칭 복수형	ci 치	우리를	ci 치	우리에게
2인칭 복수형	vi 비	너희를	vi 비	너희에게
3인칭 복수형	li 리 le 레	그들을(그것들을) 그녀들을(그것들을)	gli 리 gli 리	그들에게 그녀들에게

3 조동사 문장에서 대명사의 위치 구분하여 말하기

조동사가 쓰인 문장에서 직접 목적격 대명사나 간접 목적격 대명사가 있을 때, 대명사의 위치는 두 가지 경우로 나뉩니다.

❶ 주어 + (non) + **간접 목적격 대명사 / 직접 목적격 대명사** + 조동사 + 동사 원형

- **Mi** può portare il conto? **미** 뿌오 뽀르따레 일 꼰또 당신은 **저에게** 계산서를 가져다주실 수 있습니까?
- **Lo** devo comprare. 로 데보 꼼쁘라레 나는 **그것을** 사야만 한다.

❷ 주어 + (non) + 조동사 + **동사 원형 + 간접 목적격 대명사 / 직접 목적격 대명사**

- Può portar**mi** il conto? 뿌오 뽀르따르**미** 일 꼰또 당신은 **저에게** 계산서를 가져다주실 수 있습니까?
  → 본동사인 동사 원형 portare에서 마지막 모음인 e를 탈락시키고 간접 목적격 대명사인 mi 결합

Tip 조동사가 없는 경우, 대명사는 동사 앞에 위치합니다.

Mi porta il conto? **미** 뽀르따 일 꼰또 **나에게** 계산서를 가져다주실래요?
Ti offro una tazza di caffè. **띠** 오프로 우나 따짜 디 까페 **너에게** 내가 커피 한 잔 살게.

Ricorda

문법 다지GO!

1 조동사 volere / potere / dovere 변화형

앞서 조동사 volere, potere, dovere에 본동사를 연결한 문형을 학습하였습니다. 조동사는 주어의 인칭과 시제에 따라 형태 변화하고, 본동사는 동사 원형으로 제시됩니다. 해당 조동사의 인칭 변화형을 다음의 표와 예문으로 익혀 봅시다.

주격 인칭대명사	volere ~원하다	potere ~할 수 있다	dovere ~해야 한다
io	voglio 볼리오	posso 뽀쏘	devo 데보
tu	vuoi 부오이	puoi 뿌오이	devi 데비
lui / lei / Lei	vuole 부올레	può 뿌오	deve 데베
noi	vogliamo 볼리아모	possiamo 뽀씨아모	dobbiamo 돕비아모
voi	volete 볼레떼	potete 뽀떼떼	dovete 도베떼
loro	vogliono 볼리오노	possono 뽀쏘노	devono 데보노

- **Voglio** viaggiare all'estero. **볼리오** 비앗지아레 알레스떼로 — 나는 해외 여행을 하**고 싶습니다**.
- **Possiamo** uscire stasera. **뽀씨아모** 우쉬레 스따쎄라 — 우리는 오늘 저녁 외출**할 수 있다**.
- **Dovete** studiare l'italiano. **도베떼** 스뚜디아레 리딸리아노 — 너희들은 이탈리아어를 공부**해야만 한다**.

2 조동사처럼 쓰이는 일반동사 sapere / desiderare / preferire

Sapere / desiderare / preferire는 동사 뒤에 목적어가 함께 오는 타동사로, 조동사처럼 목적어 대신 동사 원형이 와서 각각 '~할 줄 안다 / ~하기를 원하다 / ~하기를 선호한다'라는 의미로 쓰입니다.

주격 인칭대명사	sapere ~할 줄 안다	desiderare ~하기를 원하다	preferire ~하기를 선호하다
io	so 소	desidero 데지데로	preferisco 쁘레페리스꼬
tu	sai 사이	desideri 데지데리	preferisci 쁘레페리쉬
lui / lei / Lei	sa 사	desidera 데지데라	preferisce 쁘레페리쉐
noi	sappiamo 삽비아모	desideriamo 데지데리아모	preferiamo 쁘레페리아모
voi	sapete 사뻬떼	desiderate 데지데라떼	preferite 쁘레페리떼
loro	sanno 산노	desiderano 데지데라노	preferiscono 쁘레페리스꼬노

각 동사별로 좀 더 자세히 예문과 함께 익혀 보겠습니다.

❶ sapere

타동사로 '~을(를) 안다'의 의미이나, 뒤에 동사 원형을 수반하여 조동사처럼 쓰이면 '~할 줄 알다'의 의미로 쓰입니다.

- Michele **sa** l'indirizzo e-mail di mia sorella. 미켈레는 내 누나의 이메일 주소를 **안다**.
  미껠레 **사** 린디리쪼 이-메일 디 미아 쏘렐라
- **So** sciare. 나는 스키를 탈 **줄 압니다**.
  소 쉬아레
- **So** guidare la motocicletta. 나는 오토바이를 운전할 **줄 압니다**.
  소 구이다레 라 모또치끌레따

❷ desiderare

타동사로 '~을(를) 원한다'의 의미이나, 뒤에 동사 원형을 수반하여 조동사처럼 쓰이면 '~하기를 원한다'의 의미로 쓰입니다.

- **Desidero** un panino. 나는 파니니를 **원합니다**.
  데지데로 운 빠니노
- Anna **desidera** viaggiare a Parigi. 안나는 파리를 여행하기**를 바란다**.
  안나 **데지데라** 비앗지아레 아 빠리지

❸ preferire

타동사로 '~을(를) 선호하다'의 의미이나, 뒤에 동사 원형을 수반하여 조동사처럼 쓰이면 '~하기를 선호하다'의 의미로 쓰입니다.

- **Preferisco** la mela. 나는 사과를 **선호한다**.
  쁘레페리스꼬 라 멜라
- **Preferisco** mangiare la mela. 나는 사과 먹기**를 선호한다**.
  쁘레페리스꼬 만쟈레 라 멜라

Scrivi

실력 높이 GO!

Track 07-03

1 녹음을 듣고, 빈칸에 알맞은 말을 쓰세요.

Cameriere: [ⓐ   ] ordinare?
Anna: [ⓑ   ] ordinare una bistecca di manzo?
Cameriere: Come [ⓒ   ] la bistecca?
Anna: Ben cotta, grazie. E [ⓓ   ] ordinare un'insalata?
Cameriere: Certamente!

bistecca 명 스테이크 **manzo** 명 소고기 **insalata** 명 샐러드

2 단어의 순서를 알맞게 배열하여 문장을 만들어 보세요.

ⓐ ordinare, io, piatto, voglio, un, di, spaghetti (나는 스파게티 한 접시를 주문하고 싶습니다.)
ⓑ pagare, con, carta, la, di, credito, posso (신용 카드로 지불할 수 있을까요?)
ⓒ favore, il, per, conto (계산서 주세요.)

ⓐ

ⓑ

ⓒ

3 빈칸에 알맞은 조동사를 넣으세요.

보기	_______ compare il latte. (나는 우유를 사야만 한다.) → Devo

ⓐ _______ tornare subito! (너희는 즉시 돌아와야 해!)

ⓑ _______ mangiare una pizza. (나는 피자를 먹고 싶다.)

ⓒ _______ guidare la macchina. (나는 자동차를 운전할 줄 안다.)

4 아래의 문장을 이탈리아어로 작문하고, 정답을 확인한 다음 올바른 문장을 소리 내어 말해 보세요.

ⓐ 주문하시겠습니까?
ⓑ 우리는 두 잔의 커피를 주문하고 싶습니다.
ⓒ 나는 잠 자고 싶다.

ⓐ

ⓑ

ⓒ

정답

❶ ⓐ Vuole ⓑ Posso ⓒ desidera ⓓ posso

❷ ⓐ Io voglio ordinare un piatto di spaghetti. ⓑ Posso pagare con la carta di credito? ⓒ Il conto, per favore.

❸ ⓐ Dovete ⓑ Voglio ⓒ So

❹ ⓐ Vuole ordinare? (또는) Volete ordinare? ⓑ Vogliamo ordinare due tazze di caffè. ⓒ Voglio dormire.

Parole

어휘 늘리GO!

Track 07-04

테이블에서

cucchiaio 꾹끼아이오	숟가락	bicchiere da acqua 비끼에레 다 악꾸아	물잔
forchetta 포르께따	포크	tovagliolo 또발리올로	냅킨
piatto 삐아또	접시	cucchiaino 꾹끼아이노	작은 숟가락
coltello 꼴뗄로	칼	tovaglia 또발리아	식탁보
bicchiere da vino 비끼에레 다 비노	와인잔		

메뉴판 읽어 보기

menù del giorno 메누 델 죠르노	오늘의 요리
prosciutto e melone 프로슈또 에 멜로네	햄과 멜론
bruschetta 브루스께따	슬라이스한 구운 바게트 위에 토마토, 레몬즙, 바질, 올리브유, 마늘 등을 올린 애피타이저류
gnocchi al ragù 뇨끼 알 라구	라구소스의 뇨끼 (감자 전분으로 작은 만두처럼 빚은 뇨끼를 미트소스에 넣은 음식)
spaghetti al pesto 스빠게띠 알 뻬스또	(바질, 마늘, 잣, 치즈 등을 올리브유와 함께 갈아서 만든) 신선한 페스토 소스 스파게티
lasagna 라자냐	라자냐 (넓적한 파스타 면을 일컫는 라자냐에 미트 소스를 발라 한 장씩 겹쳐 오븐에 구워 낸 파스타류)
bistecca ai ferri 비스떼까 아이 페리	철판 스테이크
pollo arrosto 뽈로 아로스또	구운 닭고기
insalata 인살라따	샐러드
patate al forno 빠따떼 알 포르노	구운 감자
patate fritte 빠따떼 프리떼	튀긴 감자
sorbetto 소르벳또	샤베트
acqua naturale 악꾸아 나뚜랄레	물
acqua frizzante 악꾸아 프리짠떼	탄산수
vino rosso della casa 비노 로쏘 델라 까사	하우스 레드와인
vino bianco 비노 비앙꼬	화이트와인
bibita frizzante 비비따 프리짠떼	탄산 음료
antipasto 안띠빠스또	전채 요리
dolce 돌체	디저트

Italia

이탈리아 만나 GO!

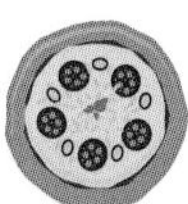

음악의 나라 이탈리아

학교에서 음악시간에 배웠던 음계나 소리의 강약, 속도 등을 뜻하는 여러 음악 용어들은 사실 이탈리아어에서 온 것이 많습니다. 'Allegro 알레그로 경쾌하게', 'adagio 아다지오 천천히', 'forte 포르떼 강하게', 'piano 삐아노 천천히', 'primadonna 쁘리마돈나 프리마돈나', 'maestro 마에스뜨로 마에스트로', 'soprano 쏘프라노 소프라노' 등 음악 용어에서의 이탈리아어는 무수히 많습니다. 이렇게 음악 용어에 이탈리아어가 많이 쓰이는 이유는 무엇보다도 계명창의 창시자가 바로 이탈리아 사람이기 때문입니다. 토스카나 아렛쪼 태생인 수도사이자 음악이론가인 'Guido d'Arezzo 귀도 다레초'는 성가를 전파하기 위해 현대적 기보법과 계명창을 발명했습니다. 기보법 발명 이전에는 모노코드로 한 음씩 소리 내어 그 음을 듣고 배우는 것이었기에 정확하고 빠르게 성가대 교육을 하기 힘들다는 한계가 있었습니다. 이탈리아인이었던 귀도 다레초는 여섯 개의 음절들(Ut, Re, Mi, Fa, Sol, La)에 근거한 계명창을 발명했습니다. 따라서 오늘날 우리가 사용하는 도레미파솔라시도 계이름은 이탈리아어에서 유래하게 된 것이라 할 수 있습니다.

음악의 역사에 중요한 역할을 한 이탈리아는 세계적인 3대 작곡가를 탄생시킨 나라이기도 합니다. 'Gioacchino Antonio Rossini 조아키노 안토니오 로시니', 'Giuseppe Fortunino Francesco Verdi 쥬세페 포르투니노 프란체스코 베르디', 'Giacomo Puccini 자코모 푸치니'는 세계적인 오페라 3대 작곡가 입니다. 로시니는 '세비야의 이발사', '행복한 착각', '알제리의 이탈리아 여인', '호수의 여인' 등을 작곡하였고, 베르디는 '리골레토', '아이다', '라 트라비아타' 등의 작품을, 푸치니는 '라보엠', '토스카', '투란도트', '나비부인', '마농 레스코' 등의 작품을 작곡하였습니다. 이탈리아의 북부 도시 베로나에서는 매년 한여름 밤에 아레네 원형경기장에 야외무대를 설치해 이들의 대표 작품들을 공연하고 있습니다.

▲ 베로나의 아레네 원형경기장의 전경. 매년 여름이 되면 베로나 오페라 축제가 열리는데, 주로 베르디와 푸치니의 작품들이 이곳에서 공연된다.

Quanto costa?

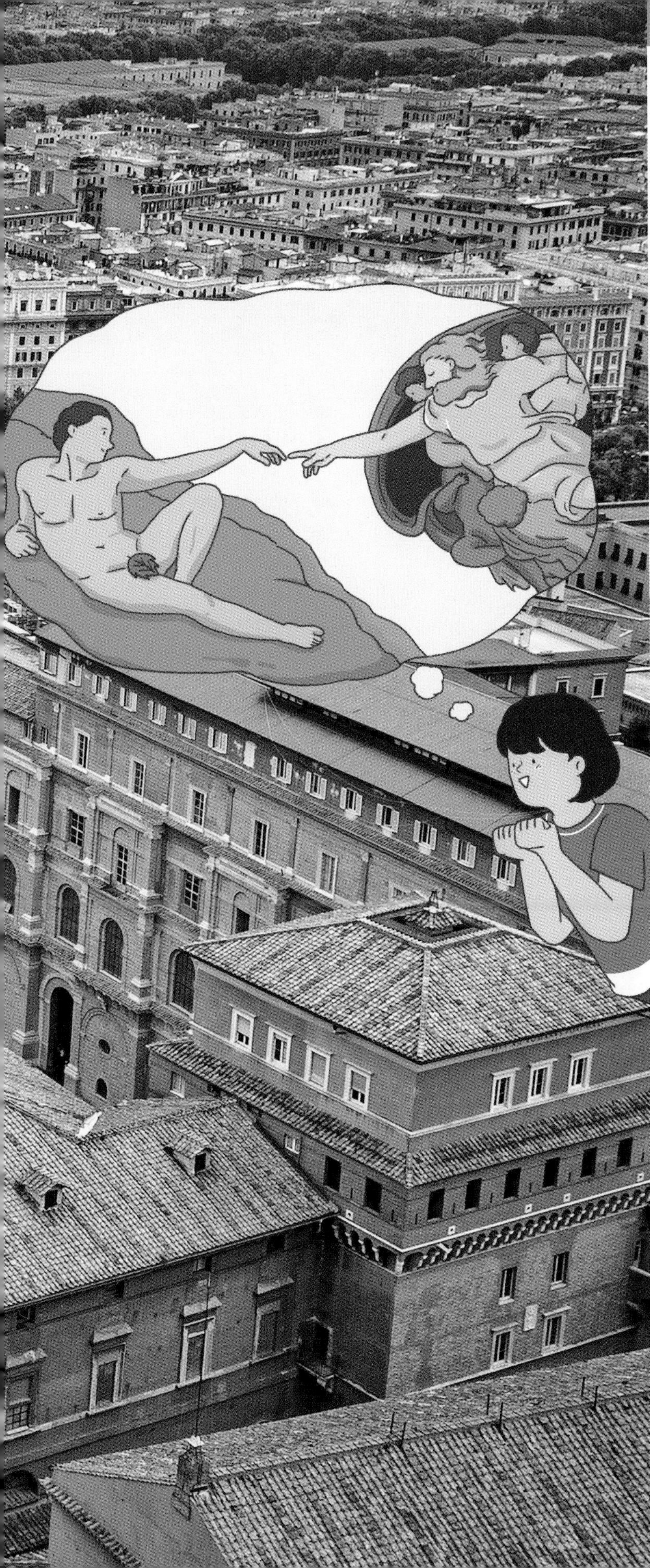

Lezione
08

Quanto costa?

얼마예요?

08강

학습 목표

숫자 표현 말하기

가격 묻고 답하기

공부할 내용

costare 동사

강세형 대명사

지시형용사

숫자

주요 표현

Quanto costa questa camica?

Costa venti euro.

Quanto ne vuole?

Tre etti, per favore.

◀ 미켈란젤로의 '천지창조', '최후의 심판'을 볼 수 있는 시스티나 성당을 비롯하여, 바티칸 시국의 궁전, 미술관, 박물관을 통틀어 '바티칸 미술관'이라고 부른다.

Parla

말문 트GO!

Dialogo 1 Track 08-01

안나는 백화점에서 마음에 드는 치마를 발견했습니다.

Commessa Prego, desidera?
쁘레고 데지데라

Anna Voglio provare questa gonna.
볼리오 쁘로바레 꾸에스따 곤나

Commessa Che taglia porta?
께 딸리아 뽀르따

Anna La taglia 34.
라 딸리아 뜨렌따꾸아뜨로

Posso provarla?
뽀쏘 쁘로바를라

Commessa Certamente! Là c'è il camerino.
체르따멘떼 라 체 일 까메리노

Anna La gonna mi va bene. Quanto costa?
라 곤나 미 바 베네 꾸안또 꼬스따

Commessa Costa 50 euro.
꼬스따 친꾸안따 에우로

점원 자, 무엇을 원하시나요?
안나 이 치마를 입어 보고 싶습니다.
점원 사이즈가 어떻게 되시나요?
안나 34 사이즈입니다. 그것을 입어 봐도 될까요?
점원 물론이죠! 저기 탈의실이 있습니다.
안나 치마가 나에게 잘 맞네요. 얼마죠?
점원 50유로입니다.

VOCA BOLI

commessa 명 점원 (여) **prego** 감 자, 제발, 천만에 **provare** 동 시험해 보다, 시도하다 **questa** 지시형용사 'questo 이것의'의 여성 단수형 **gonna** 명 치마 **taglia** 명 치수, 사이즈 **porta** 동사 'portare 가져가다, 가져오다'의 3인칭 단수 직설법 현재형 **la** 직접 목적격 대명사 그것을 **là** 부 저기에 **camerino** 명 탈의실 **mi** 간접 목적격 대명사 나에게 **quanto** 의문부사 얼마나 **costa** 동사 'costare 가격이 나가다'의 3인칭 단수 직설법 현재형 **euro** 명 유로화

포인트 잡GO!

stare 동사를 이용하여 '~에게 잘 어울린다'라는 표현을 말할 수 있습니다. 누구에게 잘 어울리는지는 간접 목적격 대명사 또는 '전치사 a + 사람'으로 표현합니다.

Questa camicia mi **sta** bene. 꾸에스따 까미치아 미 스따 베네 이 셔츠는 나에게 **잘 어울린다**.

Questi pantaloni **stanno** bene a te. 꾸에스띠 빤딸로니 스딴노 베네 아 떼 이 바지는 너에게 **잘 어울린다**.

Tip 'Scarpe 신발', 'pantaloni 바지'와 같이 한 쌍으로 이루어진 것은 항상 복수명사로 씁니다. 즉, 주어가 단수형인지 복수형인지에 따라 동사는 3인칭 단수형 또는 복수형으로 변화합니다.

Chiavi

핵심 배우GO!

1 사이즈 말하기

대화문에서와 같이 의문형용사 'che 어떤'과 명사 'taglia 치수, 사이즈', 동사 'portare 가지고 가다, 가지고 오다'를 이용해 'Che taglia porta? 사이즈가 어떻게 되세요?'라고 물을 수 있습니다. 답변도 연습해 볼까요? 참고로, 사이즈 숫자가 제시되는 문장에서 taglia를 생략할 수 있습니다. 단, taglia 앞에 있었던 여성 단수 정관사 la는 생략되지 않는다는 점에 주의하세요.

- **La taglia** 34. 라 딸리아 뜨렌따꾸아뜨로 — 34 사이즈입니다.
- Io porto **la (taglia)** 44. 이오 뽀르또 라 (딸리아) 꾸안뜨라꾸아뜨로 — 내 사이즈는 44입니다.

두 번째 답변 문장처럼, 질문에 이미 등장한 portare 동사로도 대답이 가능합니다. Portare 동사는 어미가 -are로 끝나는 규칙 동사여서 주어의 인칭에 맞도록 -are 규칙의 어미를 일치시키면 됩니다.

2 뒤따르는 명사에 따라 형용사 buono 변화시켜 말하기

Buono가 명사 앞에서 수식할 경우, 명사의 첫 글자에 따라 형태가 변합니다. 뒤따르는 명사의 성과 수, 첫 철자에 따라 변화형을 살펴보세요. 참고로, 부정관사 uno의 변화 규칙 역시 동일합니다.

명사 분류	gn/pn/ps/z/x/s +자음	자음 시작 남성 명사	모음 시작 남성 명사	자음 시작 여성 명사	모음 시작 여성 명사
예시	buono scherzo 부오노 스께르쪼 재밌는 농담	buon cibo 부온 치보 맛있는 음식	buon amico 부온 아미꼬 좋은 친구	buona zia 부오나 찌아 좋은 숙모	buon'idea 부오니데아 좋은 생각
	→ buoni scherzi 부오니 스께르찌 재밌는 농담들	→ buoni cibi 부오니 치비 맛있는 음식들	→ buoni amici 부오니 아미치 좋은 친구들	→ buone zie 부오네 찌에 좋은 숙모들	→ buone idee 부오네 이데에 좋은 생각들

Tip 모음으로 시작하는 여성 명사 앞 buona는 모음 축약 현상이 일어나 buon'가 됩니다.

Occhio!

이탈리아 포함, 유럽의 사이즈 기준을 알아볼까요? 옷이나 신발을 구매할 때 참고하세요.

남성								
	유럽	44	46	48	50	52	54	56
	한국	S			M	L		XL

여성										
	유럽	38	40	42	44	46	48	50	52	54
	한국	S			M			L		XL

Parla

말문 트GO!

Dialogo 2 Track 08-02

안나는 슈퍼마켓에서 장을 봅니다.

Commesso A chi tocca?
아 끼 또까

Anna A me.
아 메

Commesso Che cosa desidera?
께 꼬자 데지데라

Anna Voglio comprare due etti di prosciutto crudo.
볼리오 꼼쁘라레 두에 에띠 디 쁘로슈또 끄루도

Commesso Lo vuole tagliare a fettine sottili?
로 부올레 딸리아레 아 페띠네 소띨리

Anna Sì, voglio comprare anche quel prosciutto cotto.
씨 볼리오 꼼쁘라레 앙께 꾸엘 쁘로슈또 꼬또

Commesso Quanto ne vuole?
꾸안또 네 부올레

Anna Tre etti, per favore.
뜨레 에띠 뻬르 파보레

Commesso Desidera altro?
데지데라 알뜨로

Anna No. Basta così.
노 바스따 꼬지

Commesso Ecco il Suo conto. Può pagarlo alla cassa.
에꼬 일 수오 꼰또 뿌오 빠가를로 알라 까사

Anna D'accordo. Grazie.
다꼬르도 그라찌에

점원 누구 차례인가요?
안나 저예요.
점원 무엇을 원하시나요?
안나 200그램의 프로슈토 끄루도를 사고 싶습니다.
점원 얇은 조각으로 잘라드릴까요?
안나 네, 저 프로슈토 꼬또도 사고 싶습니다.
점원 얼마나 원하시나요?
안나 300그램 주세요.
점원 다른 것도 원하시나요?
안나 아니요, 그거면 충분해요.
점원 여기 영수증이 있습니다. 그것을 계산대에서 지불하실 수 있습니다.
안나 알겠어요. 감사합니다.

VOCA BOLI

commesso 명 남자 점원 **chi** 의문대명사 누구 **tocca** 동사 'toccare ~을(를) 만지다, ~에 이르다'의 3인칭 단수 직설법 현재형 **me** 강세형 대명사 나 **cosa** 명 것 **etti** 명 100그램을 나타내는 etto의 복수 형태 **prosciutto** 명 프로슈토, 햄 **crudo** 형 날것의, 익히지 않은 **tagliare** 동 자르다 **fettine** 명 'fettina 조각'의 여성 복수형 **sottili** 형 'sottile 얇은'의 복수형 **anche** 부 ~도, 또한 **quel** 지시형용사 그, 저 **cotto** 형 익은, 익힌 **quanto** 의문부사 얼마나 **tre** 수 3, 셋 **altro** 대 다른 것 **basta** 동사 'bastare ~이(가) 충분하다'의 3인칭 단수 직설법 현재형 **così** 부 이와 같이, 그와 같이, 그렇게 **conto** 명 계산서 **pagare** 동 지불하다 **cassa** 명 계산대 **d'accordo** 감 알겠습니다

1 강세형 대명사 말하기

대화문에서 안나가 말한 'A me.'와 같이 전치사 뒤에 인칭대명사가 오는 경우, 인칭대명사는 '강세형 대명사' 형태를 취합니다. 강세형 대명사는 전치사 뒤 또는 타동사 뒤 목적격 보어 자리에 올 수 있습니다. 전치사 a와 강세형 대명사가 결합하면 '~에게'라는 의미로, 간접 목적격 대명사를 대체할 수 있습니다.

	강세형 대명사	
1인칭 단수형	me 메	나
2인칭 단수형	te 떼	너
3인칭 단수형	lui 루이 lei 레이	그 그녀
1인칭 복수형	noi 노이	우리
2인칭 복수형	voi 보이	너희
3인칭 복수형	loro 로로	그들

❶ 강세형 대명사가 목적격 보어 자리에 오는 경우

- La mamma **ti** cerca. 라 맘마 **띠** 체르까 — 엄마가 **너를** 찾는다. (직접 목적격 대명사)

→ La mamma cerca **te.** 라 맘마 체르까 **떼** — 엄마가 너를 찾는다. (강세형 대명사)

❷ 강세형 대명사가 전치사 뒤에 오는 경우

- **Gli** ho telefonato ieri sera.
  리 오 뗄레포나또 이에리 쎄라 — 어제 저녁에 나는 **그에게** 전화했다. (간접 목적격 대명사)

→ Ho telefonato **a lui** ieri sera.
오 뗄레포나또 **아 루이** 이에리 쎄라 — 어제 저녁에 나는 그에게 전화했다. (전치사 + 강세형 대명사)

Occhio!

3인칭 복수형 간접 목적격 대명사 gli를 강세형으로 쓰는 경우, 전치사 a를 생략하여 '(전치사 a) + 강세형 대명사 3인칭 복수형 loro' 형태임을 참조하세요.

Ho dato **loro** i libri. 오 다또 **로로** 이 리브리 — 나는 **그들에게** 책들을 주었습니다.

Ho dato **a loro** i libri. (X)

Ricorda

문법 다지GO!

1 지시형용사의 인칭에 따른 변화형

지시형용사는 항상 명사 앞에서 수식하며, 관사와 함께 올 수 없다는 특징이 있습니다. 화자로부터 가까이 있을 땐 'questo 이것의', 멀리 있을 땐 'quello 저것의, 그것의'로 나타냅니다. 수식하는 명사의 성, 수에 따라 어미 변화하며, quello는 명사의 첫 글자가 무엇인지에 따라서도 형태가 변화하므로 특히 유의해야 합니다.

❶ questo

	단수	복수
남성	questo 꾸에스또	questi 꾸에스띠
여성	questa 꾸에스따	queste 꾸에스떼

- **questo** libro 꾸에스또 리브로 **이** 책
- **questi** libri 꾸에스띠 리브리 **이** 책들
- **questa** borsa 꾸에스따 보르사 **이** 가방
- **queste** borse 꾸에스떼 보르세 **이** 가방들

❷ quello

남성 단수형	남성 복수형	규칙	예
quel	quei	자음으로 시작하는 명사	**quel** tavolo → **quei** tavoli 꾸엘 따볼로 꾸에이 따볼리
quello	quegli	gn / pn / ps / z / x / s+자음	**quello** studente → **quegli** studenti 꾸엘로 스뚜덴떼 꾸엘리 스뚜덴띠
quell'	quegli	모음으로 시작하는 명사	**quell'**uomo → **quegli** uomini 꾸엘루오모 꾸엘리 우오미니

여성 단수형	여성 복수형	규칙	예
quella	quelle	자음으로 시작하는 명사	**quella** sedia → **quelle** sedie 꾸엘라 쎄디아 꾸엘레 쎄디에
quell'	quelle	모음으로 시작하는 명사	**quell'**idea → **quelle** idee 꾸엘리데아 꾸엘레 이데에

2 지시형용사 quello의 정관사에 따른 변화형

'Quello 그, 그것의, 저것의'는 정관사(il, lo, l', i, gli, la, le)의 규칙을 따라 변하는 지시형용사입니다. 명사의 첫 철자가 무엇인지에 따라 정관사가 여러 가지 형태를 취했던 것처럼, quello도 뒤따르는 명사의 첫 철자에 따라 형태가 달라집니다. 정관사 규칙에 따른 quello의 형태를 예시와 함께 익히세요.

	정관사	quello 변화형	예
남성형	il	quel 꾸엘	**quel** ragazzo 꾸엘 라가쪼 그 소년
	lo	quello 꾸엘로	**quello** zaino 꾸엘 자이노 그 배낭
	l'	quell' 꾸엘	**quell'**uomo 꾸엘루오모 그 남자
	i	quei 꾸에이	**quei** ragazzi 꾸에이 라가찌 그 소년들
	gli	quegli 꾸엘리	**quegli** uomini 꾸엘리 우오미니 그 남자들
여성형	la	quella 꾸엘라	**quella** donna 꾸엘라 돈나 그 여성
	l'	quell' 꾸엘	**quell'**amica 꾸엘라미까 그 여자 친구
	le	quelle 꾸엘레	**quelle** donne 꾸엘레 돈네 그 여성들 **quelle** amiche 꾸엘레 아미께 그 여자 친구들

3 가격을 물을 때 주의해야 할 동사 변화

'얼마입니까?'라고 가격을 물을 때 'costare 가격이 나가다', 'venire 오다', 'essere ~(이)다' 3가지 동사로 말할 수 있는데, 모두 'quanto 얼마'라는 의문부사를 동반합니다.

Costare나 venire는 가격을 묻는 사물이 단수형이거나 총액을 묻는 경우 3인칭 단수 직설법 현재형인 costa나 viene를 사용하고, 사물이 복수면 'costano / vengono'로 표현하면 됩니다.

- Quanto **costa/viene** questa camicia? 이 셔츠는 얼마입니까?
- Quanto **costano/vengono** queste scarpe? 이 신발은 얼마입니까?

반면, essere는 사물의 수에 상관없이 essere 동사의 3인칭 단수 직설법 현재형인 è만 사용할 수 있습니다.

- Quant'**è**? 꾸안떼 얼마인가요?

Tip Quanto의 마지막 모음 o와 è가 만나서 모음 축약현상이 발생하여, quanto의 마지막 모음 o 탈락 후 è와 결합했습니다.

Scrivi

Track 08-03

1 녹음을 듣고, 빈칸에 알맞은 말을 쓰세요.

Commesso: Prego, [ⓐ] ?
Anna: Voglio provare questa gonna.
Commesso: Che taglia porta?
Anna: Porto la taglia [ⓑ]. Quanto [ⓒ]?
Commesso: Costa [ⓓ] euro.

2 단어의 순서를 알맞게 배열하여 문장을 만들어 보세요.

ⓐ che, porta, taglia (사이즈가 어떻게 되나요?)
ⓑ tocca, chi, a (누구 차례인가요?)
ⓒ cinquanta, costa, euro, gonna, questa (이 치마는 50유로입니다.)

ⓐ

ⓑ

ⓒ

3 빈칸에 알맞은 quello의 변화 형태를 쓰세요.

ⓐ ______________________ ragazzo

ⓑ ______________________ donna

ⓒ ______________________ uomini

ⓓ ______________________ amiche

4 아래의 문장을 이탈리아어로 작문하고, 정답을 확인한 다음 올바른 문장을 소리 내어 말해 보세요.

ⓐ 무엇을 원하십니까?
ⓑ 300그램의 프로슈토 꼬또를 사고 싶습니다.
ⓒ 얼마입니까?

ⓐ ______________________

ⓑ ______________________

ⓒ ______________________

정답

❶ ⓐ desidera ⓑ trentaquattro ⓒ costa ⓓ cento

❷ ⓐ Che taglia porta? ⓑ A chi tocca? ⓒ Questa gonna costa cinquanta euro.

❸ ⓐ quel ⓑ quella ⓒ quegli ⓓ quelle

❹ ⓐ Che cosa desidera? ⓑ Voglio comprare tre etti di prosciutto cotto. ⓒ Quanto costa?

Parole

어휘 늘리GO!

Track 08-04

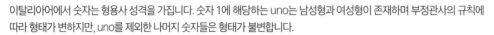

숫자

이탈리아어에서 숫자는 형용사 성격을 가집니다. 숫자 1에 해당하는 uno는 남성형과 여성형이 존재하며 부정관사의 규칙에 따라 형태가 변하지만, uno를 제외한 나머지 숫자들은 형태가 불변합니다.

un libro 운 리브로	책 한 권	**uno zaino** 우노 자이노	배낭 하나
un amico 운 아미꼬	한 친구(남성)	**una donna** 우나 돈나	한 여성
un'amica 운아미까	한 친구(여성)		

기수

0	zero 제로		
1	uno 우노	11	undici 운디치
2	due 두에	12	dodici 도디치
3	tre 뜨레	13	tredici 뜨레디치
4	quattro 꾸아뜨로	14	quattordici 꽈또르디치
5	cinque 친퀘	15	quindici 퀸디치
6	sei 쎄이	16	sedici 쎄디치
7	sette 쎄떼	17	diciassette 디치아쎄떼
8	otto 오또	18	diciotto 디쵸또
9	nove 노베	19	diciannove 디치안노베
10	dieci 디에치	20	venti 벤띠

21부터는 '십의 자릿수 + 일의 자릿수' 규칙에 따라 말하며, 'venti / trenta / quaranta....novanta + 첫 철자가 모음으로 시작하는 숫자'는 십의 자릿수 마지막 모음 i 또는 a가 탈락합니다.

21	ventuno 벤뚜노	22	ventidue 벤띠두에	23	ventitré 벤띠뜨레
24	ventiquattro 벤띠꾸아뜨로	25	venticinque 벤띠친퀘	26	ventisei 벤띠쎄이
27	ventisette 벤띠쎄떼	28	ventotto 벤또또	29	ventinove 벤띠노베
30	trenta 뜨렌따	31	trentuno 뜨렌뚜노	32	trentadue 뜨렌따두에
33	trentatré 뜨렌따뜨레	40	quaranta 꾸아란따	50	cinquanta 친꾸안따
60	sessanta 쎄싼따	70	settanta 쎄딴따	80	ottanta 오딴따
90	novanta 노반따	100	cento 첸또		
101	centouno 첸또우노	108	centootto 첸또오또	180	centottanta 첸또오딴따
200	duecento 두에첸또	300	trecento 뜨레첸또	400	quattrocento 꾸아뜨로첸또
1000	mille 밀레	2000	duemila 두에밀라	10000	diecimila 디에치밀라

Italia

이탈리아 만나 GO!

유로화 단위 말하기

이탈리아의 화폐는 유로화입니다. 작게는 1센트부터 최대 500유로까지의 화폐 종류가 있습니다. 1센트부터 2유로까지는 동전을 사용하고, 지폐로는 5유로, 10유로, 20유로, 50유로, 100유로, 200유로, 500유로짜리가 있습니다. 일반적으로 많이 유통되는 화폐는 50유로 이하까지입니다. 100유로 이상의 지폐는 일반 상점에서는 많이 쓰이지 않아 거스름돈을 받기 어려울 수 있으니 주의하세요.

- 1센트 un centesimo 운 첸떼지모
- 2센트 due centesimi 두에 첸떼지미
- 5센트 cinque centesimi 친꿰 첸떼지미
- 10센트 dieci centesimi 디에치 첸떼지미
- 20센트 venti centesimi 벤띠 첸떼지미
- 50센트 cinquanta centesimi 친꾸안따 첸떼지미
- 1유로 un euro 운 에우로
- 2유로 due euro 두에 에우로
- 5유로 cinque euro 친꿰 에우로
- 10유로 dieci euro 디에치 에우로
- 20유로 venti euro 벤띠 에우로
- 50유로 cinquanta euro 친꾸안따 에우로
- 100유로 cento euro 첸또 에우로
- 200유로 duecento euro 두에첸또 에우로
- 500유로 cinquecento euro 친꿰첸또 에우로

앞서 배운 숫자 말하는 법과 화폐명을 이용해, 아래와 같이 금액을 말해 보세요.

- 2유로 30센트 due euro e trenta centesimi 두에 에우로 에 뜨렌따 첸떼지미
- 320유로 57센트 trecentoventi euro e cinquantasette centesimi
뜨레첸또벤띠 에우로 에 친꾸안따쎄떼 첸떼지미

Dov'è la stazione?

Lezione

09

Dov'è la stazione?

역이 어디에 있습니까?

09강

학습 목표

위치 묻기

장소전치사로 위치 답하기

공부할 내용

장소전치사구

trovarsi 동사

ci의 다양한 쓰임새

주요 표현

Dov'è la stazione?

È in Piazza Garibaldi.

La fermata si trova davanti all'ufficio postale.

È in Via Mazzini, al n. 34.

◀ 로마에 다시 한 번 더 오고 싶은 소망을 담아 동전을 던지는 트레비 분수

Parla

말문 트GO!

Dialogo 1 Track 09-01

안나는 걸어서 역에 가려고 합니다.

Anna Scusi, mi sa dire dov'è la stazione?
스꾸지 미 사 디레 도베 라 스따찌오네

Passante Sì, è in Corso Roma.
씨 에 인 꼬르소 로마

Anna Mi può spiegare come arrivarci, per favore?
미 뿌오 스삐에가레 꼬메 아리바르치 뻬르 파보레

Passante Certo! Deve proseguire fino all'incrocio e poi girare a destra. La stazione è in fondo alla strada.
체르또 데베 쁘로세귀레 피노 알린그로치오 에 뽀이 지라레 아 데스뜨라 라 스따찌오네 에 인 폰도 알라 스뜨라다

Anna È lontano da qui?
에 론따노 다 뀌

Passante No, è abbastanza vicino. Ci può arrivare a piedi.
노 에 압바스딴짜 비치노 치 뿌오 아리바레 아 삐에디

Anna Grazie dell'informazione!
그라찌에 델린포르마찌오네

Passante Di niente, buongiorno!
디 니엔떼 부온죠르노

안나 실례합니다만, 역이 어디에 있는지 말씀해 주실 수 있나요?

행인 네, 꼬르소 로마 거리에 있습니다.

안나 실례지만, 그곳에 어떻게 가는지 알려주실 수 있나요?

행인 물론이죠! 사거리까지 길을 따라가다가 오른쪽으로 도세요. 역은 길의 끝에 있습니다.

안나 여기에서 먼가요?

행인 아니요, 상당히 가깝습니다. 걸어서 그곳에 갈 수 있어요.

안나 알려주셔서 감사합니다!

행인 천만에요, 안녕히 가세요.

VOCA BOLI

stazione 명 역 **passante** 명 행인 **corso** 명 큰길, 대로 **può** 동사 'potere ~할 수 있다'의 3인칭 단수 직설법 현재형 **spiegare** 동 설명하다 **come** 부 어떻게 **ci** 장소 부사 거기에 **certo** 감 물론 **deve** 동사 'dovere ~해야만 한다'의 3인칭 단수 직설법 현재형 **proseguire** 동 길을 나아가다 **fino a** 전 ~까지 **incrocio** 명 교차로, 사거리 **e** 접 그리고 **poi** 부 후에 **girare** 동 돌다 **destra** 명 오른쪽 **in fondo a** 전 ~끝에 **strada** 명 길 **lontano** 형 먼 **qui** 장소대명사 여기 **abbastanza** 부 상당히 **vicino** 형 가까운 **a piedi** 숙어 걸어서 **informazione** 명 정보 **di niente** 감 천만에요

포인트 잡GO!

길을 묻는 표현은 대표적으로 의문부사인 'dove 어디에'를 써서 말합니다. 의문부사 dove 뒤에 다양한 동사를 활용해서 길 묻는 표현을 해 보세요.

1 'Dov'è ~?' 활용하여 길 묻기

길을 물을 때 대표적으로 많이 말하는 구문으로 dove 뒤에 essere 동사의 3인칭 단수 직설법 현재형 è를 사용한 표현이 있습니다. 이때 모음 축약이 일어나 dove의 마지막 모음 e가 생략되고, 두 단어가 축약된 dov'è 형태가 됩니다.

- Mi sa dire **dov'è** ~? 미 사 디레 **도베** 저에게 ~이(가) **어디에 있는지** 말해 주실 수 있겠습니까?

  Tip '~해 주실 수 있겠습니까'라는 정중한 부탁의 표현입니다.

- Mi può dire **dov'è** ~? 미 뿌오 디레 **도베** 저에게 ~이(가) **어디에 있는지** 말해 주실 수 있겠습니까?

  Tip 'Potere ~할 수 있다' 조동사와 함께 부탁의 의미를 가진 문장이 됩니다.

앞서 배운 'sapere + 동사 원형' 구조로 '~할 줄 알다'를 표현하는 문장도 만들 수 있습니다. Sapere 동사가 타동사로 쓰여 '~을(를) 알다'라는 의미로 사용되면 뒤에 명사나 문장이 올 수도 있습니다.

- Sa **dov'è** ~ ? 사 도베 ~이(가) **어디에 있는지** 아십니까?

2 'Mi + sapere + dire 동사 ~' 활용하여 질문하기

'저에게 ~에 대해 말해 주실 수 있나요?'라는 표현을 'sapere 알다' 동사 뒤에 'dire 말하다' 동사 원형을 이용해 말할 수 있어요. 앞서 **lezione 07**에서 'sapere+동사 원형'은 '~할 줄 알다'의 의미라고 배웠는데, 이번 **lezione**에서는 좀 더 응용하여 말해 볼게요. 간접 목적격 대명사인 'mi 나에게'를 함께 쓰면 다음과 같이 상대방에게 어떤 정보를 얻고 싶을 때 유용한 표현이 됩니다.

- **Mi sa dire** dov'è la toilette? **미 사 디레** 도베 라 또일렌
- **Mi sa dire** dov'è il bagno? **미 사 디레** 도베 일 바뇨

위의 두 문장을 직역하면 '화장실이 어디에 있는지 저에게 알려주실 수 있나요?'라는 표현이 됩니다.

Tip 화장실은 la toilette와 il bagno 둘 다 쓰는데, 일반적으로 집에 있는 화장실은 il bagno로 말합니다.

Parla

Dialogo 2 Track 09-02

안나는 버스를 타고 뽀뽈로 광장에 가려고 합니다.

Anna Scusi, dov'è la fermata degli autobus?
스꾸지 도베 라 페르마따 델리 아우또부스

Passante Dove deve andare?
도베 데베 안다레

Anna Devo andare in Piazza del Popolo.
데보 안다레 인 삐아짜 델 뽀뽈로

Passante Allora, deve prendere l'autobus 24.
알로라 데베 쁘렌데레 라우또부스 벤띠꾸아뜨로
La fermata si trova davanti all'ufficio postale.
라 페르마따 씨 뜨로바 다반띠 알루피치오 뽀스딸레
Deve proseguire per circa duecento metri fino
데베 쁘로세귀레 뻬르 치르까 두에첸또 메뜨리 피노
al primo incrocio, poi girare a sinistra. È in Via
알 쁘리모 인끄로치오 뽀이 지라레 아 씨니스뜨라 에 인 비아
Mazzini, davanti alla libreria.
마찌니 다반띠 알라 리브레리아

Anna Quanto tempo ci vuole per arrivare alla fermata?
꾸안또 뗌뽀 치 부올레 뻬르 아리바레 알라 페르마따

Passante Non molto. Circa 5 minuti al massimo.
논 몰또 치르까 친꿰 미누띠 알 마씨모

안나 실례합니다만, 버스 정류장이 어디에 있나요?
행인 어디를 가야 합니까?
안나 뽀뽈로 광장에 가야 합니다.
행인 그렇다면, 24번 버스를 타셔야 합니다. 정류장은 우체국 앞에 있습니다. 대략 200미터 정도 교차로까지 계속 길을 가다가, 왼쪽으로 도세요. 서점 앞 마찌니 거리에 있습니다.
안나 정류장까지 도착하는 데 시간이 얼마나 걸릴까요?
행인 많이는 안 걸려요. 대략 최대 5분 정도.

fermata 명 정류장 **autobus** 명 버스 **piazza** 명 광장 **prendere** 동 타다 **si trova** 재귀동사 동사 'trovarsi 위치하다'의 3인칭 단수 직설법 현재형 **davanti a** 전 ~앞에 **ufficio postale** 명 우체국 **proseguire** 동 계속하다, 진행하다 **metri** 명 'metro 미터'의 남성 복수형 **fino a** 전 ~까지 **primo** 형 첫 번째의 **sinistra** 명 왼쪽 **via** 명 길 **libreria** 명 서점 **ci** 접어 그것에 **minuti** 명 'minuto 분'의 남성 복수형 **al massimo** 부 최대로

포인트 잡GO!

'~이(가) 어디에 있습니까?'라는 표현을 'Dove si trova~?' 구조로 말할 수 있어요. Si trova는 'trovare ~을(를) 찾다' 동사가 재귀대명사 3인칭 단수형 si와 함께 재귀동사 형태로 쓰인 경우입니다. Trovare 동사가 재귀대명사와 함께 쓰이면 '~이(가) 위치하다' 라는 표현이 됩니다.

Dove si trova il museo? 도베 씨 뜨로바 일 무세오 박물관이 어디에 있습니까?

Dove si trova il bagno? 도베 씨 뜨로바 일 바뇨 화장실이 어디에 있습니까?

Chiavi

핵심 배우GO!

1 'Andare + 전치사 da ~' 활용하기

전치사 da 뒤에 사람 이름이나 직업명이 오면 그 사람이 있는 장소나 일하는 곳을 의미합니다. 'Andare da + 사람'은 '~에게 간다'라는 의미로 해석될 수 있어요. 전치사 da 다음에 올 수 있는 명사들을 다음과 같이 활용해 보세요.

❶ 전치사 da 다음에 사람 이름이나, 강세형 대명사가 올 수 있어요. 이 경우 어떤 정관사도 전치사와 함께 오지 않습니다.

- andare **da Paolo** 안다레 **다 빠올로** — **파올로에게** 가다 (파올로네 집)
- andare **da te / lui / lei** 안다레 **다 떼 / 루이 / 레이** — **너 / 그 / 그녀에게** 가다 (너/그/그녀의 집)

❷ 가족 명칭을 수반하여 '~집에 간다'라는 표현으로 쓰일 수도 있습니다. 단수형 가족 명칭 앞에 소유형용사가 쓰인 경우, 정관사를 생략한다는 **lezione 05**의 소유형용사 규칙을 기억하며 다음 예문과 같이 말해 보세요.

- vado **da mia madre** 바도 **다 미아 마드레** — **나의 어머니 집에** 가다

❸ 전치사 da 뒤에 직업명이 오는 경우 해당 직업 종사자가 근무하는 장소나 가게를 나타낼 수 있습니다. 이때 전치사 뒤에 정관사를 함께 쓰는 것이 원칙입니다. 예를 들어, 'dai signori Bianchi'는 'Bianchi 부부'가 사는 곳으로 'Bianchi 부부의 집'을 가리킬 것이고, 'dal dentista'는 '치과의사'가 일하는 곳인 '치과 병원'을 의미하게 됩니다.

- andare **dai signori Bianchi** 안다레 **다이 씨뇨리 비앙끼** — **비앙키 부부의 집에** 가다
- andare **dal medico** 안다레 **달 메디꼬** — **병원에** 가다 / **의사에게** 가다

2 장소 표현에 자주 쓰이는 전치사구

장소를 묻고 답할 때 자주 쓰는 핵심 전치사구 표현을 알아 두세요. 다음의 표에 제시된 문답으로, 전치사구 표현을 통문장으로 활용하세요.

Dove sono le scarpe? 어디에 신발이 있나요? 도베 소노 레 스까르뻬	Sono **sotto** il letto. 침대 **밑에** 있어요. 소노 **소또** 일 레또
Dov'è il portafoglio? 지갑이 어디에 있나요? 도베 일 뽀라따폴리오	È **dentro** il cassetto. / È **nel** cassetto. 서랍**에** 있습니다. 에 **덴뜨로** 일 까셋또 / 에 **넬** 까셋또
Dov'è il cappello? 어디에 모자가 있나요? 도베 일 깝뻴로	È **sopra** la sedia. / È **sulla** sedia. 의자 **위에** 있어요. 에 **소쁘라** 라 쎄디아 / 에 **술라** 쎄디아
Dov'è la farmacia? 어디에 약국이 있나요? 도베 라 파르마치아	È **vicino** al bar. 바 **근처에** 있어요. 에 **비치노** 알 바르
Dov'è la macchina? 어디에 차가 있어요? 도베 라 막끼나	È **dietro** la casa. 집 **뒤에** 있어요. 에 **디에뜨로** 라 까사

Ricorda

문법 다지GO!

Ci는 장소 부사, 접어, 대명사로 여러 상황에서 빈번하게 쓰입니다. 다양한 맥락에 따라 문법적 역할과 그 의미가 달리 쓰이는 ci의 쓰임새를 정리해 보겠습니다.

1 직접 목적격 대명사 ci '우리를'

- Paolo **ci** invita alla sua festa. 빠올로 **치** 인비따 알라 수아 페스따 — 파올로는 **우리를** 그의 파티에 초대한다.
- La mamma **ci** accompagna al cinema. 라 맘마 **치** 아꼼빠냐 알 치네마 — 엄마는 **우리를** 영화관에 데려다준다.

2 간접 목적격 대명사 ci '우리에게'

- Luca **ci** telefona ogni mattina. 루까 **치** 뗄레포나 온니 마띠나 — 루카는 **우리에게** 매일 아침 전화한다.
- Daniele **ci** manda un regalo. 다니엘레 **치** 만다 운 레갈로 — 다니엘레는 **우리에게** 선물 하나를 보낸다.

3 c'è / ci sono '~이(가) 있다'

- **C'è** una mela. **체** 우나 멜라 — 한 개의 사과**가 있다**.
- **Ci sono** delle mele. **치 소노** 델레 멜레 — 몇 개의 사과**가 있다**.

4 장소 부사 ci

Andare, venire, arrivare와 함께 쓰이는 ci는 '그곳에, 저곳에'라는 의미로 쓰이는 장소 부사입니다. 부사지만 간접 목적격 대명사나 직접 목적격 대명사처럼 동사와 함께 동사 원형이 쓰인 문장에서는 예외적으로 동사 원형 뒤에 결합되어 쓰이거나, 조동사 앞에서 쓰일 수 있습니다. **Lezione 07**에서 목적격 대명사의 위치에 대한 문법 사항을 다시 한 번 확인해 보세요.

- Come posso arrivar**ci**? 꼬메 뽀쏘 아리바르**치** — **그곳에** 내가 어떻게 갈 수 있나요?
- Come vai a scuola? **Ci** vado a piedi. 꼬메 바이 아 스꾸올라 **치** 바도 아 삐에디 — 어떻게 학교에 가니? **그곳에** 나는 걸어서 가.

- Vieni al cinema con noi? 우리와 함께 영화관에 갈래?
  비에니 알 치네마 꼰 노이
- Non **ci** posso venire perché ho da fare. **그곳에** 나는 갈 수 없어. 왜냐하면 할 일이 있기 때문이야.
  논 **치** 뽀쏘 베니레 뻬르께 오 다 파레

5 접어 ci '그것에 대해(보통 해석하지 않음)'

시간이 얼마나 걸리는지 물을 땐 접어 ci를 volere 동사와 함께 써서 말할 수 있습니다. 이때 주어는 시간이므로 시간이 단수형이면 'un minuto 1분', 'un'ora 한 시간', 'un mese 한 달', 'un anno 1년'과 함께 volere의 3인칭 단수 직설법 현재형인 vuole를 씁니다. 시간이 복수형이라면 vogliono를 써야 합니다.

- Quanto tempo **ci** vuole? 꾸안또 뗌뽀 **치** 부올레 얼마나 시간이 걸리나요?
- **Ci** vogliono venti minuti. **치** 볼리오노 벤띠 미누띠 이십 분 걸립니다.
- **Ci** vuole un'ora. **치** 부올레 우노라 한 시간 걸립니다.

6 숙어 'avercela con ~ ~에게 화 나다', 'farcela 성공하다, 해내다'

만약 ci가 lo, la, li, le와 같은 직접 목적격 대명사와 함께 쓰이면 ci lo / la / li / le가 아니라 ce lo / la / li / le로 형태가 바뀝니다. 여기서 쓰인 ci는 습관처럼 쓰이는 숙어 표현입니다.

- **Ce l'**hai con me? 체 라이 꼰 메 너 나한테 화 났니?
- **Ce l'**ho con mio marito. 체 로 꼰 미오 마리또 나는 남편에게 화가 나 있다.
- **Ce la** faccio! 첼 라 팟쵸 나는 할 수 있어!
- Non **ce la** faccio più! 논 첼 라 팟쵸 삐우 나는 더 이상 할 수 없다!

이처럼 아무 뜻 없이 쓰이는 ci는 직접 목적격 대명사인 lo / la / li / le와 함께 avere 동사가 쓰이는 경우에 많이 볼 수 있습니다.

- Hai la patente? 아이 라 빠뗀떼 운전면허증 가지고 있니?
- Sì, **ce l'**ho. 씨 첼 로 응, 그것을 가지고 있어.

- Hai l'orologio? 아이 로롤로지오 너 시계 갖고 있니?
- No, non **ce l'**ho. 노 논 첼 로 아니, 그것을 갖고 있지 않아.

- Hai i libri? 아이 이 리브리 너 책을 갖고 있니?
- Sì, **ce li** ho. 씨 첼 리 오 응, 그것들을 갖고 있어.

- Hai le penne? 아이 레 뻰네 너 펜을 갖고 있니?
- No, non **ce le** ho. 노 논 첼 레 오 아니, 그것들을 갖고 있지 않아.

Tip Avere와 함께 쓰인 ce lo, ce la는 lo, la와 avere 동사의 모음 축약이 일어나 ce l'ho로 결합되어 쓰입니다. 반면, ce li, ce le처럼 직접 목적격 대명사가 복수형인 경우에는 avere 동사와 결합하지 않으므로 주의해야 합니다.

Scrivi

실력 높이 GO!

Track 09-03

1 녹음을 듣고, 빈칸에 알맞은 말을 쓰세요.

Anna: Scusi, mi [ⓐ   ] dire dov'è la stazione?

Passante: Sì, [ⓑ   ] in Corso Roma.

Anna: Mi può spiegare come [ⓒ   ], per favore?

Passante: Certo! Deve proseguire fino all'incrocio e poi [ⓓ   ] a destra. La stazione è in fondo alla strada.

2 단어의 순서를 알맞게 배열하여 문장을 만들어 보세요.

ⓐ il, si, dove, trova, museo (박물관은 어디에 있나요?)

ⓑ ci, quanto, vuole, tempo (시간이 얼마나 걸립니까?)

ⓒ dove, degli, la, autobus, è, fermata (버스 정류장은 어디에 있습니까?)

ⓐ

ⓑ

ⓒ

3 제시된 단어에 해당하는 이탈리아어를 빈칸에 적어 보세요.

ⓐ 왼쪽으로 ____________________

ⓑ 오른쪽으로 ____________________

ⓒ ~앞에 ____________________

ⓓ 약 20분 ____________________

4 아래의 문장을 이탈리아어로 작문하고, 정답을 확인한 다음 올바른 문장을 소리 내어 말해 보세요.

ⓐ 우체국이 어디에 있는지 말씀해 주실 수 있으신가요?
ⓑ 오른쪽으로 도세요.
ⓒ 24번 버스를 타셔야 합니다.

ⓐ ____________________

ⓑ ____________________

ⓒ ____________________

정답

❶ ⓐ sa ⓑ è ⓒ arrivarci ⓓ girare

❷ ⓐ Dove si trova il museo? ⓑ Quanto tempo ci vuole? ⓒ Dov'è la fermata degli autobus?

❸ ⓐ a sinistra ⓑ a destra ⓒ davanti a ⓓ circa venti minuti

❹ ⓐ Mi sa dire dov'è l'ufficio postale? ⓑ Deve girare a destra. ⓒ Deve prendere l'autobus 24.

Parole

어휘 늘리 GO!

Track 09-04

길 찾기에 자주 쓰이는 동사들

- Vada sempre dritto. 바다 셈쁘레 드릿또 — 계속 직진으로 가세요. (andare)
- Continui per questa strada. 꼰띠누이 뻬르 꾸에스따 스뜨라다 — 이 길을 따라 계속 가세요. (continuare)
- Prosegua. 쁘로세구아 — 계속해서 가세요. (proseguire)
- Segua. 세구아 — 계속해서 가세요. (seguire)
- Attraversi il semaforo. 아뜨라베르시 일 쎄마포로 — 신호등을 건너세요. (attraversare)
- Prenda la seconda strada a destra. 쁘렌다 라 쎄꼰다 스뜨라다 아 데스뜨라 — 두 번째 길에서 오른쪽을 택하세요. (prendere)
- Giri a sinistra. 지리 아 씨니스뜨라 — 왼쪽으로 도세요. (girare)
- Giri a destra. 지리 아 데스뜨라 — 오른쪽으로 도세요. (girare)

조동사 'dovere ~해야만 한다'로 명령법을 대체하여 'Deve andare sempre dritto. 계속 직진으로 가세요.'와 같이 표현할 수도 있으나, 실제 회화에서 명령형으로 길을 알려 주는 경우도 많기 때문에, 위와 같이 길 찾기에 명령형으로 자주 쓰이는 동사들을 숙지해 둘 필요가 있습니다.

길을 묻고 답할 때 유용한 표현들

(sempre) dritto (셈쁘레) 드리또	직진으로	a destra 아 데스뜨라	오른쪽으로
a sinistra 아 씨니스뜨라	왼쪽으로	davanti a 다반띠 아	~앞에
vicino a 비치노 아	~옆에	di fronte a 디 프론떼 아	~앞에
fino a 피노 아	~까지	incrocio 인끄로치오	교차로, 사거리
semaforo 쎄마포로	신호등	fondo 폰도	끝
ponte 뽄떼	다리	mappa 맙빠	지도
corso 꼬르소	대로	via 비아	길
strada 스뜨라다	길	metro 메뜨로	미터
chilometro 낄로메뜨로	킬로미터	primo 쁘리모	첫 번째의
secondo 쎄꼰도	두 번째의	terzo 떼르쪼	세 번째의
quarto 꾸아르또	네 번째의	quinto 뀐또	다섯 번째의

Italia

이탈리아 만나GO!

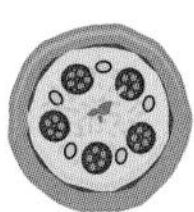

표준 이탈리아어?

이탈리아는 각 지방마다 특유의 방언과 지방색을 갖고 있는 나라입니다. 이탈리아의 행정적 수도는 반도의 중남부 지역에 있는 로마지만, 대부분의 경제 활동은 반도의 북부 지역에 있는 밀라노를 중심으로 이루어집니다. 반면, 남부는 아프리카나 중동 지역에서 불법으로 들어오는 이민자들로 사회적, 경제적 문제를 겪고 있기도 합니다.

이탈리아인들은 기본적으로 자신이 속한 지역의 방언과 표준어를 함께 구사할 수 있습니다. 표준 이탈리아어는 1300년대 피렌체 지방을 중심으로 활동했던 이탈리아의 3대 문인인 단테, 페트라르카, 보카치오가 피렌체 방언으로 쓴 문학 작품을 기준으로 만들어진 언어라고 볼 수 있습니다. 표준 이탈리아어는 19세기 후반 이탈리아 통일 이후, 20세기에 이르러 발달된 매체와 공교육에 의해 정책적으로 전파되었지만, 각 지역에는 오늘날까지도 특유의 방언이 많이 남아 있습니다. 표준어를 기준으로 이탈리아어를 배운 외국인 학습자들 입장에선 종종 당황스러움을 느낄 수 있을 정도입니다.

▲ 이탈리아의 3대 문인 중 한 명인 단테는 피렌체의 대표적인 작가이다. 그의 가장 유명한 작품인 'La Divina Commedia 신곡'은 이탈리아 피렌체 방언으로 저술되어 이탈리아어의 발전에 큰 영향을 끼쳤다.

A che ora parte
il prossimo treno
per Milano?

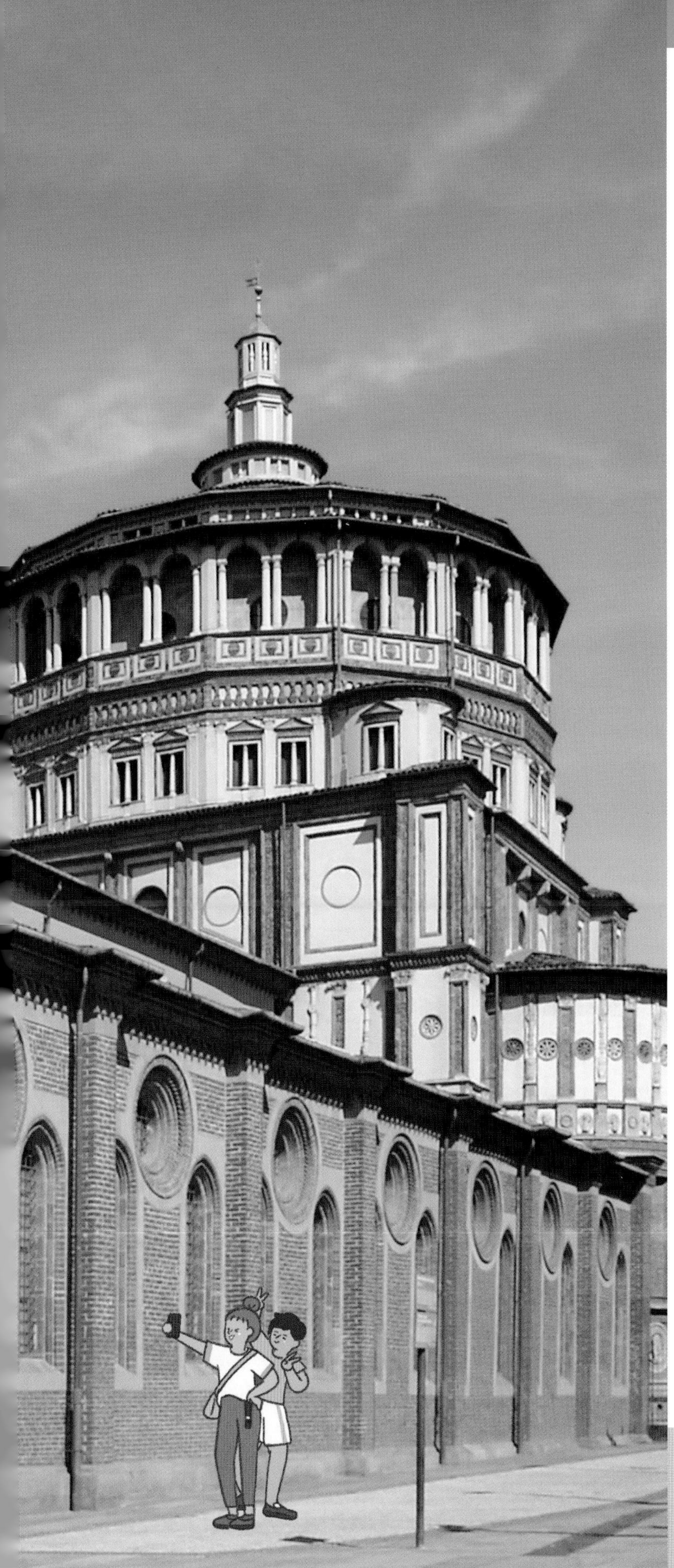

Lezione 10

A che ora parte il prossimo treno per Milano?

몇 시에 밀라노 행 다음 기차가 출발하나요?

10강

학습 목표

대중교통 이용 표현 말하기
시간이 얼만큼 걸리는지 말하기

공부할 내용

숫자를 사용한 시간 표현
passare 동사 표현
전치사 a + 시간 표현

주요 표현

Può dirmi che ore sono?
Questo autobus passa per Via Manzoni?
Da quale binario parte il treno?
A che ora arriva a Milano?

◀ 레오나르도 다빈치의 걸작 '최후의 만찬'을 감상할 수 있는 밀라노의 산타 마리아 델레 그라치에 성당

Parla

말문 트GO!

Dialogo 1 Track 10-01

파올로는 기차를 타고 밀라노에 가려고 합니다.

Paolo Mi scusi, a che ora parte il prossimo treno per Milano?
미 스꾸지 아 께 오라 빠르떼 일 쁘로씨모 뜨레노 뻬르 밀라노

Bigliet-teria Parte alle 10:20.
빠르떼 알레 디에치 에 벤띠

Paolo Può dirmi che ore sono?
뿌오 디르미 께 오레 소노

Bigliet-teria Sono le 9:50.
소노 레 노베 에 친꾸안따

Mancano circa 30 minuti per la partenza.
만까노 치르까 뜨렌따 미누띠 뻬르 라 빠르뗀자

Paolo Da quale binario parte il treno delle ore 10:20 per Milano?
다 꾸알레 비나리오 빠르떼 일 뜨레노 델레 오레 디에치 에 벤띠 뻬르 밀라노

Bigliet-teria Parte dal binario 7.
빠르떼 달 비나리오 쎄떼

Paolo A che ora arriva a Milano?
아 께 오라 아리바 아 밀라노

Bigliet-teria Arriva alle 13:15.
아리바 알레 뜨레디치 에 뀐디치

Paolo Quanto costa un biglietto di seconda classe per Milano?
꾸안또 꼬스따 운 빌리에또 디 쎄꼰다 끌라쎄 뻬르 밀라노

Bigliet-teria Costa 19 euro.
꼬스따 디치안노베 에우로

Paolo Allora, mi può dare un biglietto per Milano, seconda classe, solo andata.
알로라 미 뿌오 다레 운 빌리에또 뻬르 밀라노 쎄꼰다 끌라쎄 솔로 안다따

Bigliet-teria Ecco a Lei. Buon viaggio.
에꼬 아 레이 부온 비앗지오

파올로 실례합니다만, 몇 시에 밀라노행 다음 기차가 출발하나요?
매표소 10시 20분에 출발합니다.
파올로 지금 몇 시인지 알려 주실 수 있나요?
매표소 9시 50분입니다. 출발까지 약 30분 정도 남았습니다.
파올로 10시 20분 밀라노행 기차는 몇 번 선로에서 출발하나요?
매표소 7번 선로에서 출발합니다.
파올로 몇 시에 밀라노에 도착하나요?
매표소 13시 15분에 도착합니다.
파올로 밀라노행 2등석은 얼마인가요?
매표소 19유로입니다.
파올로 그럼, 저에게 밀라노행 2등석 편도 티켓 한 장 주세요.
매표소 여기 있습니다. 좋은 여행 되십시오.

VOCA BOLI

ora 명 시간 **parte** 동사 'partire 출발하다'의 3인칭 단수 직설법 현재형 **prossimo** 형 다음의 **treno** 명 기차 **per** 전 ~행 **mancano** 동사 'mancare 부족하다'의 3인칭 단수 직설법 현재형 **circa** 부 대략 **partenza** 명 출발 **binario** 명 선로 **biglietto** 명 티켓 **seconda classe** 명 2등급 **solo andata** 명 편도 **viaggio** 명 여행

Chiavi

핵심 배우GO!

1 몇 시에 무엇을 하는지 묻고 답하기

전치사 'a ~에'와 의문형용사 'che 무슨', 명사 'ora 시간'를 결합하여 '몇 시에 ~' 표현을 말할 수 있습니다. 이탈리아어에서 의문사를 가진 의문문은 '의문사 + 동사 + (주어)?' 순이지만, 주어는 보통 생략합니다. 의문문에서 전치사가 올 경우 전치사는 의문사 앞에 위치하므로 전치사 a가 오는 의문문은 'A + 의문사 + 동사 + (주어)?'의 구조가 됩니다.

- **A che ora** parte il treno per Milano? — 밀라노행 기차는 **몇 시에** 출발하나요?
  아 께 오라 빠르떼 일 뜨레노 뻬르 밀라노

'몇 시에 ~합니다'라는 답변은 '(주어) + 동사 + a + 여성형 정관사 단 · 복수 + 단 · 복수 시간 표현'의 순으로 말하면 됩니다. 평서문에서의 시간 표현에는 전치사 a와 여성형 정관사의 결합형이 온다는 점 유의하세요.

- Il treno parte **all'una e mezza.** — 기차는 **한 시 반에** 출발합니다.
  일 뜨레노 빠르떼 **알루나 에 메짜**

- **A che ora** arriva l'autobus 23? — 23번 버스는 **몇 시에** 도착하나요?
  아 께 오라 아리바 라우또부스 벤띠뜨레

- L'autobus arriva **alle tredici e venti.** — **13시 20분에** 버스가 도착합니다.
  라우또부스 아리바 **알레 뜨레디치 에 벤띠**

2 소요 시간 묻고 답하기

얼마나 시간이 걸리는지 묻는 표현은 앞서 배운 동사 'volere ~을(를) 원하다'와 함께 ci라는 접어가 쓰입니다. 이때 ci는 단독으로는 의미가 없고, volere 동사와 함께 쓰여 '시간이 ~만큼 걸리다'라는 문형을 만듭니다. 얼마나 긴 시간인지는 의문형용사 'quanto 얼마나 많은'을 이용한 의문문으로 말할 수 있습니다.

- Quanto tempo **ci vuole** per arrivare a Roma? — 로마에 도착하기까지 **얼마나 걸리나요?**
  꾸안또 뗌뽀 **치 부올레** 뻬리 아리바레 아 로마

  → **Ci vogliono** circa 3 ore. — 대략 세 시간이 **걸립니다.**
  치 볼리오노 치르까 뜨레 오레

  → **Ci vuole** circa un'ora. — 대략 한 시간이 **걸립니다.**
  치 부올레 치르까 우노라

'얼마나 시간이 걸리는가?'를 물을 땐 시간을 뜻하는 tempo가 volere 동사의 주어가 되어, volere 동사의 3인칭 단수 형태가 쓰입니다. 평서문에서도 주어인 시간이 단수면 vuole로, 시간이 복수라면 vogliono로 volere의 변화형을 적용해야 합니다.

Parla

말문 트GO!

Dialogo 2 Track 10-02

안나는 버스를 타고 만쪼니 거리에 가려고 합니다.

Anna	Scusi, questo autobus passa per Via Manzoni? 스꾸지 꾸에스또 아우또부스 빠싸 뻬르 비아 만쪼니	안나 실례합니다만, 이 버스는 만쪼니 거리를 지나나요?
Autista	Sì, certamente. 씨 체르따멘떼	기사 네, 물론이지요.
Anna	A quale fermata devo scendere per andare all'ospedale? 아 꾸알레 페르마따 데보 쉔데레 뻬르 안다레 알로스뻬달레	안나 제가 병원에 가려면 어떤 정류장에서 내려야 할까요?
Autista	Deve scendere alla terza fermata. 데베 쉔데레 알라 떼르짜 페르마따	기사 세 번째 정류장에서 내려야 합니다.
Anna	Quanto tempo ci vuole per arrivare? 꾸안또 뗌뽀 치 부올레 뻬르 아리바레	안나 도착하는 데 얼마나 시간이 걸릴까요?
Autista	Circa dieci minuti. 치르까 디에치 미누띠	기사 약 10분 정도 걸릴 겁니다.
Anna	Posso comprare il biglietto sull'autobus? 뽀쏘 꼼쁘라레 일 빌리에또 술라우또부스	안나 제가 버스에서 표를 살 수 있을까요?
Autista	Sì, costa 1,20 euro. 씨 꼬스따 운에우로 에 벤띠 첸떼지미	기사 네, 1유로 20센트입니다.

VOCA BOLI

questo (지시형용사) 이것의 **autobus** 명 버스 **passa** 동사 'passare 통과하다'의 3인칭 단수 직설법 현재형 **autista** 명 운전기사 **certamente** 감 물론 **quale** (의문형용사) 어떤 **scendere** 동 내리다 **ospedale** 명 병원 **terza** 형 세 번째의 **quanto** (의문형용사) 얼마나 많은 **tempo** 명 시간 **su** 전 ~위에서

포인트 잡GO!

이탈리아어에서 서수는 형용사의 성격을 가지고 있어서, 수식하는 명사 앞에 위치합니다. 이때 어미를 명사의 성, 수에 맞도록 변화시켜야 합니다.

primo 쁘리모	첫 번째(의)	sesto 쎄스또	여섯 번째(의)
secondo 쎄꼰도	두 번째(의)	settimo 쎄띠모	일곱 번째(의)
terzo 떼르쪼	세 번째(의)	ottavo 오따보	여덟 번째(의)
quarto 꾸아르또	네 번째(의)	nono 노노	아홉 번째(의)
quinto 뀐또	다섯 번째(의)	decimo 데치모	열 번째(의)

Chiavi

핵심 배우GO!

1 Passare 동사를 활용하여 말하기

'~을(를) 지나다', '통과하다'를 뜻하는 동사 passare를 활용해 봅시다. 대화문에서와 같이 '~을(를) 통과합니까?'의 의미일 때, 동사 뒤에 길, 정거장 또는 특정 구역의 명칭이 올 수 있습니다.

- Scusi, questo autobus **passa per Via Manzoni**? 실례지만, 이 버스는 **만쪼니 거리를 지납**니까?
  스꾸지 꾸에스또 아우또부스 **빠싸 뻬르 비아 만쪼니**

위의 경우처럼 passare 동사 뒤에 장소가 올 수도 있지만, 어떠한 교통수단이 '몇 분, 몇 시간 뒤에 온다(지난다)'라는 의미로도 쓰일 수 있어요. 이 경우, 다음과 같이 passare 동사 뒤에 시간 표현이 등장합니다.

- L'autobus passa **fra 15 minuti.** **15분 뒤에** 버스가 옵니다.
  라우또부스 빠싸 **프라 뀐디치 미누띠**
- Il treno passa **tra un'ora.** 기차는 **한 시간 뒤에** 옵니다.
  일 뜨레노 빠스 **뜨라 우노라**

Tip Tra와 fra는 '~사이에, ~가운데'란 의미의 전치사로, 뒤에 시간 표현이 오면 '~시간 내로', '~시간 뒤에'의 의미로 해석됩니다.

- Il tram passa **ogni 5 minuti.** 트램이 **5분마다** 옵니다.
  일 뜨람 빠싸 **온니 친꿰 미누띠**

Tip Ogni는 '~마다'란 뜻의 형용사로 뒤에 오는 명사의 단, 복수에 상관없이 형태 불변입니다. Ogni 뒤에 시간 표현이 오면 '~(시간)마다'의 의미로 쓰일 수 있습니다.

2 '전치사 a + 의문형용사 quale' 활용하기

'(역 또는 정류장)~에서'라는 의미로 의문문을 만들 때 의문형용사 'quale 어떤'을 사용할 수 있습니다. 'A ~에서'와 같은 전치사가 있는 문장에서는 전치사를 문장 맨 앞에 위치시켜 의문문을 만들 수 있습니다.

- **A quale stazione** devo scendere per andare in Piazza Navona?
  아 꾸알레 스따찌오네 데보 쉔데레 뻬르 안다레 인 삐아짜 나보나
  나보나 광장에 가려면 **어느 역에서** 내려야 합니까?
- **A quale stazione** devo scendere per andare al centro commerciale?
  아 꾸알레 스따찌오네 데보 쉔데레 뻬르 안다레 알 첸뜨로 꼼메르치알레
  쇼핑센터로 가기 위해서는 **어느 역에서** 내려야 합니까?

Tip Fermata와 stazione 모두 '역, 정류장'이란 의미를 갖지만 보통 fermata는 버스나 트램의 정류장을, stazione는 기차나 지하철의 정류장을 가리킵니다.

Ricorda

문법 다지GO!

1 시간 묻기 관련 문법사항

'지금 몇 시인가요?'라는 대표적인 표현은 'Che ora è?'와 'Che ore sono?'입니다. 둘은 같은 의미지만 시간의 의미가 단수면 essere 동사의 3인칭 단수형을, 시간의 의미가 복수면 essere 동사의 3인칭 복수형 직설법 현재 시제를 쓴다는 차이가 있습니다. 답변 또한 차이가 있습니다. 답변은 질문에 사용된 essere 동사를 사용하여 말할 수 있는데, 'È / Sono + 여성 단 / 복수 정관사 + 단 / 복수 시간 (+ e + 분)'의 구조입니다.

- **È** l'una(ora). 에 루나 — 1시입니다.
- **È** l'una e venti. 에 루나 에 벤띠 — 1시 20분입니다.
- **Sono** le due(ore). 소노 레 두에 — 2시입니다.
- **Sono** le quattordici. 소노 레 꾸아뜨로디치 — 14시입니다.
- **Sono** le sette del mattino. 소노 레 쎄떼 델 마띠노 — 오전 7시입니다.
- **Sono** le tre del pomeriggio. 소노 레 뜨레 델 뽀메릿죠 — 오후 3시입니다.
- **Sono** le sei di sera. 소노 레 쎄이 디 쎄라 — 저녁 6시입니다.

Tip 'Un'ora 1시'를 제외한 나머지 시간들은 복수 취급하며, 'ora 시간'은 여성 명사이므로 단수 시간일 경우는 여성 단수 정관사를, 복수 시간일 경우는 여성 복수 정관사를 쓰면 됩니다. Una는 모음으로 시작하므로 여성 단수 정관사 모음 축약형인 l'를 사용해야 하는 점에 유의하세요.

2 시간 단위 관련 표현

❶ 정오, 자정 표현

'Mezzogiorno 정오'와 'mezzanotte 자정' 어휘로 표현하거나, 숫자를 사용하여 표현할 수 있습니다.

- È **mezzogiorno**. (= Sono le dodici.) — **정오**입니다.
  에 **메쪼죠르노** 소노 레 도디치
- È **mezzanotte**. (= Sono le ventiquattro.) — **자정**입니다.
  에 **메짜노떼** 소노 레 벤띠꾸아뜨로

❷ 15분, 30분 표현

분은 등위접속사 'e 그리고'로 표현합니다. 15분은 한 시간의 4분의 1이라는 의미에서 'un quarto'로 표현하거나, 숫자 15를 뜻하는 quindici로 표현할 수 있습니다. 30분도 마찬가지로 'mezza '반' 또는 trenta로 말할 수 있습니다.

- È l'una e **un quarto**. 에 루나 에 운 **꾸아르또** — 1시 **15분**입니다.
- È l'una e **quindici**. 에 루나 에 **뀐디치** — 1시 **15분**입니다.
- Sono le nove e **mezza**. 소노 레 노베 에 **메짜** — 9시 **반**입니다.
- Sono le nove e **trenta**. 소노 레 노베 에 **뜨렌따** — 9시 **30분**입니다.

❸ 분 단위 표현

'~분 전'은 '빼기'의 의미를 갖는 meno를 분 앞에 위치시킵니다. '10시 45분'을 다음의 세 가지 방식으로 말해 보세요.

- Sono le dieci e **quarantacinque**. 10시 **45분**입니다.
  소노 레 디에치 에 꾸아란따친꿰
- Sono le undici **meno un quarto**. 11시 **15분 전**입니다.
  소노 레 운디치 메노 운 꾸아르또
- Sono le undici **meno quindici**. 11시 **15분 전**입니다.
  소노 레 운디치 메노 뀐디치

3 전치사 a로 시간 표현 시 주의점

'몇 시에 ~하다', '몇 시에 ~합니까?'라는 표현을 전치사 'a ~에'로 말할 수 있습니다. '주어 + 동사 + a + 단 / 복수 여성 정관사 + 단 / 복수 시간' 구조로 문장이 구성되는데, 의문문의 경우 의문사 앞으로 전치사가 이동하여 'A che ora + 동사 + 주어?' 순으로 말할 수 있습니다.

- **A che ora** arriva il treno? **몇 시에** 기차가 도착합니까?
  아 께 오라 아리바 일 뜨레노
- Il treno arriva **all'una e venti**. 기차는 **1시 20분에** 도착합니다.
  일 뜨레노 아리바 알루나 에 벤띠
- **A che ora** parte l'autobus? **몇 시에** 버스가 출발합니까?
  아 께 오라 빠르떼 라우또부스
- L'autobus parte **alle dieci e tredici**. 버스는 **10시 13분에** 출발합니다.
  라우또부스 빠르떼 알레 디에치 에 뜨레디치

Scrivi

Track 10-03

1 녹음을 듣고, 빈칸에 알맞은 말을 쓰세요.

Paolo: Mi scusi, [ⓐ] parte il prossimo treno per Milano?

Biglietteria: Parte [ⓑ] 10:20.

Paolo: [ⓒ] quale binario parte il treno delle ore 10:20 per Milano?

Biglietteria: Parte [ⓓ] binario 7.

2 단어의 순서를 알맞게 배열하여 문장을 만들어 보세요.

ⓐ sono, ore, che (지금 몇 시입니까?)

ⓑ a, dieci, trenta, le, parte, il, e, treno (기차는 10시 30분에 출발합니다.)

ⓒ ora, l', che, arriva, autobus, a (몇 시에 버스가 도착합니까?)

ⓐ

ⓑ

ⓒ

3 보기를 참고하여 빈칸에 알맞은 정관사를 넣으세요. 필요한 경우 정관사 결합형을 넣으세요.

보기	Sono le sette e venti.

ⓐ È __________ una e un quarto. (1시 15분입니다.)

ⓑ Sono __________ quattro e cinque. (4시 5분입니다.)

ⓒ Parte a __________ due e sedici. (2시 16분에 출발합니다.)

4 아래의 문장을 이탈리아어로 작문하고, 정답을 확인한 다음 올바른 문장을 소리 내어 말해 보세요.

ⓐ 밀라노행 기차가 몇 시에 출발합니까?

ⓑ 2시 14분에 도착합니다.

ⓒ 정오입니다.

ⓐ

ⓑ

ⓒ

정답

❶ ⓐ a che ora ⓑ alle ⓒ Da ⓓ dal

❷ ⓐ Che ore sono? ⓑ Il treno parte alle dieci e trenta. ⓒ A che ora arriva l'autobus?

❸ ⓐ l' ⓑ le ⓒ alle

❹ ⓐ A che ora parte il treno per Milano? ⓑ Arriva alle due e quattordici. ⓒ È mezzogiorno.

Parole

어휘 늘리GO!

Track 10-04

대중교통 이용 시 필수 어휘와 표현

❶ 버스 l'autobus

biglietto 빌리에또	티켓	abbonamento settimanale /mensile / annuale 압보나멘또 쎄띠마날레 / 멘실레 / 안누알레	주간 / 월간 / 연간 정기권
controllore 꼰뜨롤로레	검표원	autobus notturno 아우또부스 노뚜르노	야간 버스
fermata 페르마따	정류장	macchina obliteratrice 막끼나 오블리떼라뜨리체	버스 타고 티켓을 찍는 기계
tabaccheria 따바께리아	담뱃가게	timbrare il biglietto 띰브라레 일 빌리에또	티켓에 펀칭(각인)하다
edicola 에디꼴라	가판대	orario 오라리오	시간표
biglietteria 빌리에떼리아	매표소	capolinea 까뽈리네아	종점
biglietto da 100 minuti 빌리에또 다 첸또 미누띠	100분간 유효한 티켓		

❷ 기차 il treno

stazione 스따찌오네	역	carrozza 까롯짜	객차
binario 비나리오	선로	prossima fermata 쁘로씨마 페르마따	다음 역
sottopassaggio 솟또빠쌋지오	지하 통로	posto libero 뽀스또 리베로	빈 자리
destinazione 데스띠나찌오네	종착역	posto occupato 뽀스또 오꾸빠또	누군가 착석한 자리
categoria 까떼고리아	(열차의) 등급, 종류	multa 물따	벌금
ufficio informazioni 우피쵸 인포르마찌오니	안내 사무실	passeggero 빠쎄제로	승객
non oltrepassare la linea gialla 논 올뜨레빠싸레 라 리네아 잘라	노란 선을 넘지 마시오		

Italia

이탈리아 만나 GO!

이탈리아에서는 차표를 승객이 개찰한다?

이탈리아에서 기차나 버스를 탈 때 꼭 알아 두어야 할 점 중의 하나가 바로 승객이 표를 스스로 개찰해야 된다는 거예요. 기차역의 'binari 비나리 선로'들 사이에 보면 중간중간 'macchina obliteratrice 막끼나 오블리떼라뜨리체 표 검사 기계'가 있어서, 구입한 티켓을 기계 안에 넣으면 기차를 이용한 시간과 날짜가 찍히도록 되어 있어요. 특히 이탈리아의 여러 기차 종류 중 하나인 'TRENO REGIONALE 뜨레노 레죠날레 기차'를 탈 때 이 시스템을 이용하게 되는데, 이 과정을 바로 'timbrare il biglietto 띰브라레 일 빌리에또 표에 인지를 찍다'라고 표현한답니다. 만약, 스스로 검표하지 않고 기차를 탔다면 'controllore 꼰뜨롤로레 검표원'이 벌금을 물릴 수 있습니다.

이런 시스템을 이용하는 이유는, 레죠날레 기차는 가장 저렴한 기차로서 티켓에는 종착지의 정보만 나와 있고 운행 시간이나 날짜에 대한 정보는 없어서, 검표하지 않으면 티켓을 재사용할 여지가 있기 때문이에요. 간혹 기차역의 시설이 낙후되어 표 검사 기계가 고장 난 경우가 있는데, 이때는 당황하지 말고 티켓에 자신이 탄 날짜와 시간을 수기로 적어 주면 된답니다. 이 기계는 버스 안에서도 볼 수 있어요. 버스 티켓도 마찬가지로 이러한 방식으로 스스로 인지를 찍으면 된답니다.

그럼 'Buon viaggio! 부온 비앗지오 좋은 여행 되세요!'

▲ 기차역에서 티켓을 스스로 개찰하고 있는 승객

Mi alzo alle 7.

Lezione

11

Mi alzo alle 7.

나는 7시에 일어납니다.

11강

학습 목표

하루 일과 표현하기

날씨 말하기

공부할 내용

재귀동사의 상호 표현

조동사와 함께 쓰인 재귀대명사

주요 표현

Mi metto la giacca.

Mi lavo le mani.

Ci vediamo.

Ci incontriamo.

◀ 하늘에서 바라본 바티칸 시국 성 베드로 광장 풍경. 대칭형의 반원형 회랑은 예수가 인류를 팔 벌려 품었음을 상징한다.

Parla

말문 트GO!

Dialogo 1 Track 11-01

오늘은 날씨가 매우 춥습니다.

Francesca Oggi fa molto freddo!

Leonardo Sì, è vero. Perché non ti metti la giacca?

Francesca Certo. Con questo freddo devo mettermi anche la sciarpa e il cappello. E tu? Non ti metti la giacca?

Leonardo Purtroppo non ho la mia giacca.

Francesca Allora, ti presto la mia sciarpa. Ecco.

Leonardo Grazie! Così mi sento meglio.

프란체스카 오늘 엄청 춥네!

레오나르도 응, 그러네. 왜 재킷을 입지 않니?

프란체스카 물론 입어야지. 이 추위에는 목도리랑 모자도 써야 해. 너는? 재킷 안 입어?

레오나르도 불행히도 내 재킷을 가져오지 못했어.

프란체스카 그럼, 내 목도리를 빌려 줄게. 자.

레오나르도 고마워! 이러니 낫네.

VOCA BOLI

oggi 부 오늘 **freddo** 명 추위 **vero** 형 진실의 **perché** 의문부사 왜 **giacca** 명 재킷 **certo** 부 물론 **con** 전 ~함께 **mettermi** 재귀동사 'mettersi 옷 입다'의 1인칭 단수 재귀동사 원형 **sciarpa** 명 목도리 **cappello** 명 모자 **purtroppo** 부 불행히도 **presto** 동사 'prestare 빌려주다'의 1인칭 단수 직설법 현재형 **così** 부 그렇게, 이렇게 **mi sento** 재귀동사 동사 'sentirsi 상태가 ~하다'의 1인칭 단수 직설법 현재형 **meglio** 부 더 좋게

포인트 잡GO!

❶ 이탈리아어에는 'piovere 비가 오다', 'nevicare 눈이 오다' 동사가 따로 존재합니다. 다른 날씨 표현들과 마찬가지로 3인칭 단수 동사 변화형을 사용하여 날씨를 말합니다.

Piove. 비가 옵니다.

Nevica. 눈이 옵니다.

❷ 재귀동사 구문에 주어의 신체 부위가 나올 경우 '자신의 신체'란 의미를 나타내는데, 이때 mio, tuo, suo 등과 같은 소유격 형용사는 함께 쓸 수 없습니다. '자기 자신의'란 의미로 이미 재귀대명사 mi, ti, si 등이 등장했기 때문입니다.

Mi lavo le mani. 나는 손을 닦는다.

Si lava i denti. 그는 이를 닦는다

Chiavi

핵심 배우GO!

1 Fare 동사로 날씨 말하기

날씨 표현 시 fare 동사가 자주 등장합니다. 주어가 날씨이므로 fare 동사는 3인칭 단수 직설법 현재형인 fa로 말합니다.

- Oggi **fa freddo**. 오늘 날씨가 **춥다**.
- Oggi **fa caldo**. 오늘 날씨가 **덥다**.

'오늘 날씨가 어떻습니까?'라는 질문 역시 fare 동사를 사용하여, '시간'이란 의미 외에도 '날씨'란 의미를 가지는 명사 tempo와 함께 말할 수 있어요.

- Che **tempo fa** oggi? 오늘 **날씨가 어떻**습니까?

그 외에도 essere 동사의 3인칭 단수 동사 변화형으로 날씨가 어떤지 말할 수 있습니다.

- Oggi **è** sereno. 오늘**은** 날씨가 맑습**니다**.
- Oggi **è** umido. 오늘**은** 날씨가 습합**니다**.
- Oggi **è** nuvoloso. 오늘**은** 구름이 많습**니다**.
- C'**è** la tempesta. 오늘**은** 폭풍우가 있습**니다**.
- C'**è** il sole. 오늘**은** 날씨가 맑습**니다**.

2 재귀대명사 활용하여 말하기

Ti는 재귀대명사라고 불리는 대명사의 한 종류입니다. 재귀대명사는 동사의 행위가 주어 자신에게 영향을 줄 경우 쓰이는 대명사입니다. 재귀대명사와 함께 쓰인 동사를 재귀동사라고 합니다. 재귀대명사는 우리가 앞서 배운 간접 목적격 대명사나 직접 목적격 대명사와 형태는 닮아 있으나, 쓰임새는 전혀 다르니 상황에 따라 구분하여 사용해야 합니다.

- Io **siedo** il bambino sulla sedia. 나는 의자에 어린아이를 **앉힌다**.
(주어의 행위가 목적어인 bambino에 영향을 줌)
- Mi **siedo** sulla sedia. (재귀동사형) 나는 의자에 **앉는다**.
(주어의 행위가 주어 자신에게 되돌아옴)
- Marco **lava** i piatti. 마르코는 설거지를 **한다**.
(주어의 행위가 목적어인 piatti에 영향을 줌)
- Marco si **lava** le mani. (재귀동사형) 마르코는 자신의 손을 **씻는다**.
(주어의 행위가 주어 자신에게 되돌아옴)

Parla 말문 트GO!

Dialogo 2 Track 11-02

안나와 루이지, 파올로는 오랜만에 다 함께 만나기로 했습니다.

Anna	Ciao! Come stai? Da tanto tempo non ci vediamo!	안나	안녕! 어떻게 지냈어? 오랜만이야!
Luigi	Ciao, Anna! Sono felice di rivederti!	루이지	안녕, 안나! 너를 다시 봐서 기뻐!
Anna	Hai un po' di tempo per fare due chiacchiere?	안나	잠시 이야기할 시간이 있어?
Luigi	Certo! Andiamo a prendere un caffè?	루이지	물론이지! 커피 한잔 마시러 갈까?
Anna	Sì! Ecco c'è un bar.	안나	그래! 여기 바가 있네.
Luigi	Ci sediamo qua?	루이지	우리 여기 앉을까?
Anna	Va bene. A proposito, tu e Paolo vi sentite spesso?	안나	그래. 그런데, 너랑 파올로 자주 연락하니?
Luigi	Sì! Infatti, ci incontriamo stasera. Vuoi venire anche tu?	루이지	응! 실은, 오늘 저녁 우리 만나. 너도 올래?
Anna	Volentieri! Non lo vedo da tanto tempo!	안나	기꺼이! 그를 못 본지 아주 오래됐어!

VOCA BOLI

vediamo 동 동사 'vedere 보다'의 1인칭 복수 직설법 현재형 **felice** 형 행복한 **rivedere** 동 다시 보다 **ti** 직접 목적격 대명사 너를 **un po' di** 형 약간의 **chiacchiere** 명 동사 'chiacchiera 수다'의 여성 복수형 **prendere** 동 먹다, 마시다, 가지다 **ci sediamo** 재귀동사 동사 'sedersi 앉다'의 1인칭 복수 직설법 현재형 **qua** 부 여기에 **a proposito** 부 그런데 **sentite** 동 동사 'sentire 듣다'의 2인칭 복수 직설법 현재형 **spesso** 부 자주 **infatti** 부 실은 **incontriamo** 동사 'incontrare 만나다'의 1인칭 복수 직설법 현재형 **stasera** 부 오늘 저녁에 **volentieri** 감 기꺼이 **lo** 직접 목적격 대명사 그를, 그것을 **tanto** 형 많은

포인트 잡GO!

'오랜만이다!'라는 표현을 재귀 용법으로 말해 보세요. 이때 동사 'vedere 보다'와, '우리'를 뜻하는 재귀대명사 1인칭 복수형에 'da tanto tempo 아주 오래전부터'를 덧붙여 문장을 완성할 수 있습니다. 직역하면 'Da tanto tempo non ci vediamo! 오래전부터 우리는 보지 못했구나!'로, '오랜만이야!'라고 해석하면 자연스럽습니다. 그 외에도, 'Ci vediamo!'라고 단독 사용하면 헤어질 때 '또 보자!'라는 의미로 쓰이기도 합니다. 'Ci vediamo!' 뒤에는 'dopo 나중에'나 'presto 곧'과 같은 부사로 꾸며 줄 수도 있어요.

Ci vediamo dopo!	나중에 보자!
Ci vediamo presto!	곧 보자!

Chiavi

핵심 배우GO!

1 재귀동사의 상호 표현 말하기

'Da tanto tempo non ci vediamo!' 문장에서 사용된 ci vediamo와 같은 동사 vedere의 1인칭 복수 직설법 현재형 형태를 재귀동사라고 합니다. 앞에 온 ci는 바로 이번 **lezione 11**에서 배우고 있는 1인칭 복수형 재귀대명사입니다. 재귀동사는 주어의 행위가 주어 자신에게 영향을 끼칠 때도 쓰이지만, 두 사람 이상이 서로에게 영향을 줄 때도 쓰일 수 있습니다. 바로 ci vediamo가 후자의 경우로, '서로 보다'라는 의미로 쓰인 재귀형 문장입니다. 대표적인 상호 표현은 다음과 같은 동사들을 들 수 있습니다.

abbracciarsi	껴안다	amarsi	사랑하다
baciarsi	키스하다	incontrarsi	만나다
salutarsi	인사하다	stringersi le mani	악수하다

- Ci incontriamo. 우리는 만난다.
- Vi incontrate. 너희는 만난다.
- Si incontrano. 그들은 만난다.

서로가 영향을 끼치므로 복수형 동사 변화형(우리, 너희, 그들)과 함께, 재귀대명사는 복수형 재귀대명사인 1인칭 복수형 ci나 2인칭 복수형 vi, 3인칭 복수형 si만 사용할 수 있습니다.

- Ci stringiamo le mani. 우리는 악수를 한다.
- Vi stringete le mani. 너희는 악수를 한다.
- Si stringono le mani. 그들은 악수를 한다.

2 '잠깐 ~하자!' 말하기

대화문에 등장한 '수다 떨다'라는 표현은 숫자 2를 뜻하는 due와 함께 여성 명사 'chiacchiera 수다'의 복수형이 쓰였습니다. Due 대신 4를 뜻하는 quattro로도 말할 수 있습니다.

- Facciamo **due / quattro** chiacchiere! 우리 **잠깐** 수다 떨자!

이탈리아어에서 '잠깐의, 불특정한 기간 동안'이란 의미로 due나 quattro를 사용한 표현이 또 있습니다. 그것은 바로 'fare due / quattro passi 산책하다'입니다. 'Passo 걸음' 앞에 due 또는 quattro를 붙이면 됩니다.

- Facciamo **due / quattro** passi! 우리 **잠깐** 산책하자!

Ricorda

문법 다지GO!

1 재귀동사 원형 원칙

재귀동사 원형은 동사 원형 뒤에, 동사의 어미 마지막 모음 -e를 탈락시키고 3인칭 단수형 재귀대명사인 si를 붙인 형태입니다. 사전에는 모든 단어가 원형으로 쓰이므로, 재귀동사 원형을 만들기 위한 위의 원칙을 알아 두어야 합니다. 재귀동사 원형 예시 및 재귀동사가 재귀대명사와 결합한 형태를 살펴봅시다.

- chiamare + si → chiamarsi　　이름이 ~(이)다
- sedere + si → sedersi　　앉다
- vestire + si → vestirsi　　옷 입다

chiamarsi 부르다	sedersi 앉다	vestirsi 옷 입다
mi chiamo	mi siedo	mi vesto
ti chiami	ti siedi	ti vesti
si chiama	si siede	si veste
ci chiamiamo	ci sediamo	ci vestiamo
vi chiamate	vi sedete	vi vestite
si chiamano	si siedono	si vestono

2 재귀동사 용법

재귀동사가 재귀대명사와 함께 쓰이는 경우는 두 가지를 들 수 있습니다. 바로 주어의 행위가 주어 자신에게 영향을 끼치는 경우, 그리고 상호 작용인 경우입니다.

- A che ora **si alza** la mattina?　　당신은 아침 몇 시에 **일어나**십니까?
- Ogni mattina **mi alzo** alle 7.　　나는 매일 아침 7시에 **일어납니다**.
- Lei **si veste** prima di uscire　　그녀는 외출 전에 옷을 **입는다**.
- **Mi lavo** le mani con l'acqua fredda.　　나는 손을 찬물로 **닦는다**.
- **Mi metto** gli occhiali.　　나는 안경을 **쓴다**.
- **Mi faccio** la barba.　　나는 수염을 **깎는다**.

- **Ci sentiamo** spesso.　　우린 자주 소식을 **주고받는다**.
- **Ci vediamo** dopo!　　우리 나중에 **보자**!
- **Si baciano** davanti alla chiesa.　　그들은 교회 앞에서 **키스를 한다**.

3 조동사와 함께 쓰인 재귀대명사

재귀동사는 다른 동사들과 마찬가지로 문장에서 홀로 쓰일 수도 있고, volere / potere / dovere와 같은 조동사와 함께 쓰일 수도 있습니다. 이 경우, 문장 구조는 다음과 같은 두 가지 경우가 올 수 있습니다.

❶ volere / potere / dovere + 동사 원형 + 재귀대명사
❷ 재귀대명사 + volere / potere / dovere + 동사 원형

주의할 점은, 재귀대명사가 동사 원형 뒤에 올 경우 동사 원형의 마지막 모음 -e를 탈락시키고, 재귀대명사를 결합하여야 합니다.

- Voglio **metter**mi questi pantaloni.
  → Mi voglio **mettere** questi pantaloni. 나는 이 바지를 입고 싶다.
- Devi **lavar**ti le mani. → Ti devi **lavare** le mani. 너는 손을 닦아야 한다.
- Può **seder**si qui. → Si può **sedere** qui. 여기 앉으셔도 됩니다.

부정문의 경우는 다른 평서문의 부정문과 마찬가지로 '(주어) + non + 동사' 순서입니다. 재귀구문에서의 주어는 특정 인명이 나온 경우를 제외하고 대부분 주어를 생략합니다. 동사와 재귀대명사가 주어의 인칭에 따라 이미 변했기 때문에, 굳이 주어를 말하지 않아도 문맥상 유추할 수 있기 때문입니다.

- (Noi) Non vogliamo **incontrar**ci.
  → (Noi) Non ci vogliamo **incontrare**. 우리는 만나고 싶지 않습니다.
- (Io) Non posso **riposar**mi in questa casa.
  → (Io) Non mi posso **riposare** in questa casa. 나는 이 집에서 쉴 수 없다.
- (Tu) Non devi **dimenticar**ti del nostro appuntamento.
  → (Tu) Non ti devi **dimenticare** del nostro appuntamento.
  너는 우리의 약속에 대해서 잊으면 안 된다.

Scrivi

Track 11-03

1 녹음을 듣고, 빈칸에 알맞은 말을 쓰세요.

Anna: Ciao! Come stai? Da tanto tempo non [ⓐ] vediamo!

Luigi: Ciao, Anna! Sono felice di rivederti!

Anna: Hai un po' di tempo per fare [ⓑ] chiacchiere?

Luigi: [ⓒ]! Andiamo a prendere un caffè?

Anna: Sì! Ecco c'è un bar.

Luigi: [ⓓ] sediamo qua?

2 단어의 순서를 알맞게 배열하여 문장을 만들어 보세요.

ⓐ mi, presto, sveglio, la, mattina (나는 아침 일찍 잠에서 깹니다.)

ⓑ la, si, tuta, mette (그는 운동복을 입습니다.)

ⓒ vediamo, non, spesso, ci (우리는 자주 보지 않습니다.)

ⓐ

ⓑ

ⓒ

3 다음 빈칸에 알맞은 재귀대명사를 넣으세요.

ⓐ __________ veste.

ⓑ __________ truccano.

ⓒ __________ pettino.

ⓓ __________ sentiamo bene.

4 아래의 문장을 이탈리아어로 작문하고, 정답을 확인한 다음 올바른 문장을 소리 내어 말해 보세요.

ⓐ 우리는 자주 봅니다.
ⓑ 나는 선글라스를 씁니다.
ⓒ 나는 수염을 깎습니다.

occhiali da sole ⓜ 선글라스

ⓐ

ⓑ

ⓒ

정답

❶ ⓐ ci ⓑ due ⓒ Certo ⓓ Ci

❷ ⓐ Mi sveglio presto la mattina. ⓑ Si mette la tuta. ⓒ Non ci vediamo spesso.

❸ ⓐ Si ⓑ Si ⓒ Mi ⓓ Ci

❹ ⓐ Ci vediamo spesso. ⓑ Mi metto gli occhiali da sole. ⓒ Mi faccio la barba.

Parole

어휘 늘리GO!

Track 11-04

자주 쓰이는 재귀동사 표현

alzarsi	(잠자리에서) 일어나다	togliersi/levarsi	벗다
svegliarsi	잠에서 깨다	annoiarsi	지겨워하다
addormentarsi	잠들다	occuparsi di~	~에 전념하다
sentirsi	상태가 ~하다, ~하다고 느끼다	lavarsi	씻다
chiamarsi	이름이 ~(이)다	accontentarsi di~	~에 만족하다
sedersi	앉다	pettinarsi	머리 빗다
accorgersi di~	~을(를) 깨닫다	riunirsi	모이다
arrabbiarsi con~	~에게 화가 나다	riposarsi	휴식을 취하다
dimenticarsi di~	~하는 것을 잊다	affrettarsi	서두르다
interessarsi di~	~에 흥미가 있다	presentarsi	자기소개하다
spaventarsi per~	~때문에 놀라다	fermarsi	멈추다
stancarsi	피곤하다, 지치다	avvicinarsi	다가가다
vestirsi	옷 입다	lamentarsi	후회하다
mettersi	입다, 신다, (모자를) 쓰다	truccarsi	화장하다
svestirsi	옷 벗다	struccarsi	화장을 지우다

Italia

이탈리아 만나 GO!

이탈리아의 와인

이탈리아는 세계 최대의 와인 생산지 중 하나입니다. 고온 건조한 여름 기후로 포도나무를 경작하는 데 최적의 조건을 갖추고 있어요. 또한, 지방에 따라 기후와 풍토가 다르기 때문에 지역 특색을 지닌 다양한 종류의 와인을 생산하고 있답니다.

이탈리아의 와인은 크게 지역에 따라 토스카나 와인, 피에몬테 와인으로 나눕니다. 토스카나는 피렌체가 위치한 지방으로 이탈리아 반도의 중북부 지역에 있습니다. 이 지역은 우리나라에도 잘 알려진 'Chianti 키안티'를 비롯해 'Brunello di Montalcino 브루넬로 디 몬탈치노' 등의 레드 와인으로 유명해요. 피에몬테는 이탈리아 북서부에 위치한 지역으로 'Barolo 바롤로'와 'Barbaresco 바르바레스코' 등을 생산하지요. 묵직하고 진한 풍미의 레드 와인이 특징이랍니다. 그 외에도, 베네토주에서는 탄산이 들어간 드라이한 화이트 와인을 생산하고 있는데, 'Prosecco 프로세코'라고 부른답니다. 향긋한 꽃내음과 과일 향을 음미할 수 있는 상쾌한 스파클링 와인입니다.

이탈리아를 방문할 기회가 있다면, 취향에 맞는 와인을 즐겨 보세요.

▲ 토스카나는 이탈리아 와인의 약 5.3%를 생산하고 있어, 이탈리아 와인의 본고장으로 여겨진다.

Ho la febbre.

Lezione 12

Ho la febbre.

나는 열이 있어요.

12강

학습 목표

병원에서 유용한 표현

약국에서 유용한 표현

공부할 내용

신체 부위 어휘

병원에서 필요한 어휘

근과거 용법

주요 표현

Ho mal di testa.

Ho la febbre alta.

Mi fa male la gamba sinistra.

Come va la sua schiena?

◀ 로마 트라스테베레 옛 골목의 레스토랑

Parla

말문 트GO!

Dialogo 1 Track 12-01

루이지는 다리가 아팠지만 아직 병원에 못 갔습니다.

Anna	Come va la tua gamba sinistra?	안나 너의 왼쪽 다리는 좀 어때?
Luigi	Mi fa sempre male.	루이지 계속 아파.
Anna	Sei andato dal dottore?	안나 병원에는 갔었어?
Luigi	Non ancora.	루이지 아니 아직.
Anna	Come mai?	안나 왜?
Luigi	Non ho avuto tempo perché la settimana scorsa ho dovuto preparare l'esame di storia.	루이지 시간이 없었어. 왜냐하면 지난주에 역사 시험을 준비해야 했거든.
Anna	Hai preso qualche medicina?	안나 약은 좀 먹었어?
Luigi	Sì, sono andato in farmacia e ho comprato dei farmaci antidolorifici.	루이지 응, 약국에 가서 진통제를 좀 샀어.
Anna	Non è sufficiente. Devi andare subito dal medico.	안나 그건 충분하지 않아. 너 바로 병원에 가야만 해.

VOCABOLI

gamba 명 다리 **sinistra** 형 왼쪽의 **mi** 간접 목적격 대명사 나에게 **sempre** 부 항상 **male** 부 아프게 **andato** 과거분사 동사 'andare 가다'의 과거분사형 **dottore** 명 의사, 박사 **ancora** 부 아직 **come mai** 의문부사 왜? **avuto** 과거분사 동사 'avere 가지다'의 과거분사형 **settimana** 명 주(周) **scorsa** 형 'scorso 지난'의 여성 단수형 **dovuto** 과거분사 동사 'dovere ~해야 한다'의 과거분사형 **preparare** 동 준비하다 **esame** 명 시험 **storia** 명 역사, 이야기 **preso** 과거분사 동사 'prendere 가지다, 먹다'의 과거분사형 **qualche** 형 약간의 **medicina** 명 약 **farmacia** 명 약국 **comprato** 과거분사 동사 'comprare 사다'의 과거분사형 **farmaci** 명 'farmaco 약'의 복수형 **antidolorifici** 형 진통제의 **sufficiente** 형 충분한

포인트 잡GO!

의문부사 'come 어떻게'와 동사 'andare 가다'를 결합하여 '어떻게 진행되나?', '상황이 어떠한가?'의 의미로 말할 수 있습니다. 'Come stai? 어떻게 지내니?'처럼 보통 안부를 물을 때 많이 쓰입니다.

Come stai? / sta?	어떻게 지내니? / 지내세요?
Come va?	어떻게 지내니? / 지내세요?

Tip 안부를 물을 땐 andare 동사는 주어의 인칭에 상관없이 3인칭 단수형으로 말한다는 점 기억하세요.

1 Fare 동사로 아픈 곳 말하기

보어로 'male 나쁘게'를 갖는 fare 동사 앞에 간접 목적격 대명사가 위치하면 '~에게 ~이(가) 나쁘다'라는 의미가 됩니다. 주어는 male 뒤에 등장하는 신체 부위이며, 신체 부위의 인칭에 따라 fare 동사를 변화시킵니다. 2개가 한 쌍으로 이루어진 신체 부위도 있고, 하나씩만 있는 부위도 있기에 '~이(가) 아프다'라는 표현은 fare 동사의 3인칭 단수형 또는 복수형으로 표현하게 됩니다.

- Mi **fa** male la pancia. 미 **파** 말레 라 빤챠 　　나는 배가 아프다.
- Mi **fanno** male gli occhi. 미 **판노** 말레 리 옥끼 　　나는 (두) 눈이 아픕니다.

'La pancia 배'는 단수 명사로 fare의 3인칭 단수 동사 변화형을 취하지만, 'gli occhi 눈'은 눈 하나를 가리키는 'l'occhio'의 복수 형태이므로 fare의 3인칭 복수 동사 변화형인 fanno를 취합니다. 한쪽 눈만 아픈 경우 fa로 말하면 됩니다.

2 근과거 형태 익히기

이탈리아어의 직설법 과거 동사 시제는 근과거, 반과거, 원과거, 선립과거, 대과거가 있습니다. 가장 많이 쓰이는 과거 형태인 근과거는 avere나 essere를 조동사로 취하며, 본동사는 과거분사의 형태로 이루어집니다.

❶ avere + 과거분사(타동사)

- **Ho** comprato una bicicletta. 　　나는 자전거 한 대를 **샀다**.

❷ essere + 과거분사(자동사)

- Tutti **sono** tornati a casa. 　　모두 집에 돌아**갔다**.

대화문에 사용된 preso는 'prendere 택하다' 동사의 과거분사형입니다. Prendere는 타동사이므로 avere를 조동사로 택하여 근과거를 만들었습니다. 본동사인 과거분사형은 주어의 인칭과 시제 정보를 담지 못하기 때문에, 이 역할을 조동사인 avere나 essere가 대신합니다.

Occhio!

'상황이 어떻게 되어 가는지' 묻고 싶은 경우 의문부사 come를 'le cose 문제들, 상황들'과 같은 명사와 함께 쓸 수 있습니다. 이 경우, 주어인 le cose의 인칭에 맞게 3인칭 복수형 vanno를 쓰므로 주의해야 합니다.

Come vanno le cose? 　　그것들(상황)은 어떻게 되어가나요?

Vanno bene / male. 　　잘 되어 가고 있어요. / 잘 안되고 있어요.

Parla

말문 트GO!

Dialogo 2 Track 12-02

루이지는 다리에 엑스레이를 찍기로 했습니다.

Medico	Avanti il prossimo.	의사	다음 분 들어오세요.
Luigi	Buongiorno!	루이지	안녕하세요!
Medico	Buongiorno! Che cosa è successo?	의사	안녕하세요! 무슨 일이 있었습니까?
Luigi	Sono caduto dalla scala. Ho il piede gonfio e mi fa molto male.	루이지	계단에서 넘어졌어요. 발이 부었고 매우 아파요.
Medico	Le fa male in questo punto?	의사	이 부분이 아픈가요?
Luigi	Sì, molto. È grave?	루이지	네, 아주요. 심각한가요?
Medico	Ancora non lo sappiamo. Dobbiamo fare una radiografia.	의사	아직 잘 모릅니다. 엑스레이를 찍어야 되겠어요.
Luigi	Accidenti!	루이지	이런!

VOCA BOLI

avanti 부 앞에 **prossimo** 명 다음 사람 **successo** 과거분사 동사 'succedere 발생하다'의 과거분사형 **caduto** 과거분사 동사 'cadere 넘어지다'의 과거분사형 **scala** 명 계단 **piede** 명 발 **gonfio** 형 부은 **le** 간접 목적격 대명사 당신에게 **punto** 명 점 **grave** 형 심각한 **radiografia** 명 엑스레이 **accidenti** 감 이런, 제길

포인트 잡GO!

'무슨 일 있었어?'라는 표현을 동사 'succedere 일어나다, 발생하다'를 이용하여 말할 수 있어요. 자동사이므로 과거형을 만들 땐 조동사 essere 동사를 사용하는데, 주어가 'che cosa 무엇'이란 의문사이기 때문에 essere 동사의 3인칭 단수형인 è로 표현해 줍니다. 보다 자세한 문법 사항은 **문법 다지GO!** 코너를 참고하세요. 무슨 일이 있었냐고 물을 때, '누구에게'에 해당하는 간접목적어가 함께 쓰일 수 있습니다.

Che cosa ti è **successo**?	너에게 무슨 일 **있었**니?
Che cosa vi è **successo**?	너희에게 무슨 일이 **있었**니?
Che cosa è **successo** a Matilda?	마틸다에게 무슨 일이 **있었**니?

Chiavi

핵심 배우GO!

1 형용사나 부사로 명령법 말하기

대화문에서 '앞으로 오세요!', '들어오세요!'라는 명령법을 부사 'avanti 앞에, 앞으로'로 대체하여 말했습니다. 이처럼 형용사나 부사를 사용하여 간단하게 명령법을 대체한 표현이 회화에서 많이 쓰입니다. 대표적인 표현들을 말해 보세요.

❶ 'zitto 침묵하는'을 사용한 표현

- Zitto! 조용히 해! (청자가 남성 단수)
- Zitta! 조용히 해! (청자가 여성 단수)
- Zitti! 조용히 해! (청자가 복수)

❷ 'tranquillo 진정한, 차분한'을 사용한 표현

- Tranquillo! 진정해! (청자가 남성 단수)
- Tranquilla! 진정해! (청자가 여성 단수)
- Tranquilli! 진정해! (청자가 복수)

❸ 'attento 주의 깊은'을 사용한 표현

- Attento! 조심해! (청자가 남성 단수)
- Attenta! 조심해! (청자가 여성 단수)
- Attenti! 조심해! (청자가 복수)

2 Avere 동사로 아픈 곳 말하기

이탈리아어로 '~가 아프다.'란 표현을 말할 때 avere 동사를 가장 많이 사용합니다. 앞서 **lezione 06**에서 'avere mal di + 신체 부위' 문형으로 아픈 곳을 말하는 법을 배웠습니다.

- Ho mal **di testa**. 나는 **머리가** 아파요.
- Ho mal **di denti**. 나는 **이가** 아파요.
- Ho mal **di orecchi**. 나는 **귀가** 아파요.
- Ho mal **di schiena**. 나는 **허리가** 아파요.

Avere 동사로 아픈 곳을 말하는 표현을 좀 더 다양하게 익혀 보세요.

- **Ho** la febbre alta. 나는 열이 높아요.
- **Ho** preso il raffreddore. 나는 감기에 걸렸어요.
- **Ho** il piede gonfio. 나는 발이 부었어요.
- **Ho** gli occhi secchi. 나는 눈이 건조해요.

Ricorda

문법 다지GO!

근과거는 화자가 주관적으로 현재 시점과 가까운 완료된 과거 사건을 표현하고자 할 때 말할 수 있는 시제입니다. 근과거는 essere / avere 동사와 함께 과거분사형을 결합하는 복합 시제이기 때문에, 먼저 과거분사형에 대해 자세히 살펴볼 필요가 있습니다.

1 과거분사형

동사의 과거분사형은 규칙형과 불규칙형이 있습니다. 규칙형일 경우는 동사 원형의 어미 3가지 유형 -are / -ere / -ire에 따라 각각 -ato / -uto / -ito로 변합니다. 다음의 표로 한눈에 익혀 봅시다.

동사 원형	comprare	vendere	capire
과거분사형	comprato	venduto	capito

2 근과거 구조

일반적으로 과거분사로 쓰이는 본동사가 자동사인 경우 essere를 조동사로 취하고, 타동사인 경우는 avere를 취해 근과거형을 만들 수 있습니다.

주격 인칭대명사	essere	과거분사	avere	과거분사
io	sono	andato/a	ho	comprato
tu	sei		hai	
lui / lei / Lei	è		ha	
noi	siamo	andati/e	abbiamo	
voi	siete		avete	
loro	sono		hanno	

- Io **sono andato** al mare. 나는 바다에 **갔다**.
- La sorella di Paolo **è andata** al mare. 파올로의 누나는 바다에 **갔다**.
- I miei amici **hanno comprato** dei fumetti. 나의 친구들은 몇 권의 만화책을 **샀다**.
- **Ho comprato** il biglietto aereo. 나는 비행기표를 **샀다**.

Tip Essere를 조동사로 택하는 자동사의 근과거형은 주어의 성, 수에 따라 과거분사형의 어미를 일치시켜야 합니다. 주어가 남성인 경우 단/복수에 따라 단수형 어미 -o 또는 복수형 어미 -i를 취하고, 주어가 여성일 경우 단/복수에 따라 -a나 -e로 변합니다. 자동사의 과거분사형 어미의 성, 수 일치에 주의하세요.

3 조동사와 함께 쓰인 근과거형

Volere / potere / dovere가 쓰인 문장을 근과거형으로 만들 경우, 본동사가 자동사인지 타동사인지에 따라 essere 나 avere 조동사를 택한다는 규칙은 동일합니다. 단, 근과거형을 만드는 조동사 essere / avere 뒤에 오는 과거분사는 volere / potere / dovere의 과거분사형인 voluto / potuto / dovuto이며 뒤에는 본동사가 원형으로 온다는 차이점이 있어요. 마찬가지로, essere를 조동사로 택한 근과거형은 voluto / potuto / dovuto의 어미를 주어와 성, 수를 일치시켜야 하니 유의하세요.

❶ Essere + 조동사 과거분사형 + 자동사

주격 인칭대명사	essere	과거분사	본동사
io	sono	voluto/a dovuto/a potuto/a	partire / tornare
tu	sei		
lui / lei / Lei	è		
noi	siamo	voluti/e dovuti/e potuti/e	
voi	siete		
loro	sono		

- Anna **è dovuta** partire presto. 안나는 빨리 출발해야**만 했다**.
- Noi **siamo voluti** tornare a casa. 우리는 집으로 돌아가**고 싶었다**.

❷ Avere + 조동사 과거분사형 + 타동사

주격 인칭대명사	avere	과거분사	본동사
io	ho	voluto dovuto potuto	dire / comprare
tu	hai		
lui / lei / Lei	ha		
noi	abbiamo		
voi	avete		
loro	hanno		

- Antonio non **ha voluto** dire la verità.
  안토니오는 진실을 말**하고 싶어**하지 않았다.
- Loro **hanno potuto** comprare una casa molto grande.
  그들은 아주 큰 집을 살 **수 있었다**.

Scrivi

실력 높이 GO!

Track 12-03

1 녹음을 듣고, 빈칸에 알맞은 말을 쓰세요.

Anna: Come [ⓐ] la tua gamba sinistra?

Luigi: Mi [ⓑ] sempre male.

Anna: Sei [ⓒ] dal dottore?

Luigi: Non ancora.

Anna: Hai [ⓓ] qualche medicina?

2 단어의 순서를 알맞게 배열하여 문장을 만들어 보세요.

ⓐ di, pancia, ho, mal (나는 배가 아픕니다.)

ⓑ sinistra, fa, mi, gamba, la, male (나는 왼쪽 다리가 아파요.)

ⓒ cosa, successo, che, è (무슨 일이 있었나요?)

ⓐ

ⓑ

ⓒ

3 빈칸에 알맞은 과거분사형을 넣어 근과거 문장을 완성하세요.

ⓐ Sono __________ (arrivare) in ritardo. (나는 늦게 도착했다.)

ⓑ Sei __________ (andare) dal dottore? (너 병원에 갔었니?)

ⓒ Ho __________ (dovere) studiare. (나는 공부해야만 했었다.)

4 아래의 문장을 이탈리아어로 작문하고, 정답을 확인한 다음 올바른 문장을 소리 내어 말해 보세요.

ⓐ 나는 이가 아픕니다.

ⓑ 그는 열이 높아요.

ⓒ 너는 병원에 가야만 해.

ⓐ ______________________________

ⓑ ______________________________

ⓒ ______________________________

정답

❶ ⓐ va ⓑ fa ⓒ andato ⓓ preso

❷ ⓐ Ho mal di pancia. ⓑ Mi fa male la gamba sinistra. ⓒ Che cosa è successo?

❸ ⓐ arrivato/a ⓑ andato/a ⓒ dovuto

❹ ⓐ Ho mal di denti. ⓑ Lui ha la febbre alta. ⓒ Devi andare dal medico.

Parole

어휘 늘리 GO!

Track 12-04

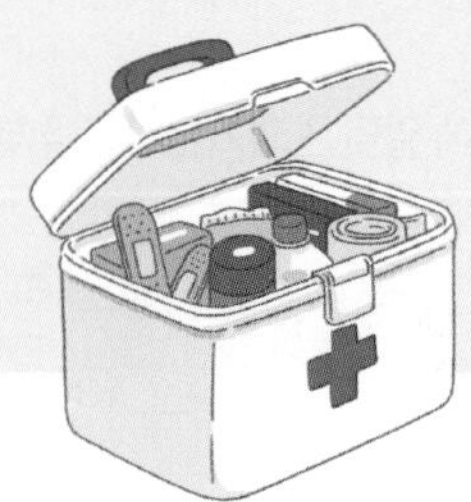

진료 과목별 의사 명칭

pediatra	소아과 의사	chirurgo	외과 의사
ginecologo	산부인과 의사	ortopedico	정형외과 의사
dermatologo	피부과 의사	oculista	안과 의사
cardiologo	심장과 의사	psichiatra	정신의학과 의사
otorino	이비인후과 의사	dentista	치과 의사

약국에서 유용한 어휘

medicina	약	foglietto illustrativo	설명서
compressa capsula pillola	알약	ricetta	처방전
sciroppo	시럽	digestivo	소화제
siringa	주사기	antidiarroico	지사제
termometro	체온계	farmaco per il mal di testa	두통약
antidolorifico	진통제	collirio	안약
antipiretico	해열제	assorbente igienico	생리대
tranquillante	진정제	cerotto	반창고
antistaminico	항히스타민제	maschera	마스크
antinfiammatorio	항염증제	disinfettante	소독약
sonnifero	수면제	farmacia	약국

Italia

이탈리아 만나GO!

비상 시 응급실 이용하기

이탈리아에서 갑자기 큰 병원을 찾아 가기는 쉽지 않습니다. 개인이 하는 작은 병원이 많으며 여행자 보험을 들지 않은 경우 개인 병원 이용도 쉽지 않습니다. 여행자 입장에서 위급 상황에 이용할 수 있는 'pronto soccorso 응급실' 이용에 대해 알아보겠습니다.

1. 환자의 등급

응급실에 가게 되면 환자는 4개 등급에 따라 나뉩니다. 보통 색으로 구분하는데, '코드'란 뜻의 codice 뒤에 'bianco 흰색의', 'verde 초록색의', 'giallo 노란색의', 'rosso 빨간색의'를 붙여 위급한 정도를 구분합니다.

- codice bianco　위급하지 않은 상황
- codice verde　비교적 위급한 상황
- codice giallo　위급 상황
- codice rosso　매우 위급한 상황

응급실에 온 순서대로 진찰받는 것은 아니며, 환자의 위급한 정도에 따라 곧바로 진찰받을 수도 있고, 몇 시간을 기다려야 할 수도 있습니다.

2. 구급차 이용 방법

이탈리아에서 구급차를 부를 때는 118 번호를 누르면 되는데, 이탈리아의 전 지역에서 동일한 번호를 사용합니다. 이 번호로 전화하면 'ambulanza 구급차'를 타고 'pronto soccorso 응급실'에 갈 수 있습니다. 응급 상황에서 유용한 표현들도 알아 두세요.

- Può venire un'ambulanza per portare ~ in ospedale?
  ~을(를) 병원에 데려갈 수 있게 구급차를 보내 주실 수 있나요?
- Ci può descrivere le condizioni di ~?
  ~의 상태를 우리에게 말씀해 주실 수 있겠습니까?
- È svenuto/a.
  기절했습니다.

Quando sei nato?

Lezione 13

Quando sei nato?

너는 언제 태어났니?

13강

학습 목표

태어난 해 묻고 답하기

생일 묻고 답하기

축하 표현

공부할 내용

불규칙 과거분사

연도 말하기

주요 표현

Quando è il tuo compleanno?

Il mio compleanno è il dodici aprile.

Quando sei nato?

Sono nato nel 1999.

Quanti anni ha tua sorella?

Ha venticinque anni.

◀ 내셔널지오그래픽에서 '죽기 전에 봐야 할 명소 1위'로 선정하기도 한 이탈리아 아말피 해안 풍경

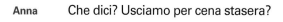

Parla

말문 트GO!

Dialogo 1 Track 13-01

내일은 안나의 생일입니다.

Anna	Che dici? Usciamo per cena stasera?	안나	어때? 오늘 저녁에 저녁 먹으러 나갈까?
Paolo	Mi dispiace. Non posso. Sono occupato stasera.	파올로	미안. 그럴 수 없어. 오늘 저녁에 바빠.
Anna	Hai da fare?	안나	할 일 있니?
Paolo	Sì. Oggi è il compleanno di mia sorella. C'è la festa stasera.	파올로	응. 오늘은 누나의 생일이야. 오늘 저녁에 파티가 있어.
Anna	Ah! Tanti auguri! Allora, quando è il tuo compleanno?	안나	아! 축하해! 그런데, 너의 생일은 언제야?
Paolo	Il mio compleanno è il dodici aprile.	파올로	내 생일은 4월 12일이야.
Anna	Siamo a luglio. Il tuo compleanno è già passato.	안나	지금 7월이니까, 네 생일은 이미 지났구나.
Paolo	Quando è il tuo compleanno?	파올로	너의 생일은 언제니?
Anna	Il mio compleanno è il diciassette luglio.	안나	나의 생일은 7월 17일이야.
Paolo	Oggi è il sedici luglio. Allora, domani è il tuo compleanno! Auguri in anticipo!	파올로	오늘이 7월 16일이네. 그러면, 내일이 네 생일이구나! 미리 축하해!
Anna	Grazie!	안나	고마워!

VOCA BOLI

occupato 동사 'occupare 차지하다, 점령하다'의 과거분사 **compleanno** 명 생일 **festa** 명 파티 **tanti auguri** 감 축하해! **aprile** 명 4월 **luglio** 명 7월 **passato** 과거분사 동사 'passare, 지나다, 통과하다'의 과거분사형 **in anticipo** 부 미리

포인트 잡GO!

'Che dici?'는 직역하면 '무엇을 말하니?'지만, '어떻게 생각해?', '어때?'라는 표현으로 해석하면 자연스럽습니다. 존칭으로 묻고 싶으면 dire 동사의 3인칭 단수 직설법 현재형을 사용하여 'Che dice (Lei)?'라고 말하면 됩니다.

Chiavi

핵심 배우GO!

1 전치사를 활용하여 '~(월)에', '~(월)부터' 말하기

Essere 동사의 1인칭 복수 직설법 현재형 뒤에 '전치사 a + 월'을 사용하여 몇 월인지 말할 수 있어요. 상황에 따라 '~부터'를 의미하는 전치사 da, '~에'를 의미하는 전치사 in으로도 말해 보세요. In을 쓸 경우는 a보다 지속적인 시간의 의미를 내포한다는 점도 알아 두세요.

- Siamo **a** giugno. 지금은 6월이다.
- Lavoro in ospedale **da** febbraio. 2월**부터** 병원에서 일을 한다.
- Faccio le ferie **in** luglio. 나는 7월**에** 일을 쉰다(휴가를 갖는다.).

2 근과거와 수동형 문장 구분하여 말하기

타동사의 과거분사형이 essere 동사와 결합한 경우를 수동형 문장이라고 합니다. 이탈리아어의 수동형 문장은 **lezione 12**에서 배운 근과거형과 형태가 비슷하여, 주의해야 합니다.

- Sono **occupato**. 나는 **바쁘다**.

위의 문장은 essere 동사 뒤에 쓰인 과거분사의 마지막 어미를 바탕으로 주어의 성, 수를 남성 단수라고 유추할 수 있습니다.

Tip 근과거형과 구조가 같아서 시제가 근과거라고 생각 할 수 있지만, occupare 동사는 자동사가 아닌, 뒤에 목적어를 수반하는 '~을(를) 차지하다'라는 뜻의 타동사입니다. 근과거형은 조동사로 avere를 택해야 합니다.

Occhio!

'지금 몇 월이에요?'란 물음은 전치사 in을 사용하여 'In che mese siamo?'라고 표현하나, 대답할 땐 전치사 a를 사용하여 'Siamo a giugno.'라고 표현합니다. 전치사의 차이는 언어 습관으로 이해하면 됩니다.

Parla

말문 트GO!

Dialogo 2 Track 13-02

안나와 프란체스카는 몇 살 차이일까요?

Anna	Ciao! Sei la sorella di Luigi?	안나	안녕! 네가 루이지의 여자 형제지?
Francesca	Sì! Come mi conosci?	프란체스카	그래! 어떻게 나를 알아?
Anna	Sono un'amica di Luigi e ho sentito parlare molto di te! Piacere! Sono Anna.	안나	나는 루이지의 친구야. 너에 대해 많이 들었어! 반가워! 나는 안나야!
Francesca	Piacere mio!	프란체스카	나도 반가워!
Anna	Mi sembri molto giovane. Sei la sorella minore?	안나	굉장히 어려 보인다. 너는 여동생이니?
Francesca	No, sono la sorella maggiore.	프란체스카	아니, 난 루이지 누나야.
Anna	Davvero? Quanti anni hai?	안나	정말? 몇 살이야?
Francesca	Ho 24 anni. E tu? Quando sei nata? Anche tu mi sembri molto giovane.	프란체스카	24살이야. 너는? 언제 태어났니? 너도 매우 어려 보이는데.
Anna	Sono nata nel 1999.	안나	나는 1999년도에 태어났어.

sorella ⓜ 여자 형제 **sentito** (과거분사) 동사 'sentire 듣다'의 과거분사형 **di** ⓟ ~에 대하여 **sembri** 동사 'sembrare ~처럼 보이다'의 2인칭 단수 직설법 현재형 **giovane** ⓐ 젊은 **minore** ⓐ 더 작은 **maggiore** ⓐ 더 큰 **davvero** ⓐ 정말로 **anni** ⓜ 'anno 해, 년'의 남성 복수형 **nata** (과거분사) 동사 'nascere 태어나다'의 과거분사형

포인트 잡GO!

'Anno 해, 연(年)'과 'avere 가지다' 동사를 활용하여 나이를 물을 수 있습니다. Anno를 꾸며 주는 의문사는 의문형용사인 quanto를 사용하는데, 복수형 남성 명사인 anni를 수식하므로 quanti로 형용사의 어미를 일치시킵니다.

Quanti anni hai?	너 몇 살이니?
Ho ventitre anni.	나는 스물세 살이야.
Quanti anni ha?	당신은 몇 살입니까?
Ho trentanove anni.	나는 서른아홉 살입니다.

1 형제자매 관계 말하기

이탈리아어로 형제는 fratello, 자매는 sorella입니다. 좀 더 자세히 말하고 싶을 땐 'maggiore 더 큰', 'minore 더 작은'으로 표현할 수 있습니다.

- Sono il **fratello maggiore.** 나는 **형 / 오빠**입니다.
- Sono il **fratello minore.** 나는 **남동생**입니다.
- Sono la **sorella maggiore.** 나는 **누나 / 언니**입니다.
- Sono la **sorella minore.** 나는 **여동생**입니다.

Minore 형용사를 사용하지 않고 fratello 및 sorella의 어미에 축소사 '-ino', '-ina'를 붙여 남동생이나 여동생을 표현할 수도 있어요. 단, 이때는 '어리고 귀여운' 동생의 의미가 되므로 동생이 성인에 가까운 나이부터는 적절한 표현이 아니라는 점을 참고하세요.

- Questo bambino è il mio **fratellino.** 이 어린아이는 내 **남동생**이야.
- Questa bambina è la mia **sorellina.** 이 어린아이는 내 **여동생**이야.

2 태어난 연도 말하기

태어난 해를 물을 땐 근과거형을 씁니다. 'Nascere 태어나다, 탄생하다'의 과거형으로 묻기 때문인데, nascere는 자동사이기 때문에 근과거형을 만들 땐 essere를 조동사로 택하여 과거형 문장으로 만들어야 합니다. Nascere 동사의 과거분사형은 불규칙형인 'nato'이기 때문에, 따로 암기하여야 합니다. 불규칙 과거분사형에 대해서는 문법 **다지GO!** 코너에서 좀 더 자세히 학습하겠습니다.

- Quando sei **nato**? 너 언제 **태어났**니?
- Sono **nato** nel 2001. 나는 2001년도에 **태어났어**.
- Quando siete **nati**? 너희는 언제 **태어났**니?
- Siamo **nati** nel 1994. 우리는 1994년도에 **태어났습니다**.

Ricorda

문법 다지GO!

1 과거분사 불규칙형

이탈리아어의 직설법 시제에는 5가지 과거형이 존재합니다. 가장 많이 쓰이는 과거형 중 하나가 바로 근과거형입니다. 근과거형은 'essere / avere + 과거분사' 구조로 과거형 문장을 만든다는 특징이 있습니다. 앞서 과거분사형은 -are / -ere / -ire로 끝나는 동사의 어미를 각각 -ato / -uto / -ito로 변화시켜 만든다고 학습했습니다. 단, 이 규칙을 따르지 않는 불규칙 과거분사형도 존재합니다. 대표적으로 nascere 동사의 과거분사형인 nato를 들 수 있습니다. 많이 쓰이는 불규칙 과거분사형을 다음의 표로 한눈에 살펴보세요.

동사 원형	뜻	과거분사형
nascere	태어나다	nato
morire	죽다	morto
aprire	열다	aperto
chiudere	닫다	chiuso
dire	말하다	detto
essere	~(이)다	stato
fare	~하다	fatto
piacere	~에게 ~이(가) 좋다	piaciuto
chiedere	묻다	chiesto
vedere	보다	visto

- Ho **chiuso** la finestra. 나는 창문을 **닫았다**.
- Luigi è **morto** due anni fa. 루이지는 2년 전에 **죽었다**.
- Filippo è **nato** nel 1999. 필리포는 1999년도에 **태어났다**.
- Ho **fatto** quel lavoro tutto il giorno. 나는 하루 종일 그 일을 **했다**.
- Giacomo mi ha **chiesto** un favore. 쟈코모는 나에게 부탁 하나를 **요청했다**.
- Cosa avete **visto**? 너희는 무엇을 **보았니**?

2 연도 표현

이탈리아어로 1,000은 mille입니다. 'Duemila 2천', 'tremila 3천'과 같이 2천부터는 변화가 있는 부분에 유의해야 합니다. 연도는 천의 자릿수부터 일의 자릿수까지 띄지 않고 말하면 됩니다.

연도 예시	이탈리아어	발음
1993	millenovecentonovantatre	밀레노베첸또노반따뜨레
1999	millenovecentonovantanove	밀레노베첸또노반따노베
2000	duemila	두에밀라
2001	duemilauno	두에밀라우노
2018	duemiladiciotto	두에밀라디쵸또
2019	duemiladiciannove	두에밀라디치안노베
2020	duemilaventi	두에밀라벤띠

Tip 연도의 앞에는 남성 단수 정관사 il이 붙고, 전치사는 보통 in이 사용됩니다. 전치사 in과 정관사 il의 결합형은 nel이므로 '몇 년도에'하고 전치사가 올 경우 연도 앞에 nel 형태를 위치시키면 됩니다.

- Sono nato **nel** duemila. 나는 2000년**에** 태어났다.
- Mio figlio è nato **nel** duemilasedici. 나의 아들은 2016년**에** 태어났습니다.
- Mio nonno è morto **nel** millenovecentonovantadue.
  나의 할아버지는 1992년에 돌아가셨습니다.

Occhio!

'몇 년도에는', '50년대'와 같이 표현할 땐 10의 자릿수까지만 말하면 됩니다. 이때 특정 연도가 아닌 '몇 년대'를 어림잡아 표현하므로 anno의 복수형인 anni를 사용하며, 정관사는 gli를 사용한다는 점도 알아 두세요.

Negli anni cinquanta 1950년도에는

Negli anni novanta 1990년도에는

Scrivi

실력 높이 GO!

Track 13-03

1 녹음을 듣고, 빈칸에 알맞은 말을 쓰세요.

Anna: Quando è il [ⓐ] compleanno?

Paolo: Il mio [ⓑ] è il tre giugno.

Anna: Siamo a luglio. Il tuo compleanno è già [ⓒ].

Paolo: Quando è il tuo compleanno?

Anna: Il mio compleanno è il diciassette luglio.

Paolo: Oggi è il sedici luglio. Allora, domani è il tuo compleanno! [ⓓ] in anticipo!

Anna: Grazie!

2 단어의 순서를 알맞게 배열하여 문장을 만들어 보세요.

ⓐ è, il, quando, compleanno, suo (당신의 생일은 언제입니까?)

ⓑ millenovecentonovantanove, il, nato, in, sono (나는 1999년도에 태어났다.)

ⓒ sembri, molto, mi, giovane (너는 나에게 매우 어려 보인다.)

ⓐ

ⓑ

ⓒ

3 다음 동사의 과거분사형을 쓰세요.

ⓐ vedere ____________________

ⓑ morire ____________________

ⓒ nascere ____________________

ⓓ essere ____________________

4 아래의 연도 숫자를 이탈리아어로 쓰고, 정답을 확인한 다음 올바른 문장을 소리 내어 말해 보세요.

ⓐ 1997
ⓑ 2003
ⓒ 2019

ⓐ ____________________

ⓑ ____________________

ⓒ ____________________

정답

❶ ⓐ tuo ⓑ compleanno ⓒ passato ⓓ Auguri

❷ ⓐ Quando è il suo compleanno? ⓑ Sono nato nel millenovecentonovantanove.
ⓒ Mi sembri molto giovane.

❸ ⓐ visto ⓑ morto ⓒ nato ⓓ stato

❹ ⓐ millenovecentonovantasette ⓑ duemilatre ⓒ duemiladiciannove

Parole

어휘 늘리GO!

Track 13-04

다양한 축하 표현과 인사말

많이 쓰이는 표현들이므로 반복해서 말하기를 연습하고, 상황에 맞게 말해 보세요.

(Tanti) Auguri!	축하해! (생일 또는 업적에 대한 축하)
Buon compleanno!	생일 축하해!
Congratulazioni!	축하해! (일이나 업적에 대한 축하)
Ben fatto!	잘했어!
Complimenti!	잘했다!
Meno male!	다행이다!
Buona fortuna!	행운을 빌어!
Buon anno!	새해 복 많이 받으세요!
Felice anno nuovo!	새해 복 많이 받으세요!
Buona Pasqua!	좋은 부활절 되길!
Buon Natale!	좋은 성탄절 되길!
Buon San Valentino!	좋은 밸런타인데이 되길!

Italia

이탈리아 만나 GO!

이탈리아의 학제와 특징

이탈리아는 초, 중, 고, 대학까지 대부분이 국·공립 학교예요. 보통 만 3세부터 5세까지 다닐 수 있는 'scuola dell'infanzia 유치원'를 시작으로 'scuola primaria 초등학교'를 5년, 'scuola secondaria di I grado 중학교'를 3년, 'scuola secondaria di II grado 고등학교'를 5년 다니고, 'università 대학교'를 3~5년 다닙니다. 학기는 9월에 시작해서 그다음해 6월에 종료하고 긴 여름방학을 가집니다. 유치원은 또 다른 말로 'asilo'라고 부르는데, 'scuola dell'infanzia'보다 더 보편적으로 쓰이는 단어입니다. 초등학교는 'scuola elementare', 중학교는 'scuola media', 고등학교는 'liceo'라고 보통 칭합니다.

의무 교육은 아니지만 이탈리아의 유아 교육은 전 세계적으로 유명합니다. 바로 몬테소리 교육의 발상지가 다름 아닌 이탈리아이기 때문이에요. 몬테소리 교육은 아이들의 창의성과 자율성, 감각 훈련 등을 목표로 의사이자 교육학자였던 'Maria Tecla Artemisia Montessori 마리아 테클라 아르테미시아 몬테소리' 선생이 창시한 교육법입니다.

대부분의 학생은 고등 교육 과정을 마친 뒤 고등학교 졸업 자격 시험이자 대입 자격 시험인 'Maturità'를 치릅니다. 대학교 과정은 3년 이수하면 'laurea triennale 학사' 자격을, 2년을 더 이수하여 'laurea specialistica/Master 석사' 자격을 취득할 수 있습니다. 이후 3년 간의 'Dottorato di ricerca 박사 과정'을 거치기도 합니다. 이외에도 'Conservatorio di Musica 국립 음악원', 'Accademia di Belle Arti 국립 미술원', 'Scuola di Formazione Professionale 직업 학교' 등의 교육 기관이 있습니다.

▲ 세계에서 가장 오래된 대학교인 'Alma mater studiorum-Università di Bologna 볼로냐대학교'. 세계 최초의 해부학 교실이 있었던 볼로냐대학교 건물은 현재 'Biblioteca comunale dell'Archiginnasio 아르키진나지오 도서관'으로 운영되고 있다.

Mi sono sentita
male stanotte.

Lezione

14

Mi sono sentita male stanotte.

나는 어제 저녁에 아팠어.

14강

학습 목표

지나간 일 말하기

취미와 기호 말하기

공부할 내용

재귀동사 + 근과거 형태

직접 목적격 대명사 + 근과거 형태

주요 표현

Mi sono sentita male.

Ci siamo incontrati al cinema.

L'ho visto.

Li ho visti tutti.

◀ 이름난 와인 산지인 토스카나의 포도밭. 이탈리아는 로마 시대부터 와인 종주국으로 알려져 있으며, 토스카나와 피에몬테 지방 와인이 특히 유명하다.

Parla

말문 트GO!

Dialogo 1 Track 14-01

프란체스카는 왜 피곤해 보일까요?

Francesca Buongiorno!

Paolo Buongiorno! Mi sembri molto stanca. Che c'è?

Francesca Mi sono sentita male stanotte.

Paolo Perché? Che cosa è successo?

Francesca Credo... ho bevuto troppo.

Paolo Mi dispiace. Sei uscita con il tuo fidanzato ieri sera?

Francesca Sì. Ci siamo incontrati al cinema e abbiamo visto un film comico.

Paolo Dopo il cinema, siete andati a bere?

Francesca Sì. Ci siamo seduti sulle scale di piazza di Spagna e abbiamo bevuto delle birre.

Paolo Devi prendere qualche medicina.

Francesca Sì, sono d'accordo. Dopo la colazione, prendo le pillole.

프란체스카 좋은 아침!
파올로 좋은 아침! 매우 피곤해 보이네. 무슨 일 있어?
프란체스카 간밤에 상태가 안 좋았어.
파올로 왜? 무슨 일 있었어?
프란체스카 내 생각엔... 너무 많이 마신 것 같아.
파올로 안됐네. 어제 저녁 남자 친구랑 외출했어?
프란체스카 응. 영화관에서 만나서 코믹 영화 한 편을 봤어.
파올로 영화 관람 후에, 술 마시러 갔어?
프란체스카 응. 스페인 광장의 계단 위에 앉아서 맥주를 마셨어.
파올로 약 좀 먹어야겠다.
프란체스카 그래, 맞아. 아침 식사 후에, 약을 먹을 거야.

VOCA BOLI

sembri 동사 'sembrare ~처럼 보이다'의 2인칭 단수 직설법 현재형 **stanca** 형 'stanco 피곤한'의 여성 단수형 **sentita** 과거분사 동사 'sentire 느끼다, 듣다'의 여성 단수 과거분사형 **stanotte** 부 오늘밤에, 어젯밤에, 간밤에 **successo** 과거분사 동사 'succedere 발생하다, 일어나다'의 과거분사형 **credo** 동사 'credere 믿다'의 1인칭 단수 직설법 현재형 **bevuto** 과거분사 동사 'bere 마시다'의 과거분사형 **troppo** 부 너무 **uscita** 과거분사 동사 'uscire 외출하다'의 여성 단수 과거분사형 **fidanzato** 명 남자 친구, 남자 애인 **incontrati** 과거분사 동사 'incontrare 만나다'의 남성 복수 과거분사형 **visto** 과거분사 동사 'vedere 보다'의 남성 단수 과거분사형 **comico** 형 코믹의, 코미디의 **andati** 과거분사 동사 'andare 가다'의 남성 복수 과거분사형 **seduti** 과거분사 동사 'sedere 앉히다'의 남성 복수 과거분사형 **su** 전 ~위에 **scale** 명 'scala 계단'의 여성 복수형 **birre** 명 'birra 맥주'의 여성 복수형 **qualche** 형 몇 개의, 약간의 **medicina** 명 약 **colazione** 명 아침 식사 **pillole** 명 'pillola 알약'의 여성 복수형

Chiavi

핵심 배우 GO!

1 간접 목적어를 의미상의 주어로 가지는 sembrare 동사 활용하기

이탈리아어에는 간접 목적어를 의미상의 주어로 갖는 동사들이 존재합니다. 대표적으로 이번 **lezione 14**에 등장한 sembrare는 직역하면 '~에게 ~처럼 보이다'란 의미지만, '나는 ~이(가) ~처럼 보인다'라고 해석하면 자연스럽습니다.

- (Mi) **sembri** stanca. 너는 (나에게) 피곤해 **보인다**.

위 문장에서 sembrare의 문법상 주어는 'tu 너'이기 때문에 sembrare 동사의 2인칭 단수 직설법 현재형이 쓰였음을 알 수 있습니다. '~에게'를 나타내는 간접 목적어는 생략해도 무방합니다. Sembrare 동사 뒤 보어로는 명사나 형용사가 올 수 있는데, 위의 예시문에서는 stanca란 여성 단수형 형용사가 쓰였습니다. 이를 통해 우리는 청자 tu가 여성 단수임을 알 수 있습니다.

- **Sembri** stanco. 너는 피곤해 **보인다**.
- Mi **sembra** sorpreso/a. 그/그녀는 놀라 **보인다**.
- **Sembri** triste. 너는 슬퍼 **보인다**.

2 조동사 essere로 재귀동사의 근과거 말하기

재귀동사 표현도 다른 동사들과 마찬가지로 근과거로 쓰일 수 있어요. 이때 과거형을 만들어 줄 수 있는 조동사로는 essere가 쓰입니다. Essere를 조동사로 택한 동사들도 과거분사형을 주어의 성, 수에 맞게 일치시킵니다.

- Mi **sono** sentito male. 나는 아팠다. (상태가 안 좋았다.)
- Mi **sono** sentita male. 나는 아팠다. (상태가 안 좋았다.)

- Luigi si **è** sentito male. 루이지는 아팠다. (상태가 안 좋았다.)
- Giovanna si **è** sentita male. 죠반나는 아팠다. (상태가 안 좋았다.)

- Si **sono** sentiti male. 그들은 아팠다. (상태가 안 좋았다.)
- Le ragazze si **sono** sentite male. 소녀들은 아팠다. (상태가 안 좋았다.)

- Non si **è** sentito bene. 그는 상태가 좋지 않았다.
- Non si **è** sentita bene. 그녀는 상태가 좋지 않았다.
- Non mi **sono** divertito per niente. 나는 전혀 즐기지 못했다.

Parla

말문 트GO!

Dialogo 2 Track 14-02

프란체스카와 레오나르도는 영화를 고르고 있습니다.

Francesca Andiamo a vedere un film al cinema?

Leonardo Certo! Cosa vediamo?

Francesca Che ne dici di un film romantico?

Leonardo No, non mi va... Ti piacciono delle commedie?

Francesca Sì. Mi piacciono molto.

Leonardo Allora, vediamo "Mamma mia!"?

Francesca Mi dispiace. L'ho già visto con una mia amica.

Leonardo Beh... Allora, scegli tu il film!

Francesca Non lo so... Li ho visti tutti quelli sulla lista.

프란체스카 우리 영화 보러 영화관에 갈래?

레오나르도 물론이지! 어떤 거 볼까?

프란체스카 로맨틱 영화 어때?

레오나르도 아니야, 별로인데... 너 코미디 좋아하지?

프란체스카 응. 아주 좋아하지.

레오나르도 그러면, '맘마 미아!' 볼래?

프란체스카 미안. 내 친구랑 이미 그걸 봤어.

레오나르도 음... 그러면, 네가 영화 골라 봐!

프란체스카 잘 모르겠네... 리스트에 있는 모든 영화를 다 봤어.

VOCA BOLI

romantico 형 로맨틱한 **piacciono** 동사 'piacere ~에게 ~이(가) 좋다'의 직설법 현재 3인칭 복수형 **commedie** 명 'commedia 코미디'의 여성 복수형 **visto** 과거분사 동사 'vedere 보다'의 과거분사형 **scegli** 동사 'scegliere 고르다, 선택하다'의 직설법 현재 2인칭 단수형 **lista** 명 목록

포인트 잡GO!

❶ '우리 ~하러 갈래?'라는 청유형은 'andare 동사 + 전치사 a + 동사 원형' 구조로 말하면 됩니다. 동사가 1인칭 복수형으로 쓰일 경우 부드러운 청유형 문장이 됩니다.

Andiamo a mangiare la pizza!	우리 피자 먹으러 가자!
Andiamo a bere!	우리 술 마시러 가자!

❷ 1인칭 복수를 제외한 인칭 변화형은 '~하러 간다'라는 의미로 쓰입니다.

Vado a lavorare.	나는 일하러 간다.
I bambini vanno a dormire.	어린아이들이 잠자러 간다.
Andiamo a fare i compiti.	우리는 숙제를 하러 간다.

Chiavi

핵심 배우GO!

1 간접 목적어를 의미상의 주어로 가지는 piacere 동사 활용하기

간접 목적어를 의미상의 주어로 가지는 두 번째 동사로 'piacere ~에게 ~이(가) 좋다'를 살펴보겠습니다. 이 동사는 의역하자면 '~은(는) ~을(를) 좋아한다'라는 의미를 가지는 자동사로, 문장의 간접 목적어가 의미상의 주어가 되고, piacere 동사 뒤에 오는 명사가 의미상의 목적어가 됩니다. Piacere 동사 뒤에 오는 명사는 문법상의 주어로 문장에서 piacere 동사의 변화형에 영향을 줍니다.

- Mi **piace** la frutta. 나는 과일을 **좋아한다**.
- Mi **piacciono** le mele. 나는 사과들을 **좋아한다**.
- Ci **piace** la pizza. 우리는 피자를 **좋아한다**.
- Ci **piacciono** gli spaghetti. 우리는 스파게티를 **좋아한다**.
- Mi **piaci** tu! 나 너 **좋아해**!
- **Non** mi **piace** il suo comportamento. 나는 그/그녀의 **태도가 싫다**.
- **Non** mi **piacciono** i suoi pantaloni. 나는 그/그녀의 바지가 **마음에 안 든다**.

2 타동사의 목적어를 직접 목적격 대명사로 말하기

앞서 타동사의 근과거를 만들 때 조동사로 avere가 쓰인다는 점을 배웠습니다. 타동사의 목적어는 'mi 나를', 'ti 너를', 'lo 그를/그것을', 'la 그녀를/그것을', 'La 당신을', 'ci 우리를', 'vi 너희를', 'li '그들을/그것들을', 'le 그녀들을/그것들을'과 같은 직접 목적격 대명사로 대체할 수 있습니다.

그중 lo / la / li / le와 함께 쓰인 근과거형은 과거분사형을 직접 목적격 대명사의 성, 수에 일치시킨다는 특징이 있는데, 직접 목적어가 가리키는 대상을 명확히 보여 주는 역할을 합니다.

- Ho visto **il film**. 나는 **영화를** 보았다.
- **L'**ho visto. 나는 **그것을** 보았다.

위 문장의 경우 il film을 대체한 직접 목적격 대명사 lo가 avere 조동사 앞에 위치하여 축약된 형태로, 남성 단수 성격이기에 visto가 되었습니다. 이어서 목적어가 여성인 경우를 살펴보겠습니다.

- Ho visto quella **ragazza**. 나는 **그 소녀를** 보았다.
- **L'**ho vista. 나는 **그녀를** 보았다.

Ricorda

문법 다지GO!

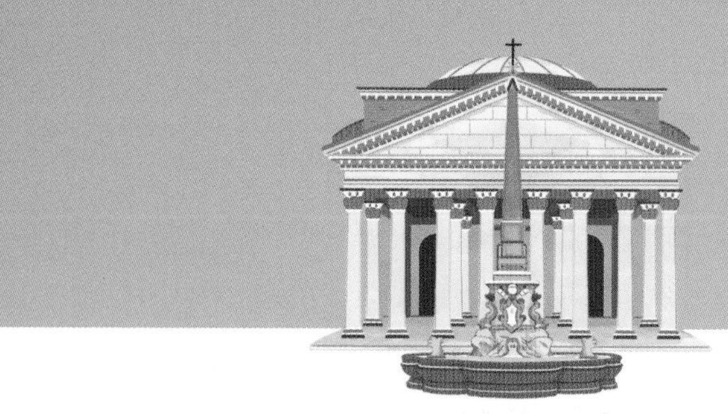

1 재귀동사 근과거

재귀대명사와 함께 쓰이는 재귀동사는 근과거형으로 만들 때 essere 동사를 조동사로 수반합니다. 다른 자동사들의 경우와 마찬가지로, 재귀동사의 과거분사형은 주어의 성, 수에 따라 과거분사의 어미가 변하는 데 유의하세요.

재귀대명사	essere 동사	lavare 과거분사형
mi	sono	lavato/a incontrato/a
ti	sei	
si	è	
ci	siamo	lavati/e incontrati/e
vi	siete	
si	sono	

문장에서 재귀동사의 근과거형은 다음과 같은 구조로 표현될 수 있습니다.

❶ 긍정 평서문: 재귀대명사 + essere + 과거분사

- Mi **sono** lavato/a le mani. 나는 손을 씻었다.
- Ci **siamo** incontrati al cinema. 우리는 영화관에서 만났다.

❷ 부정문: Non + 재귀대명사 + essere + 과거분사

- **Non** mi **sono** lavato/a le mani. 나는 손을 씻지 않았다.
- **Non** ci **siamo** incontrati al cinema. 우리는 영화관에서 만나지 않았다.

❸ 의문문: 재귀대명사 + essere + 과거분사

- Ti **sei** lavato/a le mani? 너는 손을 씻었니?
- Vi **siete** incontrati al cinema? 너희는 영화관에서 만났니?

2 직접 목적격 대명사 lo / la / li / le와 근과거

근과거를 만들 때 avere를 조동사로 택하는 동사들은 타동사입니다. 앞서 우리는 avere를 조동사로 택하는 동사들의 과거 분사형은 주어의 성, 수에 따라 어미가 영향을 받지 않고 -ato / -uto / -ito 과거분사 원형 그대로 쓰인다고 배웠습니다. 하지만, 이 규칙에 예외가 있습니다. 직접 목적격 대명사인 lo / la / li / le와 함께 오는 경우, 과거분사형의 어미를 직접 목적격 대명사의 성, 수에 일치시켜야 합니다. 이때, 직접 목적격 대명사 단수형인 lo / la와 avere 동사는 모음 축약 현상이 발생하여 lo / la는 각각 l' / l'형으로 avere 동사와 결합하게 됩니다.

- Ho comprato un libro. — 나는 책 한 권을 샀다.
- **L'**ho comprato. — 나는 그것을 샀다.
- Ho comprato la bicicletta. — 나는 자전거를 샀다.
- **L'**ho comprata. — 나는 그것을 샀다.

- Ho letto i giornali. — 나는 신문을 읽었다.
- **Li** ho letti. — 나는 그것들을 읽었다.
- Ho letto le riviste. — 나는 잡지를 읽었다.
- **Le** ho lette. — 나는 그것들을 읽었다.

Tip 근과거를 만들때 lo/la/li/le와 함께 쓰인 근과거형은 과거분사를 직접 목적격 대명사의 성과 수에 일치시켜야 하는 규칙이 있지만, lo/la/li/le를 제외한 나머지 직접 목적격 대명사들 mi/ti/ci/vi 역시도 근과거를 만들 때 쓰이는 과거분사와 어미의 성수일치를 할 수 있습니다. 특히 이와 같은 현상은 구어체에서 많이 발생합니다.

- Ti ho vista ieri sera. — 어제 저녁에 너를 봤다.
  *Ti(너를) 직접 목적격 대명사의 성이 여자인 경우
- Ti ho visto ieri sera. — 어제 저녁에 너를 봤다.
  *Ti(너를) 직접 목적격 대명사의 성이 남자인 경우

- Mi ha invitata per cena. — 나를 저녁식사에 초대했다.
  *Mi(나를) 직접 목적격 대명사의 성이 여자인 경우
- Mi ha invitato per cena. — 나를 저녁식사에 초대했다.
  *Mi(나를) 직접 목적격 대명사의 성이 남자인 경우

- Ci ha incontrati al bar. — 그가 우리를 바에서 만났다.
- Vi ho visti al cinema. — 나는 너희를 영화관에서 봤다.

Scrivi

실력 높이 GO!

Track 14-03

1 녹음을 듣고, 빈칸에 알맞은 말을 쓰세요.

Paolo: Sei [ⓐ] con il tuo fidanzato ieri sera?

Francesca: Sì. [ⓑ] siamo [ⓒ] al cinema e abbiamo visto un film comico.

Paolo: Dopo il cinema, siete andati a bere?

Francesca: Sì. Ci siamo [ⓓ] sulla piazza e abbiamo bevuto delle birre.

2 단어의 순서를 알맞게 배열하여 문장을 만들어 보세요.

ⓐ stanotte, sentito, sono, male, mi (간밤에 나는 아팠어.)

ⓑ a, cinema, ci, incontrati, il, siamo (우리는 영화관에서 만났다.)

ⓒ visto, lo, ho (나는 그것을 봤다.)

ⓐ

ⓑ

ⓒ

3 다음의 문장을 직접 목적격 대명사가 사용된 문장으로 고치세요.

ⓐ Ho visto il film.

ⓑ Ha comprato il biglietto.

ⓒ Ho chiamato te.

ⓓ Ho chiamato Antonella.

4 아래의 문장을 이탈리아어로 작문하고, 정답을 확인한 다음 올바른 문장을 소리 내어 말해 보세요.

ⓐ 너는 피곤해 보인다.
ⓑ 나는 스파게티를 좋아한다.
ⓒ 우리는 바에서 만났다.

ⓐ

ⓑ

ⓒ

정답

❶ ⓐ uscita ⓑ Ci ⓒ incontrati ⓓ seduti

❷ ⓐ Mi sono sentito male stanotte. ⓑ Ci siamo incontrati al cinema. ⓒ L'ho visto.

❸ ⓐ L'ho visto. ⓑ L'ha comprato. ⓒ Ti ho chiamato. ⓓ L'ho chiamata.

❹ ⓐ Mi sembri stanco/a. ⓑ Mi piacciono gli spaghetti. ⓒ Ci siamo incontrati al bar.

Parole

어휘 늘리GO!

Track 14-04

Piacere 동사로 기호와 취미 말하기

'나는 ~을(를) 좋아해'라는 표현으로 piacere 동사와 의미상 주어인 간접 목적격 대명사 mi를 결합하여 문장을 만들 수 있습니다. 이 경우 piacere의 문법상 주어로는 명사뿐만 아니라 동사 원형도 올 수 있는데, 이때 piacere는 3인칭 단수 동사 변화형으로 표현합니다. 아래 표와 같이 다양하게 '나는 ~을(를) 좋아해'라고 이탈리아어로 말해 봅시다.

Mi piace	nuotare	수영하다
	sciare	스키 타다
	ballare	춤추다
	cantare	노래하다
	cucinare	요리하다
	camminare	걷다
	fare jogging	조깅하다
	guardare la TV	TV 보다
	ascoltare la musica	음악을 듣다
	fare shopping	쇼핑하다
	viaggiare	여행하다
	il calcio	축구
	il Kpop	케이팝
	il caffè	커피
	la musica	음악
Mi piacciono	i bar	바
	i locali	술집
	i pub	펍
	gli spaghetti alle vongole	봉골레 스파게티

Italia

이탈리아 만나 GO!

이탈리아의 커피 문화

이탈리아인들은 커피를 신성시 여깁니다. 이탈리아에서 'caffè 커피'라는 단어는 'espresso 에스프레소'를 일컫습니다. 보통 이탈리아 사람들은 이 에스프레소를 'bancone'라고 불리는 긴 판매대 같은 곳에서 서서 마십니다.

이탈리아 사람들은 시간을 가리지 않고 보통 평균적으로 4잔의 커피를 마시는데 아침에 일어나서 한 잔, 출근해서 한 잔, 휴식시간에 한 잔, 그리고 식후에 소화를 촉진시키기 위해 한 잔을 더 마십니다. 아침 식사는 늘 우유가 들어간 커피인 'cappuccino'나 'caffelatte'와 함께 쿠키류인 'biscotti'나 크로와상인 'cornetto'와 함께 식사합니다. 우유가 들어간 커피는 하루 중 아침 식사 시간에만 먹는데, 그 이유는 우유가 들어간 커피가 영양분이 너무 풍부해서 배가 부르다고 느끼기 때문입니다. 아침을 제외한 나머지 시간에 마시는 커피는 우유를 넣지 않습니다.

이탈리아인들이 즐겨 마시는 커피 종류에는 'espresso', 우유 거품이 소량 들어간 에스프레소인 'caffè macchiato', 에스프레소를 더 응축시켜 진하게 뽑은 'ristretto', 소량의 술이 들어간 에스프레소인 'corretto', 연한 에스프레소인 'caffè lungo', 우유가 많이 들어간 'caffelatte', 우유 거품이 들어간 'cappuccino' 등이 있습니다.

우리에게 익숙한 아메리카노는 이탈리아인들은 거의 마시지 않습니다. 이름 그대로 미국인들이 마시는 커피이기 때문입니다. 또한 커피를 차게 마시는 문화는 없는데, 여름에만 'caffè freddo / shakerato'라고 해서 에스프레소에 얼음이 들어간 차가운 에스프레소를 마십니다. 이탈리아인들이 일 년에 마시는 커피량이 평균 5.6kg이 될 정도로 커피는 매우 사랑 받는 음료입니다.

▲ 우유가 들어간 커피에 크로와상을 곁들인 이탈리아인들의 아침 식사

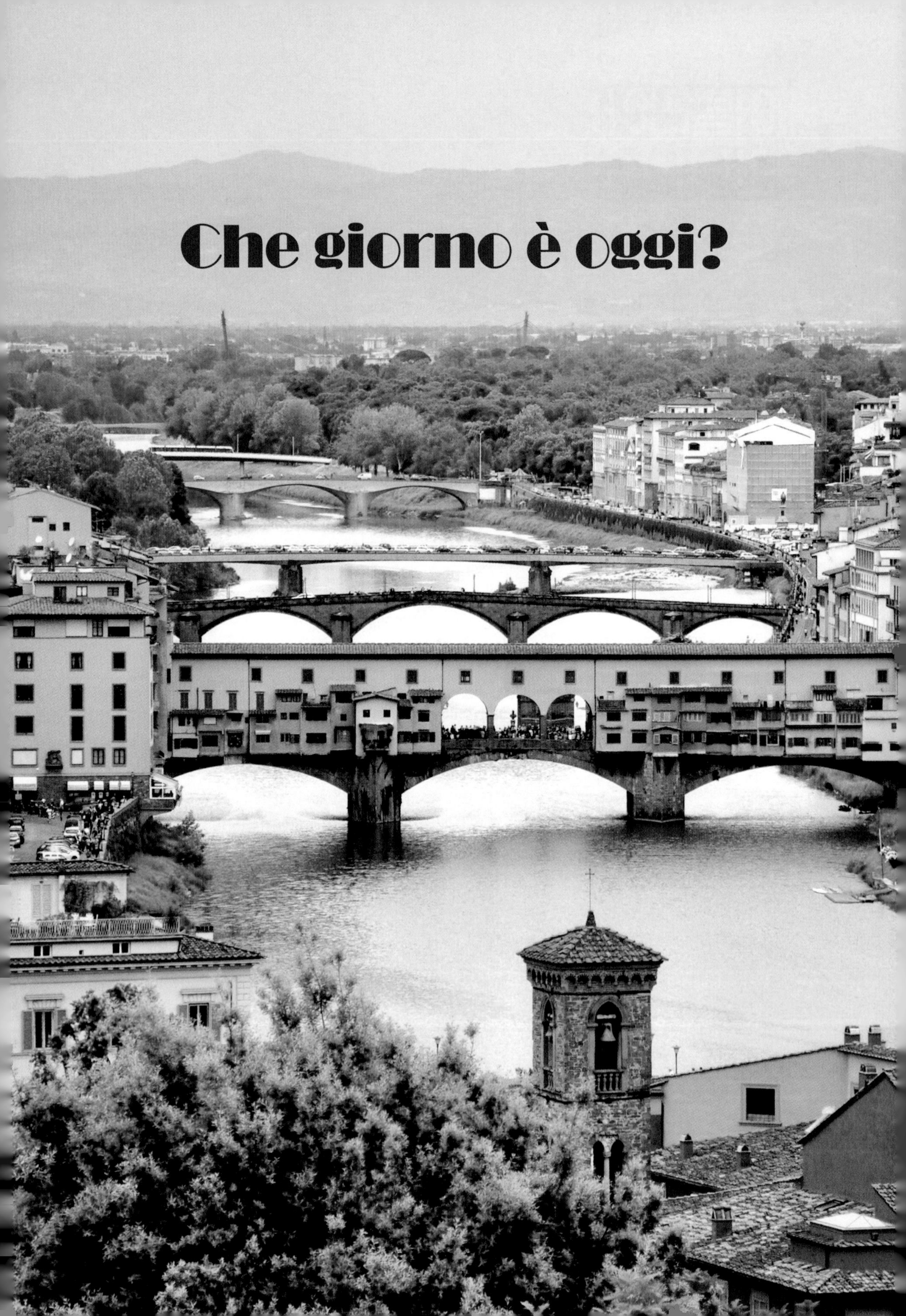

Che giorno è oggi?

Lezione

15

Che giorno è oggi?

오늘 며칠(무슨 요일)이야?

15강

학습 목표

날짜 묻고 답하기

요일 묻고 답하기

날씨 표현

공부할 내용

날짜, 요일, 월 말하기

접어 ne

주요 표현

Che giorno è oggi?

Oggi è lunedì.

Quanti ne abbiamo oggi?

Oggi è il quindici settembre.

Che tempo fa oggi?

Fa caldo.

◀ 아르노 강에서 가장 오래된 다리인 베키오 다리. 단테와 베아트리체가 처음 만난 장소로 유명하다.

Parla

말문 트GO!

Dialogo 1 Track 15-01

파올로는 다음 주에 시험이 있다는 걸 깜빡하고 있었어요.

Anna	Hai fatto i compiti di storia?	안나	너 역사 숙제 했니?
Paolo	No, non ancora. Perché? Che giorno è oggi?	파올로	아니, 아직 안 했어. 왜? 오늘 무슨 요일인데?
Anna	Oggi è il 15 settembre.	안나	오늘은 9월 15일이야.
Paolo	No. Che giorno della settimana?	파올로	아니. 한 주의 무슨 요일이냐고?
Anna	Ah, scusa! Oggi è lunedì.	안나	아, 미안! 오늘 월요일이야.
Paolo	Allora, abbiamo un po' di tempo per finire i compiti!	파올로	그러면, 숙제를 마칠 때까지 시간이 좀 있네!
Anna	Ma sai? C'è l'esame di storia lunedì prossimo. Non abbiamo molto tempo. Dobbiamo preparare l'esame.	안나	그런데 알아? 다음 주 월요일에 역사 시험이 있어. 우린 시간이 많지 않아. 우리는 시험을 준비해야만 해.
Paolo	Accidenti! Mi sono scordato completamente. Non posso preparare l'esame da solo. Devi aiutarmi!	파올로	세상에! 완전히 잊었었어. 나 혼자서 시험 준비 못 해. 네가 나를 도와줘야 해!

fatto 과거분사 동사 'fare 하다'의 과거분사형 **storia** 명 역사 **settembre** 명 9월 **esame** 명 시험 **prossimo** 형 다음번 **preparare** 동 준비하다 **scordato** 과거분사 동사 'scordare 잊다'의 과거분사형 **completamente** 부 완전히

포인트 잡GO!

'(어떠한 도움 없이) 혼자서 ~하다'라고 표현할 땐 명사 'solo 유일한 사람' 앞에 전치사 da를 쓸 수 있습니다. 주어가 남성 단수일 땐 da solo, 여성 단수일 땐 da sola, 남성 복수일 땐 da soli, 여성 복수일 땐 da sole와 같이 solo의 형태가 주어의 성, 수에 맞게 변화한다는 점에 유의하세요.

Faccio tutto **da solo**.	모든 것을 나 **혼자** 한다.
Si fa il letto **da sola**.	그녀는 **혼자서** 침대 정리를 한다.
Potete finirlo **da soli**.	**너희들끼리** 그것을 끝낼 수 있을 거다.
Andate a scuola **da sole**?	너희들은 학교에 **혼자서** 가니?

Chiavi
핵심 배우GO!

1 요일 묻고 답하기

의문형용사 che가 'giorno 일, 날'을 꾸미는 형태의 의문문 'Che giorno è oggi?'로 요일을 물을 수 있어요. 다음과 같이 대답도 요일별로 말해 보세요.

- Oggi è **lunedì**. 오늘은 **월요일**입니다.
- Oggi è **martedì**. 오늘은 **화요일**입니다.
- Oggi è **mercoledì**. 오늘은 **수요일**입니다.
- Oggi è **giovedì**. 오늘은 **목요일**입니다.
- Oggi è **venerdì**. 오늘은 **금요일**입니다.
- Oggi è **sabato**. 오늘은 **토요일**입니다.
- Oggi è **domenica**. 오늘은 **일요일**입니다.

Tip ① 요일명 앞에는 정관사가 오지 않으나 '매 ~요일', '~요일마다'라고 말할 땐 요일명을 복수형으로, 요일명 앞 정관사를 복수형으로 씁니다. Dì로 끝나는 요일명은 마지막 음절에 강세가 위치하여 단수형과 복수형이 같은 형태가 되는 점에도 유의하세요.

② '매번'을 의미하는 형용사 tutto가 '정관사+요일명' 앞에 쓰일 때 요일명의 성별에 따라 남성 복수형 tutti, 여성 복수형 tutte가 올 수 있습니다. 요일명 중 여성형은 domenica 뿐이므로, domenica의 경우에만 tutte를 사용할 수 있습니다.

예 Mia nonna va al mercato **tutti i lunedì**. 나의 할머니는 **월요일마다** 시장에 가신다.
Vado in chiesa **tutte le domeniche**. 나는 **매주 일요일** 교회에 간다.

2 지난주, 다음 주의 요일 말하기

요일명 뒤에 형용사 'scorso 지난', 'prossimo 다음'으로 좀 더 자세히 말해 보세요.

- lunedì **prossimo / scorso** **다음 / 지난** 월요일
- domenica **prossima / scorsa** **다음 / 지난** 일요일

Tip 요일명 뒤에 'mattina 아침', 'pomeriggio 오후', 'sera 저녁' 등을 이어서 다양하게 말할 수 있어요.

Parla

말문 트GO!

Dialogo 2 Track 15-02

오늘은 안나의 아빠의 생일입니다.

Anna	Pronto!	안나 여보세요!
Mamma	Ciao! Come stai?	엄마 안녕! 잘 지냈어?
Anna	Sto bene! E tu?	안나 잘 지내! 엄마는?
Mamma	Anch'io, grazie! Senti! Oggi è il compleanno di tuo padre!	엄마 나도, 고마워! 내 말 좀 들어 봐! 오늘 네 아빠 생일이야!
Anna	Davvero? Quanti ne abbiamo oggi?	안나 정말? 오늘 며칠이지?
Mamma	Oggi è il 20 ottobre.	엄마 10월 20일이야.
Anna	Accidenti! L'ho dimenticato. Mi dispiace molto.	안나 이런! 잊고 있었어. 정말 미안해.
Mamma	Non fa niente. Abbiamo ancora un po' di tempo. Devi chiamare papà!	엄마 괜찮아. 아직 시간이 좀 있어. 아빠한테 전화해야 해.
Anna	Sì, certo! Che tempo fa a Seoul? Qui fa bel tempo ed è molto fresco.	안나 응, 물론이지! 서울은 날씨가 어때? 여기는 날씨가 좋고 시원해.
Mamma	Adesso piove e fa freddo fuori. Perché non vai a fare due passi?	엄마 지금 비가 오고 밖은 추워. 산책하러 나가지 않니?
Anna	Sì, esco fra poco. Ma prima devo chiamare papà!	안나 응, 조금 이따가 나가려고. 근데 그 전에, 아빠한테 전화해야 돼!

VOCA BOLI

pronto 감 여보세요 **senti** 동사 'sentire 듣다'의 2인칭 단수 직설법 현재형 **ne** 접어 부분 **ottobre** 명 10월 **dimenticato** 과거분사 동사 'dimenticare 잊다'의 과거분사형 **non ~ niente** 부 전혀 ~않다 **tempo** 명 시간, 날씨 **fresco** 형 신선한 **piove** 동사 'piovere 비가 오다'의 3인칭 단수 직설법 현재형 **freddo** 명 추위 **fuori** 부 밖에 **fare due passi** 숙어 산책하다 **fra** 전 ~뒤에 **poco** 형 조금의

포인트 잡GO!

상대방을 안심시키기 위한 '괜찮다'라는 표현을 fare 동사로 말할 수 있습니다. Niente는 '전혀 ~않다'라는 의미의 부정부사로, non과 함께 쓰여서 동사의 부정 의미를 보충합니다. 비슷한 의미의 표현을 'importare 중시하다'나 'andare bene 괜찮다' 동사로도 말할 수 있습니다. 3인칭 단수 인칭 변화형을 사용하여 비인칭 구문으로 표현됩니다.

Non fa niente! 괜찮아! Non importa! 괜찮아! Va bene! 괜찮아!

Chiavi

핵심 배우GO!

1 날짜와 요일을 묻는 여러 가지 표현 구분

Dialogo 1, 2에 등장한 상황을 떠올리면서, 날짜와 요일을 모두 묻고 답할 수 있는 표현을 말해 보겠습니다.

- Che giorno è oggi? 오늘은 무슨 요일(며칠)이니?
- Oggi è venerdì. 오늘은 금요일입니다.
- Oggi è il 24 novembre. 오늘은 11월 24일입니다.

이제 날짜 또는 요일만을 특정해서 묻고 답하는 표현들을 말해 보겠습니다. 날짜만을 물을 땐, 'Quanti ne abbiamo oggi?'로 말하면 됩니다. 의문형용사 quanti가 문장에서 생략된 'giorni 날, 일' 남성 복수 명사를 꾸미는 구조입니다. 직역하면 '우리가 한 달의 날들 중 오늘 며칠을 갖고 있나요?'로, '오늘은 며칠입니까?'로 사용되는 대표적인 표현입니다.

- Quanti ne abbiamo oggi? 오늘은 며칠입니까?

Tip 위 문장에 사용된 ne는 '접어'라는 문장 성분으로, 전체 중 어느 한 부분을 가리킬 때 쓰일 수 있습니다. 접어 ne에 관해서는 이어지는 **문법 다지GO!** 코너에서 좀 더 자세히 학습하겠습니다.

2 날씨 묻고 답하기

앞서 **lezione 11**에서 fare 동사로 날씨 말하는 법을 배웠는데, 날씨를 묻고 답하는 다양한 방법들을 정리해 봅시다.

❶ 'fa + 명사' 구조

- Fa bel / cattivo / brutto tempo. 좋은 / 나쁜 / 불쾌한 날씨다.

❷ 'è + 형용사' 구조

- Oggi è nuvoloso. 오늘은 구름이 많다.
- Oggi è ventoso. 오늘은 바람이 분다.
- Oggi è sereno. 오늘은 맑다.

❸ 'c'è + 명사' 구조

- C'è nebbia. 안개가 있다.
- C'è vento. 바람이 분다.
- C'è una tempesta. 폭우가 온다.

❹ 동사

- Piove. 비가 온다.

Ricorda **문법 다지GO!**

1 접어 ne

'Quanti ne abbiamo oggi?'에서 등장한 접어 ne는 '일부분'을 나타냅니다. 별도로 해석되지는 않지만, 문장에서 ne가 있으면 가리키는 것 중 일부분을 뜻한다고 이해하면 됩니다.

- Vuoi del pane? — 너 빵 좀 먹을래?
- Sì, **ne** voglio un po'. — 응, **조금** 먹을게.

위의 문장에서 ne는 'pane 빵' 중에서 'un po' 약간'만 먹겠다는 의미를 나타냅니다. 만약 접어 ne가 없이 'Sì, voglio un po'.'라고 하면 비문이 됩니다. 부분을 나타내는 un po'가 존재하므로 ne를 반드시 동반하여야 합니다. 다음의 경우에도 전체 pasta '식사, 파스타' 중 'un piatto 한 접시'만 먹을 것이므로 동사 앞에 접어 ne가 위치합니다.

- Mangi tutta la pasta? — 너 모든 파스타를 다 먹을 거야?
- No, **ne** prendo solo un piatto. — 아니, 한 접시**만** 먹을 거야.

다음과 같은 표현까지 응용하여 알아 두세요. 접어로 가리키는 '일부'가 전체 중 얼마만큼의 비중을 나타내는지까지 말할 수 있습니다.

- **Ne** mangio **un piatto**. — (그것들 중) **한 접시**를 먹는다.
- **Ne** mangio **poco**. — (그것들 중) **조금** 먹는다.
- **Ne** mangio **molto**. — (그것들 중) **많이** 먹는다.

Tip '그것들 중 전혀 ~않다'라는 표현은 접어 ne 앞에 non과 함께 'affatto / per niente 전혀'와 같은 부사를 함께 사용하여 말할 수 있습니다.

예 **Non** ne mangio **affatto**. — (그것들 중) **전혀** 먹지 않는다.
Non ne mangio **per niente**. — (그것들 중) **전혀** 먹지 않는다.

2 날짜 표현 시 주의할 점

이탈리아어로 날짜를 말할 때 주의해야 할 3가지 사항에 대해 예문과 함께 학습해 보겠습니다. 첫째로, 날짜 표현 앞에는 항상 정관사 il이 쓰입니다. 그 다음, 날짜를 말할 때, '일, 월, 연도'의 순서이며 월은 첫 글자를 소문자로 표기하니 혼동하지 않도록 합니다. 마지막으로, 매달 첫째 날은 서수 primo '첫 번째'로 표현하고, 2일째부터는 기수를 사용합니다.

- Oggi è **il** 13. 오늘은 13일이다.
- Oggi è **il** 13 gennaio. 오늘은 1월 13일이다.
- Oggi è **il** 13 gennaio 2023. 오늘은 2023년 1월 13일이다.

- Oggi è **il** primo luglio. 오늘은 7월 1일이다.
- Oggi è **il** due luglio. 오늘은 7월 2일이다.
- Oggi è **il** due luglio 2024. 오늘은 2024년 7월 2일이다.

Occhio!

날짜를 물을 때, 앞서 요일을 묻는 표현으로 배운 'Che giorno è oggi?'로도 많이 말합니다. 엄밀히 따지면 요일을 묻는 표현이지만, 회화에서 종종 'Quanti ne abbiamo oggi?'를 대체하여 쓰기 때문에, 묻는 사람의 의도에 맞게 적절한 대답을 해야 합니다. 예를 들어, 'Che giorno è oggi?'라고 누군가 물었을 때, 맥락에 따라 'Oggi è mercoledì. 오늘은 수요일이야.' 또는 'Oggi è il 15 aprile. 오늘은 4월 15일이야.'라고 대답해 주면 되겠죠?

Scrivi

실력 높이 GO!

Track 15-03

1 녹음을 듣고, 빈칸에 알맞은 말을 쓰세요.

Anna: Hai fatto i compiti di storia europea?
Paolo: No, non ancora. Perchè? Che [ⓐ] è oggi?
Anna: Oggi è [ⓑ] 15 settembre.
Paolo: No. Che giorno della [ⓒ]?
Anna: Ah, scusa! Oggi è [ⓓ].

2 단어의 순서를 알맞게 배열하여 문장을 만들어 보세요.

ⓐ oggi, giorno, che, è (오늘 무슨 요일이니?)
ⓑ dodici, è, il, agosto, oggi (오늘은 8월 12일이다.)
ⓒ abbiamo, ne, oggi, quanti (오늘 며칠이야?)

ⓐ

ⓑ

ⓒ

3 다음 숫자로 쓰인 날짜를 이탈리아어로 써 보세요.

ⓐ 2005/8/12

ⓑ 1992/1/1

ⓒ 2019/12/30

ⓓ 2020/3/10

4 아래의 문장을 이탈리아어로 작문하고, 정답을 확인한 다음 올바른 문장을 소리 내어 말해 보세요.

ⓐ 오늘 날씨가 어때?
ⓑ 날씨가 좋다.
ⓒ 비가 온다.

ⓐ

ⓑ

ⓒ

정답

❶ ⓐ giorno ⓑ il ⓒ settimana ⓓ lunedì

❷ ⓐ Che giorno è oggi? ⓑ Oggi è il dodici agosto. ⓒ Quanti ne abbiamo oggi?

❸ ⓐ dodici/agosto/duemilacinque ⓑ primo/gennaio/millenovecentonovantadue
ⓒ trenta/dicembre/duemiladiciannove ⓓ dieci/marzo/duemilaventi

❹ ⓐ Che tempo fa oggi? ⓑ Fa bel tempo. ⓒ Piove.

Parole

어휘 늘리GO!

Track 15-04

'giorni 요일' 말하기

lunedì	월요일
martedì	화요일
mercoledì	수요일
giovedì	목요일
venerdì	금요일
sabato	토요일
domenica	일요일

- 평일 giorno di lavoro / giorno feriale
- 휴일 giorno festivo

'mesi 월' 말하기

gennaio	1월
febbraio	2월
marzo	3월
aprile	4월
maggio	5월
giugno	6월
luglio	7월
agosto	8월
settembre	9월
ottobre	10월
novembre	11월
dicembre	12월

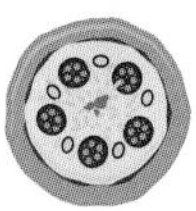

심심찮게 일어나는 파업

이탈리아를 여행하다 보면, 'sciopero 파업'으로 인해 도시의 교통이 중단되거나, 공공 기관의 업무를 볼 수 없게 되는 상황이 종종 발생합니다. 특히, 여행객들의 발을 묶는 기차나 버스, 지하철, 트램 등의 교통 파업은 한 해에만 전국적으로 100일 이상 일어나는 경우도 있습니다. 1년 중 3분의 1 가량 되는 기간 동안 파업이 있을 정도이니, 이탈리아 국민들 뿐만 아니라 해외 여행객들도 한 번쯤 이탈리아의 파업으로 인한 불편을 경험할 가능성이 높습니다.

이탈리아 사람들에게 잦은 파업은 어느덧 일상이 된 지 오래입니다. 교통 파업이 예고된 날에는 어쩔 수 없이 매우 제한된 시간과 횟수로만 운행되는 대체 교통수단을 이용하거나, 장시간 걸어서 볼일을 보러 가기도 합니다. 이탈리아에 이렇게 많은 교통 파업이 존재하는 이유는 종사자들의 열악한 근무 환경과 낮은 연봉 때문이라고 합니다. 이렇게 잦은 교통 파업은 특히 금요일에 많습니다.

팁을 드리자면, 대중교통을 이용하기 전 먼저 www.uniquevisitor.it/magazine/sciopero-aerei-treni.php나 www.mycwt.com/it/it/newsletter/scioperi등의 사이트에서 파업 예정 날짜와 시간을 확인하는 편이 안전합니다.

▲ 이탈리아 밀라노 도시교통공사(ATM)가 관리하고 있는 밀라노 대성당 근처의 지하철역. ATM의 노조원들은 2022년에 밀라노 운수종사자들을 위한 안전 대책 마련을 요구하며 파업한 적이 있다.

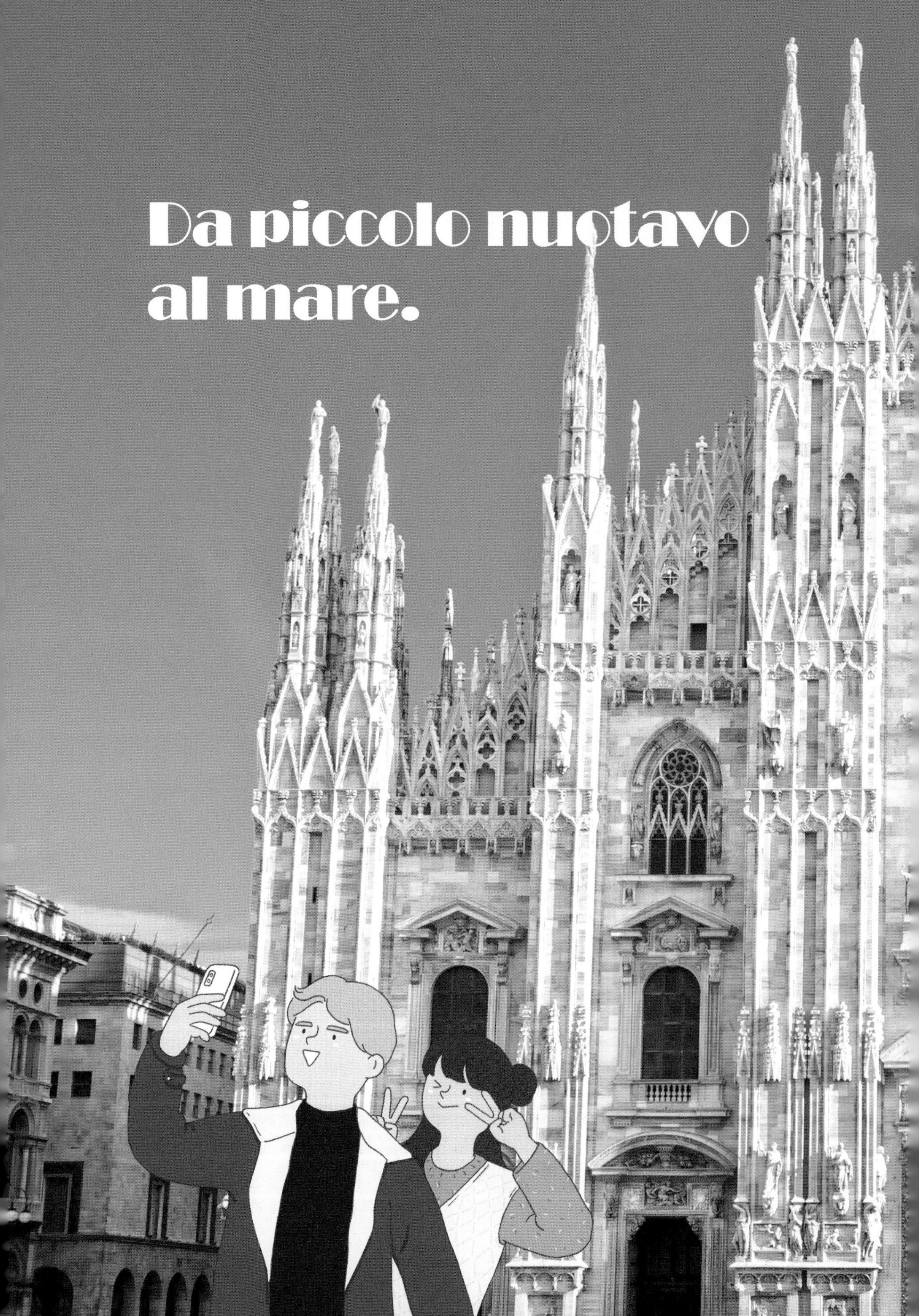
Da piccolo nuotavo
al mare.

Lezione

16

Da piccolo nuotavo al mare.

어렸을 때 난 바다에서
수영하곤 했어.

16강

학습 목표

과거 상황 묘사하기
찬성, 반대 말하기

공부할 내용

직설법 반과거
stare 동사와 과거진행형

주요 표현

Quando ero piccolo, andavo al mare.
Quando sono uscita di casa, pioveva.
Mentre venivo, ho incontrato Lucia.
Mentre dormivo, sognavo.
Stavo lavorando.

◀ 알프스 이북 지역의 영향을 받아 고딕 양식으로 지어진 밀라노 두오모. 장엄한 외관과 화려한 조각상 장식, 내부의 스테인드글라스가 볼거리이다.

Parla

말문 트GO!

Dialogo 1 Track 16-01

루이지는 바다 수영을 좋아합니다.

Anna	Come mai sei qui? Non dovevi studiare in biblioteca per preparare l'esame?	안나	왜 너 여기에 있어? 시험 준비하기 위해 도서관에서 공부했어야 하지 않아?
Luigi	Sì. Ma mi sentivo molto stanco, ho deciso di tornare a casa.	루이지	응. 근데 너무 피곤해서, 집으로 돌아가기로 결정했어.
Anna	Poverino! Allora, adesso stai tornando a casa?	안나	저런! 그럼 지금 집에 가는 중이니?
Luigi	Sì, e tu?	루이지	응, 너는?
Anna	Stavo andando in piscina. Mi piace molto nuotare. Sai nuotare?	안나	난 수영장에 가고 있는 중이었어. 나는 수영하는 것을 좋아해. 너 수영할 줄 아니?
Luigi	Certo! Da piccolo nuotavo al mare. So nuotare molto bene.	루이지	물론! 어렸을 때 바다에서 수영하곤 했어. 난 수영을 매우 잘할 줄 알아.
Anna	Io invece sto imparando a nuotare. È molto divertente ma anche molto difficile.	안나	근데 나는 수영을 배우는 중이야. 정말 재밌는데 아주 어렵기도 해.
Luigi	Sì. Devi stare attenta quando nuoti. È pericoloso.	루이지	그래. 수영할 때 조심해야 돼. 위험하니까.
Anna	Hai ragione.	안나	네 말이 맞아.

VOCA BOLI

dovevi (조동) 동사 'dovere ~해야만 한다'의 2인칭 단수 직설법 반과거 **biblioteca** (명) 도서관 **mi sentivo** (재귀동사) 동사 'sentirsi 상태가 ~하다'의 1인칭 단수 직설법 반과거 **deciso** (과거분사) 'decidere 결정하다'의 과거분사형 **poverino** (명) 불쌍한 사람 **tornando** 동사 'tornare 돌아가다'의 현재분사형 **imparando** 동사 'imparare 배우다'의 현재분사형 **pericoloso** (형) 위험한 **ragione** (명) 이성, 판단, 옳음

포인트 잡GO!

앞서 의문사 'perché 왜, 어째서'를 배웠습니다. 'Come mai?'는 perché의 매우 구어적인 표현으로 perché 대신 쓸 수 있습니다. 단, 문어체에서는 come mai를 사용할 수 없습니다.

Perché sei qui?	너 **왜** 여기에 있어?
Come mai sei qui?	너 **왜** 여기에 있어?

Chiavi

핵심 배우GO!

1 반과거 시제로 말하기

반과거는 '지속성이 있는 과거의 행위, 상황, 모습'을 나타내는 시제입니다. 근과거 문장과 비교하여 알아 보겠습니다.

- Mi **sono sentito** molto stanco. 나는 매우 피곤**했다**.
- Mi **sentivo** molto stanco. 나는 매우 피곤**했다**.

위에서 첫 번째 문장은 'sentirsi 상태가 ~하다'의 근과거형이고, 두 번째 문장은 반과거형으로 쓰였습니다. 뉘앙스상 반과거 문장은 '과거에서 어떤 지속성을 가진 시간 동안' 피곤했다는 의미를 띱니다.

- **Da piccolo** nuotavo al mare. **어렸을 때** 난 바다에서 수영하곤 했다.
- **Da bambino** frequentavo una scuola privata. **어렸을 때** 나는 사립 학교를 다녔었다.

반과거 표현들은 'da piccolo / da bambino 어렸을 때'와 같이 과거의 지속적 기간을 뜻하는 전치사구를 동반한다는 점을 알 수 있습니다. 단, 지속성을 띤 시간적 표현이 없더라도 화자가 과거의 지속성을 특별히 강조하려는 경우, 다음과 같이 근과거 대신 반과거를 사용할 수 있습니다.

- **Dimenticavo** di comprare il latte. 나는 우유 사는 것을 **잊고 있었다**.

2 찬성, 반대 말하기

'Avere ragione' 외에도 찬성 또는 반대 표현을 다양하게 말해 봅시다.

- Hai ragione. (네 말이) 맞아.
- Hai torto. 네가 틀렸어, 맞지 않아.
- È vero. 맞아, 진실이야.
- Non è vero. 맞지 않아. 진실이 아니야.
- Certo. 물론이지.
- Certo che no. 물론 아니야.
- Sono d'accordo. 나는 네 말에 동의해.
- Non sono d'accordo. 나는 네 말에 동의할 수 없어.
- Penso di sì. 나는 그렇게 생각해. (그런 것 같아.)
- Penso di no. 나는 아니라고 생각해. (아닌 것 같아.)
- Ti sbagli. 네가 실수하는 거야. (잘못 알고 있어.)

Parla

말문 트GO!

Dialogo 2 Track 16-02

안나와 파올로는 루치아를 만난 지 오래되었습니다.

Paolo Sei in ritardo di venti minuti! Come mai?

Anna Mi dispiace tanto! Quando sono uscita di casa, pioveva. E sono dovuta tornare a casa per cercare il mio ombrello, ma non c'era. L'ho cercato dappertutto.

Paolo Ho capito. Allora, ordiniamo qualcosa da mangiare? Ho molta fame.

Anna Certo! Cosa mangiamo?

Paolo Ah, quasi dimenticavo... Mentre venivo, ho incontrato Lucia.

Anna Davvero? Come sta? Non la vedo da molto tempo.

Paolo Sta bene. Mi ha detto che stava a Parigi per lavoro.

Anna Meno male. Ero molto preoccupata per lei.

파올로 너 20분 늦었네! 왜?

안나 정말 미안해! 집에서 나왔을 때, 비가 오는 거야. 그래서 내 우산을 찾기 위해 집으로 돌아가야 했는데, 우산이 없는 거야. 여기저기 다 찾아 봤어.

파올로 알겠어. 그러면, 우리 먹을 것 좀 시킬까? 나 너무 배고파.

안나 물론이지! 뭐 먹을까?

파올로 아, 잊고 있었네... 오는 동안, 나 루치아 만났어.

안나 정말? 그녀는 어때? 그녀를 오래 전부터 못 보고 있어.

파올로 잘 지내. 일 때문에 파리에 있었대.

안나 다행이다. 정말 그녀 걱정을 했었어.

VOCA BOLI

ritardo 명 지연, 연기 **minuti** 명 'minuto 분'의 남성 복수형 **tanto** 부 매우 **quando** 의문 언제 **usicta** 동사 'uscire 외출하다'의 과거분사형 **pioveva** 동사 'piovere 비오다'의 반과거형 **cercare** 동 찾다 **ombrello** 명 우산 **ma** 접 하지만 **era** 동사 'essere ~이다'의 3인칭 단수 반과거형 **dappertutto** 부 어디든지, 여기저기 **capito** 동사 'capire 이해하다'의 과거분사형 **ordiniamo** 동사 'ordinare 주문하다'의 1인칭 복수 직설법 현재형 **mi dimenticavo** 재귀동사 'dimenticarsi 잊다'의 1인칭 단수 반과거형 **mentre** 접 ~하는 동안 **venivo** 동사 'venire 오다'의 1인창 단수 반과거형 **davvero** 부 정말로 **vedo** 동사 'vedere 보다'의 1인칭 단수 직설법 현재형 **detto** 동사 'dire 말하다'의 과거분사형 **che** 접 (문장과 문장을 연결하는 역할) **meno** 부 덜 **male** 부 나쁘게 **mi preoccupavo** 재귀동사 'preoccuparsi 걱정하다'의 1인칭 단수 반과거형

포인트 잡GO!

'늦었다'라는 말은 부사 'in ritardo 늦게'를 사용해서 말할 수 있어요. 반대 표현인 'in anticipo 일찍, 이르게'까지 활용해 봅시다.

Sono **in ritardo.**	나는 **늦게** 왔다.	Sono **in anticipo.**	나는 **미리** 왔다.
Il treno arriva **in ritardo.**	기차는 **늦게** 도착한다.	L'autobus è partito **in anticipo.**	버스가 **일찍** 출발했다.

1 Quando로 시기를 특정하여 말하기

Quando는 의문사로 쓰이면 '언제', 접속사로 쓰이면 '~할 때'를 나타냅니다. 평서문에 쓰인 quando는 두 개의 절을 잇는 종속접속사 역할을 합니다. 'Quando + 종속절'이 주절에 선행하기도 하고, 뒤따르기도 합니다.

- **Quando sono uscita di casa**, pioveva. **내가 집에서 나왔을 때,** 비가 오고 있었다.
- Pioveva **quando sono uscita di casa.** **내가 집에서 나왔을 때** 비가 오고 있었다.
- **Quando ero giovane**, sciavo in montagna. **나는 젊었을 때,** 산에서 스키를 타곤 했었다.
- Sciavo in montagna **quando ero giovane.** **나는 젊었을 때** 산에서 스키를 타곤 했었다.

2 Mentre로 기간을 특정하여 말하기

종속접속사 'mentre ~하는 동안에'는 quando처럼 두 문장을 잇는 역할을 합니다. 주절에 선행하기도 하고, 뒤따르기도 합니다.

- **Mentre venivo**, ho incontrato Lucia. **내가 오는 동안에**, 루치아를 만났어.
- Ho incontrato Lucia **mentre venivo.** **내가 오는 동안에** 루치아를 만났어.
- **Mentre dormivo**, sognavo. **나는 잠자는 동안**, 꿈을 꿨다.
- Sognavo **mentre dormivo.** **나는 잠자는 동안** 꿈을 꿨다.

Occhio!

접속사 mentre로 연결된 주절과 종속절의 사건은 동시에 일어날 수도 있습니다. 이 경우, 말하려는 시제에 따라 주절과 종속절의 시제를 현재나 반과거로 일치시키면 됩니다. 이러한 문법 원칙을 '시제 일치'라 합니다.

Mentre cammino, ascolto la radio. 나는 걷는 동안 라디오를 듣는다. (현재 시점의 동시성)

Mentre camminavo, ascoltavo la radio. 나는 걷는 동안 라디오를 들었다. (과거 시점의 동시성)

Ricorda

문법 다지GO!

1 반과거 시제 어미 변화형

지속성을 지닌 과거의 사건이나 상황, 모습, 상태 등을 묘사하는 반과거 시제 역시 주어의 인칭에 따라 동사의 어미가 6가지 형태로 변화합니다. 반과거의 어미 변화형을 규칙 변화형과 불규칙 변화형으로 구분하여 다음의 표로 알아보겠습니다.

❶ 반과거 규칙 변화형

주격 인칭대명사	parlare	temere	sentire	capire	volere	potere	dovere
io	parlavo	temevo	sentivo	capivo	volevo	potevo	dovevo
tu	parlavi	temevi	sentivi	capivi	volevi	potevi	dovevi
lui / lei / Lei	parlava	temeva	sentiva	capiva	voleva	poteva	doveva
noi	parlavamo	temevamo	sentivamo	capivamo	volevamo	potevamo	dovevamo
voi	parlavate	temevate	sentivate	capivate	volevate	potevate	dovevate
loro	parlavano	temevano	sentivano	capivano	volevano	potevano	dovevano

❷ 반과거 불규칙 변화형

주격 인칭대명사	essere	avere	dire	fare	bere
io	ero	avevo	dicevo	facevo	bevevo
tu	eri	avevi	dicevi	facevi	bevevi
lui / lei / Lei	era	aveva	diceva	faceva	beveva
noi	eravamo	avevamo	dicevamo	facevamo	bevevamo
voi	eravate	avevate	dicevate	facevate	bevevate
loro	erano	avevano	dicevano	facevano	bevevano

2 Stare 동사와 현재분사형 결합으로 과거진행형 문장 만들기

앞서 **lezione 06**에서 stare 동사와 현재분사형을 사용한 현재진행형을 배웠습니다. 현재진행형인 경우, stare 동사의 직설법 현재형을 사용하고 뒤에 현재분사형을 함께 써서 현재진행형을 만들었습니다.

- **Sto** lavorando. 나는 일하는 **중이다**.
- **Stiamo** pranzando. 우리는 점심 먹는 **중이다**.

만약 시제를 과거로 변경하고 싶으면, stare 동사의 반과거형을 사용하면 됩니다.

stare 동사의 반과거 변화형			
io	stavo	noi	stavamo
tu	stavi	voi	stavate
lui / lei / Lei	stava	loro	stavano

- **Stavo** lavorando. 나는 일하는 중**이었다**.
- **Stavamo** pranzando. 우리는 점심 먹는 중**이었다**.

Occhio!

진행형의 시제는 오직 stare 동사의 현재형을 사용한 현재진행형과 반과거형을 사용한 과거진행형만 존재하니 주의하세요.

Track 16-03

1 녹음을 듣고, 빈칸에 알맞은 말을 쓰세요.

Paolo: Ah, quasi dimenticavo... Mentre [ⓐ   ], ho incontrato Lucia.
Anna: Davvero? Come sta? No la [ⓑ   ] da molto tempo.
Paolo: Sta bene. Mi ha detto che [ⓒ   ] a Parigi per lavoro.
Anna: Meno male. [ⓓ   ] molto preoccupata per lei.
Paolo: La chiamiamo adesso e la invitiamo a cena ?
Anna: Sì! È una buona idea!

2 단어의 순서를 알맞게 배열하여 문장을 만들어 보세요.

ⓐ al, piccolo, ero, andavo, quando, mare (어렸을 때 나는 바다에 가곤 했었다.)
ⓑ di, uscita, sono, quando, pioveva, casa (내가 집에서 나왔을 때, 비가 오고 있었다.)
ⓒ ho, Lucia, mentre, incontrato, venivo (오는 동안 나는 루치아를 만났다.)

ⓐ

ⓑ

ⓒ

3 다음 동사의 주어진 인칭에 맞는 반과거형을 쓰세요.

ⓐ io – dimenticare

ⓑ lui – venire

ⓒ noi – prendere

ⓓ loro – sognare

4 아래의 문장을 이탈리아어로 작문하고, 정답을 확인한 다음 올바른 문장을 소리 내어 말해 보세요.

ⓐ 나는 학교에 가고 있는 중이다.
ⓑ 우리는 수다 떠는 중이었다.
ⓒ 밥 먹는 동안 나는 TV를 보지 않는다.

ⓐ

ⓑ

ⓒ

정답

❶ ⓐ venivo ⓑ vedo ⓒ stava ⓓ Ero

❷ ⓐ Quando ero piccolo, andavo al mare. ⓑ Quando sono uscita di casa, pioveva.
ⓒ Mentre venivo, ho incontrato Lucia.

❸ ⓐ dimenticavo ⓑ veniva ⓒ prendevamo ⓓ sognavano

❹ ⓐ Sto andando a scuola. ⓑ Stavamo chiacchierando.
ⓒ Mentre mangio, non guardo la tv. (또는) Non guardo la tv mentre mangio.

Track 16-04

많이 쓰이는 접속사들

e	그리고
anche	~도 또한
inoltre	게다가
perfino	~조차
né	~도 ~않다
neanche	~도 또한 아니다
neppure nemmeno	~조차 ~않다
o oppure	또는, 혹은
altrimenti	그렇지 않으면
ovvero	다시 말하면
ma tuttavia però eppure	하지만
anzi	오히려, 전혀
nonostante nondimeno	~에도 불구하고
invece	반면
mentre	반면, ~동안에
al contrario	반대로
dunque perciò quindi	그래서, 따라서
cioè	즉, 다시 말해
ossia	즉
in effetti in realtà	실은

Italia

이탈리아 만나GO!

이탈리아의 'Epifania 주현절' 모습

기독교의 축제일 'Epifania 주현절'은 예수님의 신성이 공식적으로 나타남을 기리는 날로 우리말로는 주현절 또는 공현절로 불립니다. 매년 1월 6일의 축제일로, 다른 기독교 국가들에 비해 이탈리아는 이날을 매우 중요하게 여깁니다. 특히 어린아이들이 더 좋아하는 날인데, 바로 'Befana'라는 마녀 할머니가 선물을 주고 간다고 여기기 때문이에요. 이탈리아는 'Natale 크리스마스'에 산타클로스가 어린아이들에게 선물을 가져다주는 이야기를 받아들이기 훨씬 이전부터, 예수 탄생 후 12일이 지난 뒤 공식적으로 예수의 신성이 발현된 Epifania를 기념했습니다. 주현절 전날 밤에는 마녀 할머니 Befana가 아이들이 창문이나 벽난로 가까이에 걸어 놓은 양말에 선물을 주고 간다고 여기며, 착한 아이들의 양말에는 선물을 주지만 그렇지 않은 아이들의 양말에는 석탄 조각을 넣는다고 말합니다. 이러한 이탈리아의 주현절 모습은 나름대로 토속적인 풍습이라고 할 수 있습니다.

▲ Befana가 주는 선물을 받기 위해 벽난로 근처에 걸어 놓은 양말들

Cosa farai questo fine settimana?

Lezione 17

Cosa farai questo fine settimana?

이번 주말에 뭐 할 거니?

17강

학습 목표

취미 묻고 답하기
계획 묻고 답하기

공부할 내용

직설법 미래형 규칙 동사
조동사의 미래형

주요 표현

Hai qualche passatempo?
Ti piace leggere libri?
Cosa farai quest'estate?
Andrò al mare.

◀ 원형 극장 등 그리스 로마 시대의 유적들을 볼 수 있는 시라쿠사의 네아폴리스 고고학 공원

Parla

말문 트GO!

Dialogo 1 Track 17-01

안나는 독서를, 루이지는 축구를 좋아합니다.

Anna	Oggi è venerdì. Hai qualche programma dopo la lezione?	안나	오늘 금요일이네. 수업 후에 무슨 계획 있니?
Luigi	No, non ancora. E tu?	루이지	아니, 아직 없어. 너는?
Anna	Voglio andare in libreria per comprare un romanzo.	안나	서점에 가서 소설책 한 권 사고 싶어.
Luigi	Ti piace leggere libri?	루이지	너 책 읽는 거 좋아하니?
Anna	Sì, molto! Quando sono libera, cerco di leggere dei libri.	안나	응, 아주! 난 시간이 있을 때면, 책들을 읽으려고 해.
Luigi	Preferisci un romanzo giallo o d'amore?	루이지	추리 소설이나 로맨스 중 어떤 걸 선호하니?
Anna	Preferisco un romanzo giallo. E tu? Hai qualche passatempo?	안나	추리 소설을 선호해. 너는? 취미가 있니?
Luigi	Mi piace guardare delle partite di calcio.	루이지	나는 축구 경기 보는 걸 좋아해.
Anna	Per quale squadra tifi?	안나	어떤 팀을 응원하니?
Luigi	Tifo per la Juventus, la mia squadra del cuore!	루이지	유벤투스 팀을 응원해. 내 심장 같은 팀이야!
Anna	Sai giocare a calcio?	안나	너 축구할 줄 알아?
Luigi	Ma che dici? Tutti gli italiani sanno giocare a calcio!	루이지	무슨 말이야? 모든 이탈리아 사람들은 축구할 줄 알아!

programma 명 프로그램, 계획 **libreria** 명 서점 **romanzo** 명 소설책 **quando** 접 ~할 때면 **cerco** 동사 'cercare 찾다'의 1인칭 단수 직설법 현재형 (cercare di~ ~하려고 노력하다) **preferisci** 동사 'preferire 선호하다'의 2인칭 단수 직설법 현재형 **romanzo giallo** 명 추리 소설 **amore** 명 사랑 **passatempo** 명 취미 **partite** 명 'partita 경기'의 여성 복수형 **calcio** 명 축구 **squadra** 명 팀 **tifi** 동사 'tifare 응원하다'의 2인칭 단수 직설법 현재형 **cuore** 명 심장 **giocare** 동 놀다

포인트 잡GO!

'Tifare 응원하다' 동사는 어미 -are가 규칙적으로 변합니다. 자동사이므로 응원받는 대상 앞에는 전치사 per가 위치합니다. 경우에 따라 명사를 바로 목적어로 취할 수도 있습니다.

Per quale squadra tifi?	너는 어떤 팀을 응원하니?
Tifo per la Lazio.	나는 라치오 팀을 응원해.
Tifo il Milan.	나는 밀란을 응원해.

Tip Tifare 동사 대신 'fare il tifo per~' 표현을 쓸 수 있습니다.

Chiavi

핵심 배우GO!

1 취미 묻고 답하기

의문대명사 'quale 어떤 것'과 함께, 취미나 오락을 뜻하는 단어들을 결합하여 취미를 물을 수 있습니다.

- **Qual** è il tuo **passatempo/hobby** preferito? 너의 **취미는 무엇**이니?

질문에 등장한 essere 동사 또는 piacere 동사로 답변도 말해 보세요.

- Il mio hobby **è** leggere libri. 나의 취미는 책을 읽는 **것이야**.
- **Mi piace** guardare la TV. 나는 TV 보는 것을 **좋아해**.
- **Mi piace** viaggiare. 나는 여행하는 것을 **좋아해**.
- **Mi piace** nuotare in piscina. 나는 수영장에서 수영하는 것을 **좋아해**.
- **Mi piace** suonare la chitarra. 나는 기타 치는 것을 **좋아해**.

2 Piacere 동사와 preferire 동사 쓰임새 비교

자동사 'piacere ~이(가) 마음에 들다'는 간접 목적격 대명사와 함께 쓰여 '~에게 ~이(가) 마음에 들다'를 나타내는 반면, 여러 가지 선택지 중 더 선호하는 것을 나타내는 'preferire ~을(를) 선호하다, 더 좋아하다'는 반드시 목적어로서 명사나 동사 원형을 수반합니다. Preferire 동사는 어미가 -isco, -isci, -isce로 끝나는 규칙 동사입니다.

- Io **preferisco** la musica classica. 나는 클래식 음악을 **선호한다**.
- Tu **preferisci** la matematica. 너는 수학을 더 **선호한다**.
- Noi **preferiamo** andare a piedi. 우리는 걸어서 가는 것을 **선호한다**.

Tip 비교 대상이 명사면 전치사 a를, 동사면 접속사 che를 사용하면 됩니다.

Preferisco la montagna **al mare**. 나는 **바다보다** 산을 선호한다.

Tutti preferiscono viaggiare **che lavorare**. 모든 사람들은 **일하는 것보다** 여행하는 것을 선호한다.

Parla

말문 트GO!

Dialogo 2 Track 17-02

여름 방학 동안 안나는 밀라노를 여행할 계획입니다.

Luigi	Finalmente stanno per cominciare le vacanze estive!	루이지	마침내 여름 방학이 시작하려고 해!
Anna	Sì! Non vedo l'ora!	안나	그래! 나는 몹시 기다리고 있어!
Luigi	Cosa farai quest'estate?	루이지	이번 여름에 뭐 할 거니?
Anna	Viaggerò in Italia. E tu?	안나	이탈리아 여행할 거야. 넌?
Luigi	Io tornerò nel mio paese e passerò il tempo con la mia famiglia. Cosa pensi di visitare?	루이지	고향으로 돌아가서 가족들과 시간을 보낼 거야. 어디를 방문할 생각이니?
Anna	Naturalmente visiterò Milano. Mi interesso molto di moda. Voglio visitare i musei, le chiese e anche dei negozi lussuosi.	안나	물론 밀라노를 방문할 거야. 나는 패션에 관심이 매우 많아. 박물관들이랑 교회 그리고 화려한 상점들도 방문하고 싶어.
Luigi	Che bella idea! Dovrai anche visitare la chiesa di Santa Maria delle Grazie. Lì c'è il capolavoro di Leonardo da Vinci.	루이지	멋진 생각이다! 너 산타 마리아 델레 그라찌에 성당도 방문해야만 할 거야. 거기에는 레오나르도 다 빈치의 걸작이 있거든.
Anna	Volentieri! Grazie per l'informazione!	안나	기꺼이! 정보 고마워!
Luigi	Prego!	루이지	천만에!

VOCA BOLI

finalmente 부 마침내 **estive** 형 'estivo 여름의'의 여성 복수형 **cosa** 의문사 어떤 것, 무슨 일, 무엇 **viaggerò** 동사 'viaggiare 여행하다'의 1인칭 단수 미래형 **tornerò** 동사 'tornare 돌아가다'의 1인칭 단수 미래형 **paese** 명 마을, 국가 **naturalmente** 부 물론 **visiterò** 동사 'visitare 방문하다'의 1인칭 단수 미래형 **moda** 명 유행, 패션 **lussuosi** 형 'lussuoso 화려한, 사치스러운'의 남성 복수형 **che** 감 (보통은 뒤에 명사 또는 형용사와 함께 사용) **dovrai** 동사 'dovere ~해야 한다'의 1인칭 단수 미래형 **capolavoro** 명 걸작

포인트 잡GO!

'Non vedere l'ora.'는 직역하면 '시간을 보지 않는다.'로, '몹시 기다리다, 학수고대하다'를 의미하는 숙어 표현입니다. 대상을 함께 말하고 싶다면 l'ora 뒤에 '전치사 di + 동사 원형'으로 나타냅니다.

Non vedo l'ora di incontrarti!	나는 널 만나길 몹시 기다리고 있어!
Non vedo l'ora!	학수고대 중이야!

Chiavi

핵심 배우GO!

1 'Stare per + 동사 원형' 구조로 말하기

자동사 stare는 단독으로 쓰였을 때 '~(이)다', '~있다', '(상태가) ~하다' 등의 의미로 쓰이며, 어미가 규칙 형태로 변화하는 동사입니다.

- Sto a casa. — 나는 집에 있다.
- Dove stanno le chiavi? — 열쇠 어디 있어?

'Stare + per +동사 원형' 구조로 쓰이면 '막 ~하려 하다'의 의미가 되는데, 주어의 인칭에 따라 형태가 변화하는 동사는 stare이며, 본동사는 per 뒤에 동사 원형의 형태로 옵니다.

- **Stiamo per dormire.** — 우리는 **막 잠 자려던 중이다**.
- Paolo e Anna **stanno per uscire.** — 파올로와 안나는 **막 외출하려던 참이다**.

2 직설법 미래형으로 표현하기

직설법 미래형은 보통 미래에 일어날 일을 표현하는 데 쓰이지만, 현재 시점의 불확실성이나 추측, 명령의 의미도 나타낼 수 있습니다. 직설법 미래형의 동사 변화형은 문법 다지GO! 코너에서 좀 더 자세히 학습하겠습니다.

❶ 미래의 사건

- Cosa **farai** quest'estate? — 올 여름에 뭐 **할 거니**?
- **Viaggerò** in Italia. — 이탈리아를 여행**할 거야**.

❷ 현재 시점의 불확실성 또는 추측

- Che ore sono? **Saranno** le nove. — 지금 몇 시야? / 아마 아홉 시**일 거야**.
- **Sarà** l'una. — 한 시**일 거야**.

Tip Essere 동사의 직설법 미래형에 대해서는 **lezione 18**에서 자세히 배우겠습니다.

❸ 명령

- **Dovrai** anche visitare la chiesa di Santa Maria delle Grazie.
  너는 산타 마리아 델레 그라찌에 성당도 방문해야**만 해**.

Ricorda

문법 다지GO!

1 규칙 동사 미래형

이탈리아어 동사의 미래형은 동사 원형의 어미에서 -are/-ere/-ire를 떼고 미래형 어미를 붙여서 표현할 수 있습니다. -ire의 경우 sentire처럼 직설법 현재형이 sento, senti, sente..로 변하는 1군형과 capire처럼 capisco, capisci, capisce...로 변하는 2군형이 똑같이 변하므로 주의해야 합니다. 또한, 1인칭 단수 인칭 변화형과 3인칭 단수 인칭 변화형에서는 마지막 모음에 강세가 있으므로 주의해야 합니다. 마지막 모음에 강세가 있는 경우 표기법으로 반드시 강세 표기를 해 줘야 합니다.

주격 인칭대명사	parlare	prendere	sentire	capire
io	parlerò	prenderò	sentirò	capirò
tu	parlerai	prenderai	sentirai	capirai
lui / lei / Lei	parlerà	prenderà	sentirà	capirà
noi	parleremo	prenderemo	sentiremo	capiremo
voi	parlerete	prenderete	sentirete	capirete
loro	parleranno	prenderanno	sentiranno	capiranno

❶ 주의해야 할 동사 변화형 1

-care / -gare로 끝나는 동사들은 동사 원형의 -까레 / -가레에서 ㄲ / ㄱ 발음 규칙을 유지하기 위해 묵음인 h를 c / g와 결합시켜 -ch- / -gh- 형태로 변화합니다.

주격 인칭대명사	cercare	pagare
io	cercherò	pagherò
tu	cercherai	pagherai
lui / lei / Lei	cercherà	pagherà
noi	cercheremo	pagheremo
voi	cercherete	pagherete
loro	cercheranno	pagheranno

❷ 주의해야 할 동사 변화형 2

-ciare나 -giare로 끝나는 동사들은 c와 g 뒤에 오는 모음 i를 생략합니다.

주격 인칭대명사	mangiare	cominciare
io	mangerò	comincerò
tu	mangerai	comincerai
lui / lei / Lei	mangerà	comincerà
noi	mangeremo	cominceremo
voi	mangerete	comincerete
loro	mangeranno	cominceranno

2 조동사의 미래형

조동사 volere, potere, dovere 뒤에 동사 원형이 오는 조동사 구문을 미래형으로 만들 땐 조동사를 미래형으로 바꾸며, 본동사는 동사 원형 형태입니다. 조동사 volere, potere, dovere는 미래 동사 변화형이 불규칙이므로, 따로 암기해야 합니다.

주격 인칭대명사	volere	potere	dovere
io	vorrò	potrò	dovrò
tu	vorrai	potrai	dovrai
lui / lei / Lei	vorrà	potrà	dovrà
noi	vorremo	potremo	dovremo
voi	vorrete	potrete	dovrete
loro	vorranno	potranno	dovranno

- **Vorrai** rimanere a casa. 너는 집에 머무르고 싶**을 거야**.
- **Potremo** finire il lavore entro le 9. 우리는 9시까지 일을 마칠 수 있**을 것이다**.
- **Dovrò** lavare i piatti. 나는 설거지를 해야만 **할 거야**.

Scrivi

Track 17-03

1 녹음을 듣고, 빈칸에 알맞은 말을 쓰세요.

Luigi: Finalmente stanno [ⓐ] cominciare le vacanze estive!
Anna: Sì! Non vedo [ⓑ]!
Luigi: Cosa farai quest'estate?
Anna: [ⓒ] in Italia. E tu?
Luigi: Io tornerò nel mio paese e passerò il tempo con la mia famiglia. Cosa pensi di visitare?
Anna: Naturalmente [ⓓ] Milano. Mi interesso molto di moda. Voglio visitare i musei, le chiese e anche dei negozi lussuosi.

2 단어의 순서를 알맞게 배열하여 문장을 만들어 보세요.

ⓐ Juventus, tifo, per, la (나는 유벤투스를 응원해.)
ⓑ preferito, il, qual, passatempo, tuo, è (너의 취미가 무엇이니?)
ⓒ estate, cosa, questa, farai (이번 여름에 뭐 할 거니?)

ⓐ

ⓑ

ⓒ

3 다음 동사 미래형의 원형을 쓰세요.

ⓐ parlerò

ⓑ prenderemo

ⓒ cercherà

ⓓ mangeranno

4 아래의 문장을 이탈리아어로 작문하고, 정답을 확인한 다음 올바른 문장을 소리 내어 말해 보세요.

ⓐ 우리는 막 자려던 참이다.
ⓑ 아마 9시일 거야.
ⓒ 나는 여행하는 것을 좋아해.

ⓐ

ⓑ

ⓒ

정답

❶ ⓐ per ⓑ l'ora ⓒ Viaggerò ⓓ visiterò

❷ ⓐ Tifo per la Juventus. ⓑ Qual è il tuo passatempo preferito? ⓒ Cosa farai quest'estate?

❸ ⓐ parlare ⓑ prendere ⓒ cercare ⓓ mangiare

❹ ⓐ Stiamo per dormire. ⓑ Saranno le nove. ⓒ Mi piace viaggiare.

Parole

어휘 늘리GO!

Track 17-04

극장에서

lo schermo	스크린
le poltrone	의자
il biglietto	티켓
l'orario spettacoli	상영 시간표
l'uscita di sicurezza	비상구
il titolo del film	영화 제목
il nome del regista	감독 이름
gli attori	배우들
il manifesto	포스터
il film giallo	추리 영화
il film poliziesco	경찰 영화
il film comico	코믹 영화
il film horror	공포 영화
il film di fantascienza	판타지 영화
il film d'avventura	모험 영화
il film d'amore	사랑 영화
il film di guerra	전쟁 영화

서점에서

la libreria	서점
il giornale il quotidiano	신문
la rivista (di moda)	(패션) 잡지
il fumetti	만화책
il romanzo d'amore	로맨스 소설
il libro giallo	추리 소설
la raccolta di poesie	시집
la poesia	시
la storia	역사
la biografia	전기
il saggio	에세이
l'epica	서사시
la narrativa	소설

Italia

이탈리아 만나 GO!

이탈리아의 글로벌 기업

이탈리아는 중소 기업이 매우 많은 나라예요. 특히 50명 미만의 소기업이 이탈리아 전체 산업 고용 기여도의 3분의 2 이상을 차지할 정도예요. 이는 다른 유럽 경제 대국에 비해서도 높은 수준입니다. 특유의 장인 정신과 창의적인 기업가 정신을 바탕으로 한 중소기업이 탄탄하게 자리 잡은 편입니다. 반면, 종사자 250명 이상 대기업의 수는 3,000여 곳으로, 다른 유럽 국가들과 비교한다면 EU 평균 대기업 생산액 대비 낮은 수준입니다.

중소기업 중에서는 특히 섬유, 의류, 가구, 피혁, 귀금속, 디자인 등의 분야가 발전하였고, 제조업 분야인 자동차, 기계, 화학, 의류, 직물 등의 분야에서도 이탈리아 기업들은 강세를 보이고 있어요. 우리에게 잘 알려진 마세라티와 람보르기니, 페라리는 이탈리아의 가장 대표적인 하이엔드 자동차 브랜드입니다. 커피의 최대 소비 국가답게 드롱기, 라바짜, 파스쿠치, 일리, 세가프레도 등 세계적인 커피 제품 브랜드를 보유하고 있기도 하지요. 또한 디자인과 직물이 발달한 국가답게 디젤, 만다리나 덕, 골든구스, 베네통, GEOX, 페라가모, 프라다, 구치, 돌체 앤 가바나, 보테가 베네타 등 패션 관련 글로벌 기업 중에서도 이탈리아 회사가 많습니다.

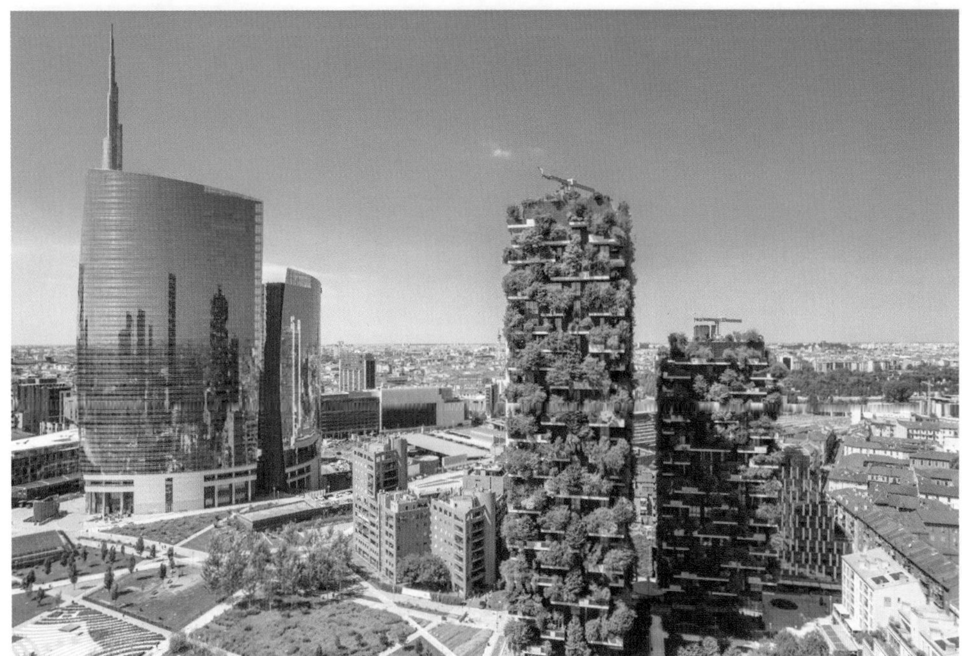

▲ 이탈리아의 경제 중심지인 밀라노에 있는 'Porta Nuova 포르타 누오바' 상업지구

Andrò a spedire il pacco alla posta.

Lezione
18

Andrò a spedire il pacco alla posta.

이 소포를 보내기 위해 우체국에 갈 거야.

18강

학습 목표
관공서 관련 용어, 표현 익히기

공부할 내용
직설법 미래형 불규칙 동사
se 가정법
선립 미래

주요 표현
Altrimenti pagherò la multa.
Ci sarà molta gente.
Se vuoi, ti accompagno.
Appena avrò preparato tutti i documenti, lo richiederò.
Quando tornerò in Italia, il mio permesso di soggiorno sarà già scaduto.

◀ 해안가 집의 테라스 풍경과 레몬 정원을 보기 위해 많은 여행객들이 남부에 위치한 포지타노 마을을 찾는다.

Parla

말문 트GO!

Dialogo 1 Track 18-01

안나는 버스를 타고 우체국에 가야 합니다.

Anna	Ciao!	안나	안녕!
Paolo	Ciao! Cosa stai facendo?	파올로	안녕! 뭐 하고 있는 중이니?
Anna	Preparo i documenti per il rinnovo del mio permesso di soggiorno. Devo rinnovarlo ogni anno. Altrimenti pagherò la multa.	안나	체류 허가증 갱신을 위한 서류를 준비하고 있어. 매년 그것을 갱신해야만 해. 그렇지 않으면 벌금을 낼 거야.
Paolo	Ti do una mano?	파올로	좀 도와줄까?
Anna	No, grazie. Ho quasi finito.	안나	아니, 괜찮아. 거의 끝냈어.
Paolo	Dopo la preparazione, cosa farai?	파올로	준비 끝나면, 뭐 할 거니?
Anna	Andrò a spedire il pacco alla posta.	안나	이 소포를 보내기 위해 우체국에 갈 거야.
Paolo	A quest'ora ci sarà molta gente all'ufficio postale. Se vuoi, ti accompagno.	파올로	이 시간에는 사람들이 많겠는데. 원하면 너와 같이 가 줄게.
Anna	Grazie!	안나	고마워!
Paolo	Ci andrai a piedi o prenderai un autous?	파올로	그곳에 걸어갈 거니 아니면 버스 타고 갈 거니?
Anna	Ci andrò con l'autobus.	안나	버스 타고 갈 거야.

rinnovo 명 갱신 **permesso di soggiorno** 명 체류 허가증 **altrimenti** 접 그렇지 않으면 **multa** 명 벌금 **spedire** 동 발송하다 **pacco** 명 소포 **posta** 명 우편, 우체국 **gente** 명 사람 **ufficio postale** 명 우체국 **se** 접 만약 ~한다면 **accompagno** 동사 'accompagnare 동행하다'의 1인칭 단수 직설법 현재형

포인트 잡GO!

'~을(를) 도와주다'라는 표현은 'mano 손'과 'dare 주다'로 이루어진 숙어 'dare una mano a qualcuno ~에게 도움을 주다'로 말할 수 있습니다. 직역하면 '~에게 손 하나를 주다'이니, '도와주다'의 의미와 일맥상통하죠? 도움을 받을 대상은 간접 목적격 대명사나 '전치사 a + 대상'으로 나타냅니다.

Ti do una mano?	내가 널 좀 도와줄까?
Do una mano a Elena.	나는 엘레나에게 도움을 준다.

Chiavi

핵심 배우GO!

1 Essere 동사의 미래형 말하기

Essere 동사의 미래형은 주어의 인칭에 따라 불규칙하게 변화합니다. 대화문에 등장한 ci sarà는 '~이(가) 있다'라는 c'è의 미래형으로서 '~이(가) 있을 것이다'라는 의미가 됩니다.

- C'è molta gente. 많은 사람이 있다.
- **Ci sarà** molta gente. 많은 사람들이 **있을 것이다**.

- Ci sono molte persone. 많은 사람이 있다.
- **Ci saranno** molte persone. 많은 사람들이 **있을 것이다**.

이 외의 essere 동사의 미래형은 문법 **다지GO!** 코너에서 학습하겠습니다.

2 가정문 말하기

가정문을 만들 때 쓰이는 접속사 'se 만약 ~한다면'을 활용해 말해 보세요. Se는 가정문을 만드는 종속접속사의 역할을 합니다. 앞서 배운 quando나 mentre와 마찬가지로 'se+종속절'은 주절을 선행할 수도, 뒤따를 수도 있습니다.

- **Se vuoi**, ti accompagno. **만약 네가 원한다면,** 너를 데려다줄게.
- Ti accompagno, **se vuoi**. **만약 네가 원한다면** 너를 데려다줄게.

접속사 'se + 조동사' 구문을 활용하여 만들 수 있는 간단한 표현들로 'Se + volere, ~ 만약 원한다면, ~' 'Se + potere, ~ 만약 할 수 있다면, ~', 'Se + dovere, ~ 만약 해야만 한다면, ~' 등이 있습니다. 다음과 같이 활용해서 가정문을 말해 보세요.

- **Se volete**, potete rimanere a casa. **만약 너희가 원한다면**, 너희는 집에 머물러 있을 수 있다.
- **Se posso**, lo faccio. **만약 내가 할 수 있다면**, 그것을 할 것이다.
- **Se devo lavorare**, mi devi pagare. **만약 내가 일해야 한다면**, 너는 나에게 돈을 지불해야 해.

Parla

말문 트GO!

Dialogo 2 Track 18-02

외국인 사무실 볼일은 한 번에 처리하기 너무 어려워요.

Anna Buongiorno! Voglio rinnovare il mio permesso di soggiorno.

Impiegata Il suo passaporto, per favore.

Anna Ecco a lei. Tutto a posto?

Impiegata Mi dispiace. Manca una copia della sua assicurazione sanitaria.

Anna Accidenti! L'avrò lasciata a casa. Allora, cosa devo fare?

Impiegata Dovrà tornare fra quindici giorni con la copia della sua assicurazione.

Anna No, non posso. Fra qualche giorno partirò per la Germania. Quando tornerò in Italia, il mio permesso di soggiorno sarà già scaduto.

Impiegata Con il permesso di soggiorno scaduto, ci sarà qualche problema.

Anna Allora cambierò la data di partenza. Appena avrò preparato tutti i documenti, lo richiederò.

안나 안녕하세요! 제 체류 허가증을 갱신하고 싶어요.

직원 여권 주세요.

안나 여기요. 모두 괜찮나요?

직원 미안합니다. 의료 보험증의 복사본이 부족하네요.

안나 이런! 집에 그것을 두고 왔나 봐요. 그럼, 이제 제가 무엇을 해야 하죠?

직원 의료 보험증 복사본을 가지고 15일 뒤에 다시 오셔야 합니다.

안나 안돼요. 며칠 뒤면 독일로 출발해요. 이탈리아에 돌아왔을 때면 이미 제 체류 허가증은 기한이 만료됐을 거예요.

직원 만료된 체류 허가증으로 문제가 있을 겁니다.

안나 그럼 출발 날짜를 바꿔야겠네요. 모든 서류가 준비되자마자, 다시 그것을 요청하겠습니다.

VOCA BOLI

passaporto 명 여권 **a posto** 부 제대로 된 **manca** 동사 'mancare ~이(가) 부족하다'의 3인칭 단수 직설법 현재형 **copia** 명 복사본 **assicurazione** 명 보험 **sanitaria** 형 'sanitario 의료의'의 여성 단수형 **Germania** 고유 독일 **scaduto** 과거분사 동사 'scadere 만료되다'의 과거분사형 **richiederò** 동사 'richiedere 다시 요청하다'의 1인칭 단수 미래형

포인트 잡GO!

남성 명사 'posto 자리, 위치'는 전치사 a와 함께 'a posto 제자리에'라는 뜻으로 결합해서 다양한 의미로 쓰여요. 'Ha i documenti a posto?'는 '제대로 된' 서류가 준비되었는지를 묻는 표현이며, 'Tutto a posto?'는 모든 게 괜찮은지를 묻는 표현입니다. A posto와 발음이 같아 혼동하기 쉬운 'apposta 일부러'도 알아 두세요.

Chiavi

핵심 배우 GO!

1 선립 미래 말하기

선립 미래형은 'essere / avere 동사의 미래형 + 과거분사' 구조입니다. 단순 미래와 함께 쓰여 미래의 두 사건 중 선행하는 사건에 쓰이는 미래형입니다. 종속접속사인 'dopo che ~한 뒤에', 'quando ~할 때' 등과 함께 종속절에 쓰이는 미래형이 선립 미래인데, 주절인 단순 미래를 선행할 수도 있고 뒤따를 수도 있습니다.

- **Quando tornerò in Italia**, il mio permesso di soggiorno sarà già scaduto.
  내가 이탈리아에 돌아왔을 때면, 나의 체류 허가증은 이미 기한이 만기됐을 것이다.

- Il mio permesso di soggiorno sarà già scaduto **quando tornerò in Italia**.
  내가 이탈리아에 돌아왔을 때면 나의 체류 허가증은 이미 기한이 만기됐을 것이다.

- **Dopo che avrò finito di lavorare**, tornerò a casa. **일을 끝낸 뒤에,** 집으로 돌아갈 것이다.

- Tornerò a casa **dopo che avrò finito di lavorare.** **일을 끝낸 뒤에** 집으로 돌아갈 것이다.

Tip 기준이 되는 미래는 단순 미래로 나타내고, 단순 미래 이전에 완료될 미래는 선립 미래로 나타냅니다.

2 선립 미래형으로 과거 시점의 추측이나 불확실성 말하기

앞서 배운 단순 미래가 현재의 추측이나 불확실성을 나타냈듯이, 선립 미래는 '과거' 시점의 추측이나 불확실성을 나타낼 때 쓰일 수 있습니다.

- L'**avrò lasciato** a casa. 그것을 아마 집에 **두고 왔을 거야**.

위의 문장에서 'lasciare 남겨두다, 놓다'가 선립 미래로 쓰이며 과거의 불확실성이나 추측을 나타냈습니다. 만약 단문에서 선립 미래형이 등장했다면 이 문장은 과거 시점의 추측이나 불확실성을 나타내는 것이므로 주의해야 합니다.

- A che ora Alessio è tornato a casa? 언제 알레시오가 집에 돌아왔어?

- **Sarà tornato** alle tre di mattino. 아마 새벽 세 시에 **돌아왔을 거야**.

Ricorda

문법 다지GO!

1 불규칙 미래형

앞서 **lezione 17**에서 직설법 단순 미래 규칙형을 배웠습니다. 이번 **lezione 18**에서는 미래형 동사 불규칙 변화형을 배우겠습니다. 미래형을 배울 때 반드시 숙지해야 할 불규칙 미래 변화형은 다음의 표로 한눈에 살펴보겠습니다. 미래형 규칙형과 불규칙형 모두 1인칭 단수형과 3인칭 단수형에 강세 표기가 있으니, 빠뜨리지 않도록 각별히 주의하세요.

주격 인칭대명사	essere	avere	stare	fare	dare
io	sarò	avrò	starò	farò	darò
tu	sarai	avrai	starai	farai	darai
lui / lei / Lei	sarà	avrà	starà	farà	darà
noi	saremo	avremo	staremo	faremo	daremo
voi	sarete	avrete	starete	farete	darete
loro	saranno	avranno	staranno	faranno	daranno

주격 인칭대명사	andare	venire	rimanere	bere	sapere
io	andrò	verrò	rimarrò	berrò	saprò
tu	andrai	verrai	rimarrai	berrai	saprai
lui / lei / Lei	andrà	verrà	rimarrà	berrà	saprà
noi	andremo	verremo	rimarremo	berremo	sapremo
voi	andrete	verrete	rimarrete	berrete	saprete
loro	andranno	verranno	rimarranno	berranno	sapranno

주격 인칭대명사	potere	volere	dovere	vedere
io	potrò	vorrò	dovrò	vedrò
tu	potrai	vorrai	dovrai	vedrai
lui / lei / Lei	potrà	vorrà	dovrà	vedrà
noi	potremo	vorremo	dovremo	vedremo
voi	potrete	vorrete	dovrete	vedrete
loro	potranno	vorranno	dovranno	vedranno

2 선립 미래

선립 미래는 복문에서 미래에 일어날 두 가지 사건을 표현하는 경우, 선행하는 사건을 말할 때 종속절에 접속사와 함께 쓰이거나, 단문에서 과거 시점의 불확실성이나 추측을 나타낼 때 쓰일 수 있습니다. 선립 미래의 형태는 근과거처럼 복합 시제로, 조동사 essere / avere의 단순 미래형에 과거분사가 결합하여 표현되는 성질을 갖고 있습니다. 따라서, 선립 미래의 시제와 주어 인칭에 관한 정보는 조동사 essere / avere 동사에서 표현됩니다. 또한 근과거와 마찬가지로 essere를 조동사로 택한 선립 미래는 과거분사형을 주어의 성, 수에 일치시킵니다.

주격 인칭대명사	essere	과거분사	avere	과거분사
io	sarò	arrivato/a	avrò	mandato
tu	sarai		avrai	
lui / lei / Lei	sarà		avrà	
noi	saremo	arrivati/e	avremo	
voi	sarete		avrete	
loro	saranno		avranno	

- Appena **sarò arrivato** a casa, andrò a letto.
  나는 집에 **도착하자마자**, 잠 자러 갈 것이다.

- Appena **sarò arrivata** a casa, andrò a letto.
  나는 집에 **도착하자마자**, 잠 자러 갈 것이다.

- Appena **saremo arrivati** a casa, andremo a letto.
  우리는 집에 **도착하자마자**, 잠 자러 갈 것이다.

- Dopo che Maria **avrà mandato** la lettera, andrà al centro commerciale.
  마리아는 그 편지를 **보낸 뒤에**, 쇼핑 센터에 갈 것이다.

Scrivi

실력 높이 GO!

Track 18-03

1 녹음을 듣고, 빈칸에 알맞은 말을 쓰세요.

Luigi: Cosa stai [ⓐ]?

Anna: Preparo i documenti per il rinnovo del mio [ⓑ].
Devo rinnovarlo ogni anno. Altrimenti [ⓒ] la multa.

Luigi: Ti do una mano?

Anna: No, grazie. Ho quasi finito.

Luigi: Dopo la preparazione, cosa [ⓓ]?

Anna: Andrò a spedire il pacco alla posta.

Luigi: A quest'ora [ⓔ] molta gente all'ufficio postale. Se vuoi, ti accompagno.

Anna: Grazie!

2 단어의 순서를 알맞게 배열하여 문장을 만들어 보세요.

ⓐ volete, potete, se, a, casa, rimanere
(만약 너희들이 원하면, 집에 머무를 수 있다.)

ⓑ all', se, guadagnare, dobbiamo, viaggiare, vogliamo, estero
(만약 우리가 해외 여행을 하고 싶다면, 돈을 벌어야 한다.)

ⓒ a, tornerò, dopo, avrò, di, casa, lavorare, finito, che
(일을 마친 뒤에, 집으로 돌아갈 것이다.)

ⓐ

ⓑ

ⓒ

3 다음 동사 미래형의 원형을 쓰세요.

ⓐ andrò

____

ⓑ sarò

____

ⓒ berremo

____

ⓓ vedranno

____

4 아래의 문장을 이탈리아어로 작문하고, 정답을 확인한 다음 올바른 문장을 소리 내어 말해 보세요.

ⓐ 사람들이 많이 있을 것이다.
ⓑ 네가 원하면, 내가 같이 가 줄게.
ⓒ 모든 서류가 준비되자마자, 그것을 다시 요청할 것입니다.

ⓐ

____

ⓑ

____

ⓒ

____

정답

❶ ⓐ facendo ⓑ permesso di soggiorno ⓒ pagherò ⓓ farai ⓔ ci sarà

❷ ⓐ Se volete, potete rimanere a casa. ⓑ Se vogliamo viaggiare all'estero, dobbiamo guadagnare.
ⓒ Dopo che avrò finito di lavorare, tornerò a casa.

❸ ⓐ andare ⓑ essere ⓒ bere ⓓ vedere

❹ ⓐ Ci sarà molta gente. ⓑ Se vuoi, ti accompagno. (또는) Ti accompagno, se vuoi.
ⓒ Appena avrò preparato tutti i documenti, lo richiederò.

Parole

어휘 늘리GO!

Track 18-04

관공서에서 많이 쓰이는 어휘

l'ufficio postale	우체국
la raccomandata	등기 우편
il modulo	양식
il postino	우체부
lo sportello	창구
la coda / la fila	줄
la cassetta postale	우체통
la banca	은행
il versamento	입금
il prelievo	출금
il bancomat	현금 카드
la carta di credito	신용 카드
il numero di conto corrente	계좌 번호
la scadenza	만기일
la questura	경찰서
il rinnovo	갱신
il permesso di soggiorno	체류 허가증
il passaporto	여권
la carta d'identità	신분증
l'assicurazione	보험
la marca da bollo	인지

Italia

이탈리아 만나GO!

이탈리아에서 장 보기

이탈리아에서 장을 볼 경우 대부분은 'supermercato 슈퍼마켓'을 이용하지만, 때에 따라서는 'mercato 시장'을 이용할 수도 있습니다. 슈퍼마켓은 보통 오전 8시부터 저녁 8시까지 열고, 중간에 점심시간이 있어 문을 두 시간 정도 닫곤 하지만, 로마나 밀라노와 같은 대도시의 경우에는 중간에 쉬는 시간 없이 밤 12시까지 계속 운영하는 곳도 있어요. 반면 시장은 보통 토요일 오전 일찍, 광장같이 넓은 곳에 열어서 오후 1시 정도에 문을 닫거나, 매일 새벽 문을 열어 이른 오후 시간에 문을 닫습니다. 따라서, 시장에 갈 땐 오전 시간을 이용하는 게 안전해요.

보통 많은 사람들이 장을 보는 슈퍼마켓에 가면 'gastronomia' 코너가 있는데, 이곳에서 햄과 치즈, 조리된 라자냐, 구운 닭고기, 돼지고기, 올리브유에 절인 채소 등을 구입할 수 있어요. 이탈리아는 'etto'라는 단위로 그램수를 재서 이러한 제품들의 가격을 매기는데, un etto는 100그램을 뜻합니다. 또한 모든 식료품에는 식품 섭취 기한을 표기합니다. 기한은 'scadenza 기한, 만료일' 뒤에 일, 월, 연도 순서로 읽으면 됩니다.

▲ 이탈리아 'Reggio Emilia 에밀리아로마냐주'에 있는 'Piazza Prampolini 프람폴리니 광장'에 자리잡은 시장 모습

Cerco un appartamento in affitto.

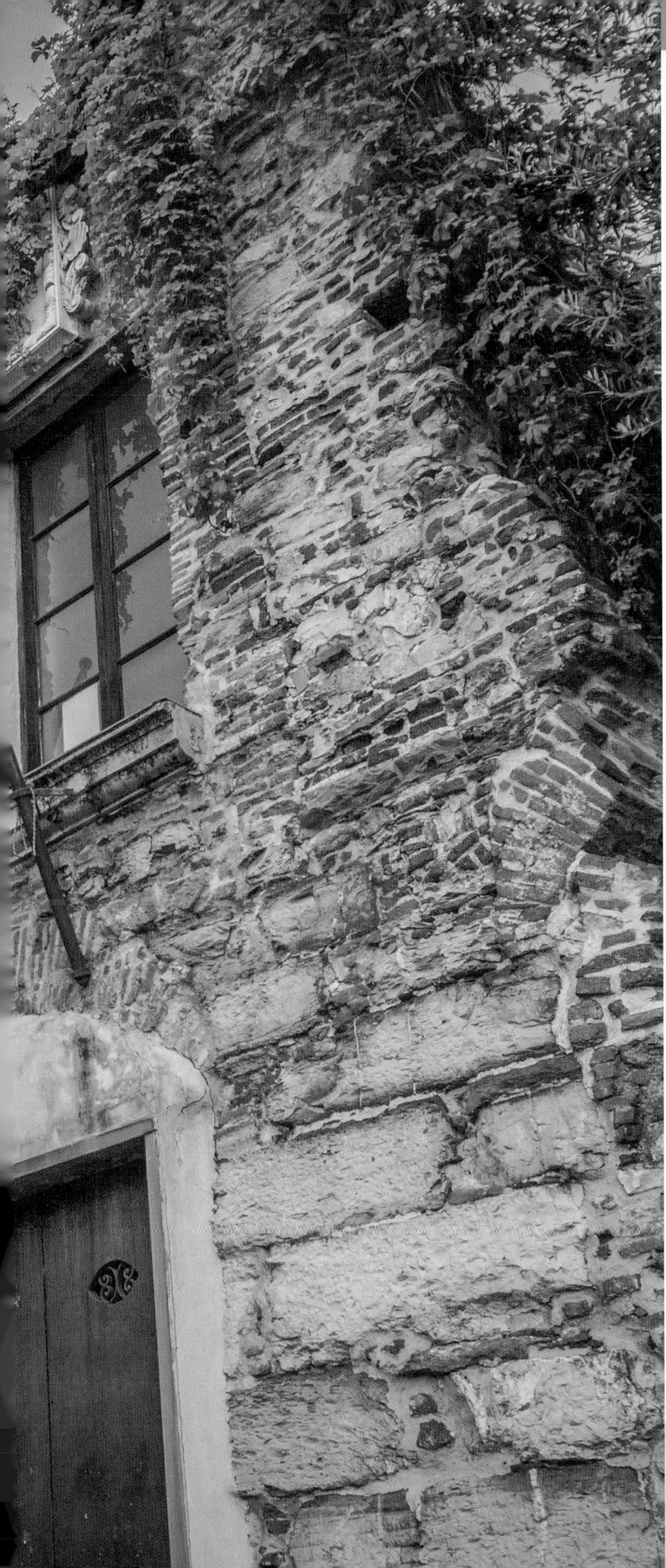

Lezione

19

Cerco un appartamento in affitto.

렌트할 아파트를 찾고 있어요.

19강

학습 목표

거주지 구하기

부동산 관련 용어, 표현 익히기

공부할 내용

긍정 및 부정 명령문 말하기

청유형 표현 말하기

주요 표현

Cerco un appartamento in affitto.

Aspetti un attimo, per favore.

Sì accomodi.

Non ti preoccupare.

◀ 탐험가 콜럼버스가 태어나고 어린 시절을 보낸 제노바의 생가. 콜럼버스는1451년부터 1470년까지 이 집에서 살았다고 전해진다.

Parla

말문 트GO!

Dialogo 1 Track 19-01

안나는 원룸을 구하러 부동산을 방문했습니다.

Anna Buongiorno! Cerco un appartamento in affitto.

Agenzia immobiliare Si accomodi.

Anna Sì, grazie. Posso avere alcune informazioni sui monolocali? Ho visto un vostro annuncio sul sito.

Agenzia immobiliare Certo! Aspetti un attimo, per favore. Ora controllo. Ecco, ci sono diversi monolocali. Quanto vuole spendere?

Anna Non più di 600 euro al mese.

Agenzia immobiliare Mi dispiace. Per questa cifra adesso non ho nulla. Può ripassare la prossima settimana? E lasci il suo numero di cellulare alla segreteria, per favore. Così potrò contattarLa se trovo qualcosa per Lei.

안나 안녕하세요! 렌트할 아파트를 찾고 있어요.

부동산 앉으시죠.

안나 네, 감사합니다. 원룸에 대한 정보 좀 알 수 있을까요? 인터넷 사이트에서 당신들의 광고를 봤어요.

부동산 물론이죠! 잠시만요, 지금 확인해 보지요. 여기 있네요, 다양한 원룸이 있네요. 얼마를 지불하길 원하세요?

안나 한 달에 600유로 이내로 원해요.

부동산 죄송합니다. 그 금액대로는 지금 갖고 있는 것이 없네요. 다음 주에 다시 방문해 주실래요? 그리고 비서실에 당신의 핸드폰 번호를 남겨 주세요. 그러면 제가 무엇인가를 찾으면 당신께 연락드리지요.

VOCA BOLI

appartamento 명 아파트 **affitto** 명 렌트 **si accomodi** 동사 'accomodarsi 앉다, 편히 하다'의 3인칭 단수 존칭 명령형 **alcune** 형 'alcuno 몇몇의, 약간의'의 여성 복수형 **informazioni** 명 'informazione 정보'의 여성 복수형 **monolocali** 명 'monolocale 원룸'의 복수형 **visto** 과거분사 동사 'vedere 보다'의 과거분사형 **vostro** 소유형용사 너희의 **annuncio** 명 광고 **sito** 명 사이트 **aspetti** 동사 'aspettare 기다리다'의 3인칭 단수 존칭 명령형 **controllo** 동사 'controllare 조사하다'의 1인칭 단수 직설법 현재형 **diversi** 형 'diverso 다양한, 다른'의 남성 복수형 **spendere** 동 지불하다 **cifra** 명 금액 **ripassare** 동 다시 들르다 **cellulare** 명 핸드폰 **segreteria** 명 비서, 비서실 **contattare** 동 연락하다

포인트 잡GO!

이탈리아에 가면 'prego'라는 말을 많이 들을 수 있어요. 구어체 표현으로 상대방의 감사나 사과에 대답하는 경우 우리말의 '괜찮아'에 해당하는 의미로도 쓰이고, 상황에 따라 들어오라든지, 앉으라든지, 무엇인가를 먹으라든지 권할 때도 prego라고 말해요. 이처럼 다양한 뜻을 갖고 있지만 공통점은 상대방에게 예의 바르게 대하는 어감을 나타낸다는 점이에요. Prego를 잘 활용하면 좀 더 예의 바르고 정중한 이탈리아어를 구사할 수 있게 된답니다.

Chiavi

핵심 배우GO!

1 명령법 문장을 존칭 및 비존칭으로 말하기

명령법은 현재형 시제만 존재하고, 존칭의 명령과 비존칭의 명령이 있습니다. 존칭의 명령은 'Lei 당신'이 주어인 명령이고, 비존칭의 명령은 'tu 너'나 'voi 너희'가 주어인 명령입니다. 'Noi 우리'가 주어인 명령은 '우리 ~하자'는 청유형이 되기 때문에 해석에 주의해야 해요. 일상생활에서 가장 많이 쓰이는 명령형 동사의 존칭과 비존칭을 연습해 보세요.

❶ 존칭

Mi scusi.	실례합니다. (나를 용서하세요)	Senta.	(제 말 좀) 들어 보세요.
Aspetti.	기다리세요.	Entri.	들어오세요.
Si accomodi.	앉으세요.	Si calmi.	진정하세요.
Si sbrighi.	서두르세요.	Non si preoccupi.	걱정하지 마세요.

❷ 비존칭

Scusami.	미안.	Senti.	(내 말 좀) 들어 봐.
Aspetta.	기다려.	Entra.	들어와.
Accomodati.	앉아라.	Calmati.	진정해.
Sbrigati.	서둘러.	Non preoccuparti.	걱정하지 마.

2 주기적인 기간 명시하여 말하기

'하루에', '한 주에', '한 달에', '일 년에'는 '전치사 a + 단수 정관사 + 단수 기간'으로 표현할 수 있어요.

- Quant'è l'affitto **al mese**? **한 달에** 렌트비가 얼마나 되나요?
- Quanto guadagni **all'anno**? **일 년에** 너는 얼마나 버니?

Tip 형용사 'ogni 매번'으로 말할 수도 있습니다. 만약 '이틀마다', '2주마다'처럼 복수의 기간을 나타내고 싶으면 'ogni + 숫자 + 복수 기간' 문형으로 표현하면 됩니다.

예 ogni due giorni 이틀마다
ogni tre settimane 삼 주마다
ogni cinque mesi 다섯 달마다
ogni due anni 이 년마다

Parla

말문 트GO!

Dialogo 2 Track 19-02

안나는 공동 아파트에 살아 본 적이 없어서 조금 걱정입니다.

Luigi Sei riuscita a trovare un nuovo appartamento?

Anna No, non ancora. È difficile trovare un monolocale in centro.

Luigi Perché non cerchi una stanza in affitto? Così sarà più facile trovare un posto per abitare.

Anna Hai ragione. Ma ho paura di vivere con gli estranei. Non ho mai vissuto in un appartamento condiviso.

Luigi Non ti preoccupare! Ti aiuto a trovare una stanza libera. C'è una mia amica che cerca una coinquilina. In effetti, stavo proprio andando a vederla. Se vuoi, le parlo di te.

Anna Sì. Grazie mille.

Luigi Ti chiamo domani. Va bene?

Anna Sì. A domani!

Luigi Ciao! Buona giornata!

루이지 너 새로운 아파트 찾는 것에 성공했니?
안나 아니, 아직. 시내에서 원룸 찾는 것은 힘들어.
루이지 왜 방 하나를 렌트하지 않니? 그러면 거주할 장소를 찾는 것이 더 쉬워질 텐데.
안나 네 말이 맞아. 그런데 나는 다른 사람들과 사는 것이 걱정이야. 공동 아파트에 살아 본 적이 전혀 없거든.
루이지 걱정 마! 내가 방 찾는 것을 도와줄게. 여자 친구가 하나 있는데, 그녀는 동거인을 찾고 있어. 실은, 그녀를 보러 가고 있는 중이었어. 네가 원하면, 그녀에게 너에 대해 말할게.
안나 그래. 정말 고마워.
루이지 내일 전화할게. 괜찮아?
안나 그래. 내일 봐!
루이지 안녕! 좋은 하루 보내!

VOCA BOLI

riuscita 과거분사 동사 'riuscire 성공하다'의 과거분사형 **monolocale** 명 원룸 **stanza** 명 방 **affitto** 명 렌트 **estranei** 명 'estraneo 타인'의 남성 복수형 **vissuto** 동사 'vivere 살다'의 과거분사형 **appartamento** 명 아파트 **condiviso** 형 공유하는 **coinquilina** 명 동거인 (여)

포인트 잡GO!

Essere 동사의 3인칭 단수형이 주어 없이 형용사를 보어로 취하면 비인칭 표현이 됩니다. 주어가 없이 'è difficile + 동사 원형 ~하기 어렵다'라는 문형으로 일반적인 경우를 표현해요. 반대 표현은 difficile 자리에 'facile 쉬운'으로 말하면 됩니다.

È **difficile** dire la verità. 진실을 말하는 것은 **어렵다**.

È **facile** parlare così. 그렇게 말하는 것은 **쉽지**.

Chiavi

핵심 배우GO!

1 청유형 표현으로 말하기

'Perché non ~? ~은(는) 왜 ~을(를) 하지 않습니까?' 표현은 이유를 물을 때 외에도, 부드러운 명령이나 청유형 어조의 의미를 담기 위해 쓰입니다. 대화문에 등장한 'Perché non cerchi una stanza in affitto?'는 문맥상 '방 하나를 렌트하는 곳을 찾아 봐.'라는 의미가 됩니다.

- **Perché non** smetti di fumare? 왜 담배 피우는 것을 그만두**지 않니**? (담배 그만 피워**라**.)
- **Perché non** usciamo insieme? 왜 우리 같이 외출하**지 않니**? (우리 같이 외출**하자** / 데이트**하자**.)

2 부정문을 강조하는 부사로 말하기

이탈리아어 문장에서 부사는 비교적 위치가 자유로운 편입니다. 단 부정문을 강조하는 부사들은 특정 위치에만 올 수 있으며, 항상 부정부사인 non과 함께 온다는 특징이 있습니다. 부정문을 강조하는 부사로는 'mai 결코 ~', 'nemmeno / neanche ~조차 ~', 'neanche ~도 또한'이 있습니다. 문장 속 위치를 구분하며 다음과 같이 말해 보세요.

- **Non** lo dirò **mai.** 나는 **결코** 그것을 말하지 **않을 거**야.
- **Non** ho **neanche** un centesimo. 나는 1센트**도 없**어.

부정부사 mai, nemmeno, neanche는 동사의 뒤에 와서 동사의 부정 의미를 강조합니다.

- **Non** potete **mai** lavorare da soli. 너희는 혼자서 **결코** 일을 할 수 **없**어.
- **Non** potete **nemmeno/neanche** lavorare da soli. 너희는 너희들끼리**조차** 일을 할 수 **없**구나.

조동사인 volere, potere, dovere 등과 함께 올 땐 조동사와 동사 원형 사이에 부정부사가 위치하여 부정문을 강조할 수 있습니다.

- **Non** ho **mai** vissuto da sola. 나는 혼자서 살아 본 적이 **결코 없**다.
- **Non** ho **neanche** detto una parola. 나는 한 마디**도** 말하**지 않**았다.

Ricorda 문법 다지GO!

1 명령법 규칙 동사

명령법은 인칭에 따라 어미가 변화하는 동사 변화형으로, 규칙형과 불규칙형이 존재합니다. 긍정의 명령인지 부정의 명령인지에 따라 명령법의 동사가 변하므로, 긍정 명령과 부정 명령을 기준으로 동사 변화형을 익혀야 합니다. 긍정 명령의 규칙 동사 변화형은 다음과 같습니다.

❶ 긍정의 명령

주격 인칭대명사	comprare	prendere	sentire	finire	lavarsi (재귀동사)
tu	compra	prendi	senti	finisci	lavati
Lei	compri	prenda	senta	finisca	si lavi
noi	compriamo	prendiamo	sentiamo	finiamo	laviamoci
voi	comprate	prendete	sentite	finite	lavatevi
Loro	comprino	prendano	sentano	finiscano	si lavino

❷ 부정의 명령

부정 명령의 규칙 동사 변화형도 알아보겠습니다.

주격 인칭대명사		comprare	prendere	sentire	finire	lavarsi (재귀동사)
tu	non	comprare	prendere	sentire	finire	lavarti / ti lavare
Lei	non	compri	prenda	senta	finisca	si lavi
noi	non	compriamo	prendiamo	sentiamo	finiamo	laviamoci / ci laviamo
voi	non	comprate	prendete	sentite	finite	lavatevi / vi lavate
Loro	non	comprino	prendano	sentano	finiscano	si lavino

Tip 부정 명령에서는 비존칭 명령인 2인칭 단수 주어를 갖는 명령문만 'non + 동사원형'의 구조로 명령법 동사형태가 변하고, 나머지 인칭들은 'non + 긍정 명령'의 형태로 표현합니다. 재귀대명사를 비롯하여 직접 목적격 대명사나 간접 목적격 대명사 등 대명사와 함께 오는 명령법의 경우에는, 존칭과 비존칭형에 따라 대명사의 위치가 달라집니다. 존칭형인 경우 대명사는 동사 앞에 위치하고, 비존칭형인 경우에는 대명사는 동사 뒤에 붙어서 위치합니다. 단, 부정 명령의 경우에는 비존칭형의 대명사 위치는 동사 앞이나 뒤 둘 다 위치할 수 있습니다.

2 불규칙 명령형

불규칙 명령형도 주요 동사를 중심으로 긍정의 명령, 부정의 명령을 구분해 익혀 둡시다.

❶ 긍정의 명령

주격 인칭대명사	essere	avere	dire	dare	andare	stare	venire	fare
tu	sii	abbi	di'/dì	dai/ da'/dà	vai/va'/va	stai/sta'/ sta	vieni	fai/fa'/fa
Lei	sia	abbia	dica	dia	vada	stia	venga	faccia
noi	siamo	abbiamo	diciamo	diamo	andiamo	stiamo	veniamo	facciamo
voi	siate	abbiate	dite	date	andate	state	venite	fate
Loro	siano	abbiano	dicano	diano	vadano	stiano	vengano	facciano

❷ 부정의 명령

주격 인칭대명사		essere	avere	dire	dare	andare	stare	venire	fare
tu	**non**	essere	avere	dire	dare	andare	stare	venire	fare
Lei		sia	abbia	dica	dia	vada	stia	venga	faccia
noi		siamo	abbi-amo	diciamo	diamo	andi-amo	stiamo	veni-amo	facci-amo
voi		siate	abbiate	dite	date	andate	state	venite	fate
Loro		siano	abbi-ano	dicano	diano	vadano	stiano	veng-ano	facci-ano

Scrivi

실력 높이 GO!

Track 19-03

1 녹음을 듣고, 빈칸에 알맞은 말을 쓰세요.

Anna: Cerco un appartamento [ⓐ   ].

Agenzia immobiliare: [ⓑ   ].

Anna: Sì, grazie. Posso avere alcune informazioni sui monolocali? Ho visto un vostro annuncio sul sito.

Agenzia immobiliare: Certo! [ⓒ   ] un attimo, per favore. Ora controllo. Ecco. Ci sono diversi monolocali. Dove vuole abitare? [ⓓ   ] o in periferia?

Anna: [ⓔ   ] abitare in centro.

Agenzia immobiliare: Ok. Quanto vuole spendere?

Anna: Non più di 600 euro al mese.

2 단어의 순서를 알맞게 배열하여 문장을 만들어 보세요.

ⓐ mai, da, non, sola, vissuto, ho (나는 결코 혼자 산 적이 없다.)

ⓑ dirò, lo, mai, non (그것을 절대 말하지 않겠다.)

ⓒ neppure, un, ho, non, centesimo (1센트도 없다.)

ⓐ

ⓑ

ⓒ

3 다음 동사의 2인칭 단수 긍정 명령형을 쓰세요.

ⓐ sentire

ⓑ essere

ⓒ prendere

ⓓ dire

4 아래의 문장을 이탈리아어로 작문하고, 정답을 확인한 다음 올바른 문장을 소리 내어 말해 보세요.

ⓐ 렌트할 아파트를 찾고 있습니다.
ⓑ 왜 너는 방 하나를 렌트하지 않니?
ⓒ 걱정하지 마.

ⓐ

ⓑ

ⓒ

정답

❶ ⓐ in affitto ⓑ Si accomodi ⓒ Aspetti ⓓ In centro ⓔ Preferisco

❷ ⓐ Non ho mai vissuto da sola. ⓑ Non lo dirò mai. ⓒ Non ho neppure un centesimo.

❸ ⓐ senti ⓑ sii ⓒ prendi ⓓ di'/dì

❹ ⓐ Cerco un appartamento in affitto. ⓑ Perché non cerchi una stanza in affitto?
ⓒ Non ti preoccupare.

Parole

어휘 늘리GO!

Track 19-04

집을 구할 때, 부동산에서 많이 쓰이는 어휘

l'agenzia immobiliare	부동산
in affitto	렌트하는
in vendita	판매하는
il condominio, il palazzo	공동 주택(큰 건물)
la villa	별장, 교외에 있는 정원이 딸린 주택
l'appartamento	아파트
il grattacielo	초고층 건물
le case a schiera	테라스 하우스
la zona ben servita	교통수단과 상점이 잘 발달한 거주 지역
il centro	시내
la periferia	외곽
il monolocale	원룸
il bilocale	방 하나와 거실 하나가 있는 집
l'appartamento arredato	가구가 완비된 아파트
il trasloco	이사
il parcheggio	주차장
il contratto d'affitto	렌트 계약서
il padrone di casa	집주인
pagare l'affitto in contanti	현금으로 렌트비를 지불하다
pagare l'affitto con un assegno bancario	수표로 렌트비를 지불하다
pagare l'affitto con un bonifico bancario	계좌 이체로 렌트비를 지불하다

Italia

이탈리아 만나 GO!

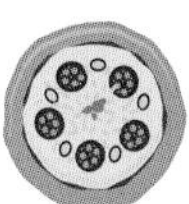

베네치아의 침수 현상, 아쿠아 알타 Acqua alta

아쿠아 알타는 '높은 수위'라는 뜻으로, 베네치아에서 발생하는 해수면 상승으로 인한 침수 현상을 가리킵니다. 아쿠아 알타는 해마다 베네치아에서 발생하며, 늦가을부터 초봄까지의 기간 동안 지속적으로 일어납니다. 주 원인은 석호의 해수량 증가로, 비 오는 날이나 만조 때 많이 발생합니다. 1900년대 중반까지는 매년 3회 정도 발생했던 해수면 상승 현상이 지구 온난화로 점점 잦아지고 정도도 심해져서, 매해 베네치아 전 지역이 1~4센티미터씩 가라앉고 있다고 합니다. 이탈리아 정부는 베네치아를 보존하고자 2003년 '모세 프로젝트'를 실시하여 거대한 방조제를 지었지만, 석호의 오염만 초래할 뿐 별다른 효과는 나타나지 않고 있습니다.

아쿠아 알타가 발생하면 베네치아의 모든 수상 교통이 멈추고, 사람들은 신발과 옷을 적시지 않으려 장화를 신고 다닙니다. 베네치아시는 아쿠아 알타가 자주 발생하는 지역에 지상 다리를 설치하여 시민들이 이동 시 물에 젖지 않도록 편의를 제공하고 있으나, 모든 길에 설치된 것은 아니어서 이 시기에 장화는 필수입니다. 지대가 낮을수록 상점과 주택의 침수 피해가 심각하므로, 아쿠아 알타가 발생하는 날에는 문 앞에 물을 막는 지지대를 설치하거나, 펌프로 물을 퍼 내기도 합니다. 베네치아시에서는 아쿠아 알타가 발생할 경우 경고음을 크게 방송하며, 휴대폰으로 경보 문자를 발송하여 최대한 피해를 예방하도록 하고 있습니다.

▲ 아쿠아 알타가 발생한 베네치아의 모습

Vorrei prenotare
una camera singola.

Lezione 20

Vorrei prenotare una camera singola.

싱글룸 하나 예약하고 싶습니다.

20강

학습 목표

전화 표현 및 예약하기

정중한 요청

공부할 내용

조건법 동사 변화형

비교급 표현

주요 표현

Vorrei prenotare una camera.

Vorrei fermarmi questo fine settimana.

Potrei sapere il suo nome, per favore?

Questo biglietto è più caro di quello che ho comprato tre mesi fa.

Sedersi vicino al finestrino è più conveniente che vicino al corridoio.

◀ 피렌체 두오모 바로 옆에 위치한 지오토의 종탑. 계단으로 종탑의 꼭대기까지 올라가면, 두오모와 피렌체의 시가지 풍경까지 조망할 수 있다.

Parla

말문 트GO!

Dialogo 1 Track 20-01

안나는 전화로 호텔을 예약하려고 합니다.

Alberghiera	Pronto? Come posso aiutarLa?	호텔 직원	여보세요? 무엇을 도와드릴까요?
Anna	Buongiorno! Vorrei prenotare una camera singola.	안나	안녕하세요! 싱글룸 하나 예약하고 싶습니다.
Alberghiera	Quando vuole fermarsi?	호텔 직원	언제 투숙하실 건가요?
Anna	Vorrei fermarmi questo fine settimana.	안나	이번 주말에 투숙하고 싶습니다.
Alberghiera	Quante notti si ferma?	호텔 직원	며칠간 묵으실 건가요?
Anna	Mi fermo due notti. Quanto costa la camera a notte?	안나	이틀간 묵을 겁니다. 하루에 방이 얼마인가요?
Alberghiera	Costa 75 euro.	호텔 직원	75유로입니다.
Anna	Va bene. Prenoto la stanza.	안나	알겠습니다. 방을 예약할게요.
Alberghiera	Potrei sapere il suo nome, per cortesia?	호텔 직원	성함을 알 수 있을까요?
Anna	Il mio nome è Yu Jin, Kim.	안나	제 이름은 김유진입니다.
Alberghiera	Grazie. La sua prenotazione è confermata.	호텔 직원	감사합니다. 당신의 예약이 확인됐습니다.
Anna	Grazie. Arrivederci.	안나	감사합니다. 안녕히 계세요.
Alberghiera	Arrivederci.	호텔 직원	안녕히 계세요.

alberghiera 명 호텔 직원 (여) **pronto** 감 여보세요 **vorrei** 동사 'volere 원하다'의 1인칭 단수 조건법 **prenotare** 동 예약하다 **camera singola** 명 싱글룸 **fermarsi** 재귀동사 멈추다, 머무르다 **potrei** 동사 'potere ~할 수 있다'의 1인칭 단수 조건법 **confermata** 동사 'confermare 확인하다'의 과거분사형

포인트 잡GO!

숙박료 지불 단위인 '하루'치를 이탈리아어로는 '하룻밤'으로 표현해요. 'Quanto costa una camera al giorno?'와 같이 'a notte 하룻밤'를 대신하여 'al giorno 하루'라고 말하지는 않는다는 점 유의하세요.

Quanto costa una camera **a notte**? — **하룻밤에** 방의 가격이 얼마인가요?

Quante **notti** si ferma? — 며칠 **밤**을 묵으십니까?

Chiavi

핵심 배우GO!

1 전화 통화 관련 표현 말하기

전화 통화할 때 자주 쓰이는 구어체 표현들을 말해 보세요.

- Chi parla? 누구세요?
- Posso parlare con ~? ~와(과) 통화할 수 있을까요?
- Un momento. 잠시만요.
- La linea è occupata. 통화중이다. (전화가 안 된다.)

Tip 대화문에서 'Pronto? 여보세요?'로 등장한 pronto는 형용사로서 '준비된'의 의미입니다. 'Sei pronto/a? 너 준비 됐니?'와 같이 말할 수도 있습니다.

2 조건법 활용하여 말하기

직설법이 사실이나 확실한 내용을 나타낸다면 조건법은 화자의 주관이 담긴 의심, 추측, 바람 등을 표현하거나 예의 바른 요청, 완곡한 표현을 말할 때 쓰입니다. 다음의 예문으로 말하기를 연습하고, 인칭에 따른 조건법 동사 변화형까지 문법 다지GO! 코너에서 학습하겠습니다.

❶ 의심

- Che cosa potresti fare? 네가 무엇을 할 수 있겠어?

❷ 바람

- Vorrei prenotare una camera singola. 나는 싱글룸 하나를 예약하고 싶습니다.
- Vorrei fermarmi questo fine settimana. 나는 이번 주말에 투숙하고 싶습니다.

❸ 예의 바른 부탁

- Potrei sapere il suo nome, per favore? 당신의 성함을 알 수 있을까요?
- Mi passeresti il sale? 나에게 소금 좀 전해 줄래?

Tip 조동사 potere로 예의 바른 부탁을 말할 수 있다고 배웠습니다. 'Posso sapere il suo nome, per favore?'는 명령형보다 부드러운 표현이지만, posso 대신에 potrei과 조건법 동사 변화형을 사용하면 훨씬 완곡한 문장이 됩니다.

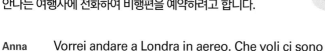

Parla

말문 트GO!

Dialogo 2 Track 20-02

안나는 여행사에 전화하여 비행편을 예약하려고 합니다.

Anna	Vorrei andare a Londra in aereo. Che voli ci sono il 19 luglio? E vorrei prenotare anche il ritorno.	안나	비행기로 런던에 가고 싶습니다. 7월 19일에 어떤 비행기가 있나요? 그리고 돌아오는 티켓도 예약하고 싶어요.
agente	Quando è il suo ritorno da Londra?	직원	런던에서 언제 돌아올 건가요?
Anna	Il 23 luglio. Che voli ho da Londra?	안나	7월 23일이요. 런던에서 어떤 비행기를 탈 수 있나요?
agente	Preferisce partire la mattina o il pomeriggio?	직원	오전에 출발하길 원하나요 오후에 출발하길 원하나요?
Anna	La mattina.	안나	오전이요.
agente	Ha un volo alle 9:20.	직원	9시 20분 비행기가 있어요.
Anna	Quanto costa il biglietto di andata e ritorno?	안나	왕복 티켓 가격이 어떻게 되나요?
agente	340 euro.	직원	340유로입니다.
Anna	Questo biglietto è più caro di quello che ho comprato tre mesi fa.	안나	제가 3개월 전에 예약한 티켓보다 더 비싸네요.
agente	Si, la promozione è finita, purtroppo.	직원	네, 불행히도, 가격 할인이 끝났습니다.
Anna	Va bene. Faccio la prenotazione.	안나	알겠습니다. 예약할게요.
agente	Quale posto desidera? Vicino al corridoio, centrale o vicino al finestrino?	직원	어떤 좌석을 원하세요? 창가 옆이나, 중앙, 복도 자리?
Anna	Quale posto mi consiglia?	안나	어떤 자리를 제게 추천하시나요?
agente	Di solito, sedersi vicino al finestrino è più conveniente che vicino al corridoio.	직원	보통 복도 쪽보다 창가 옆이 더 편하지요.
Anna	Allora, vicino al finestrino, per favore.	안나	그러면, 창가 옆으로 주세요.

VOCA BOLI

aereo 명 비행기 **voli** 명 'volo 비행, 항공'의 남성 복수형 **corridoio** 명 복도 **centrale** 명 중앙 **finestrino** 명 작은 창문

포인트 잡GO!

시간을 표현하는 부사나 전치사구로 문장에서 보어 역할을 하는 'la mattina 오전에'와 'il pomeriggio 오후에'는 사실 명사랍니다. 이탈리아어에서 시간을 표현하는 'la mattina, il pomeriggio, la sera, la notte' 등의 명사들과 요일명 'il lunedì, il martedì', 주말을 뜻하는 'il fine settimana', 계절을 뜻하는 'quest'estate 이번 여름' 등의 표현들은 '~에'에 해당하는 전치사 a나 in이 없이도 시간부사처럼 단독으로 쓰일 수 있습니다.

Chiavi

1 A + essere + più / meno + 형용사 + di + B 비교문 말하기

두 대상을 비교하여 말해 보세요. 우등 비교는 형용사 'più 더'를 사용해서, 열등 비교는 형용사 'meno 덜'을 사용해서 말해요. Più 또는 meno를 동사의 보어로 사용하는 용법입니다. 비교 대상은 주어와 전치사 di의 보어 위치에 자리할 수 있습니다.

- Questo biglietto è **più** caro di quello. 이 티켓은 저것보다 **더** 비싸다.
- Questo biglietto è **meno** caro di quello. 이 티켓은 저것보다 **덜** 비싸다.

2 비교 대상에 따라 알맞은 전치사로 말하기

비교 대상에 따라 전치사 di가 올 수도 있고, 접속사 che가 올 수도 있습니다. 위에서는 두 비교 대상이 명사였기 때문에 비교 대상이 전치사 di의 뒤에 보어로 왔지만, 동사나 전치사구, 형용사, 부사 등을 비교하는 경우 전치사 di가 아닌 접속사 che를 사용합니다.

❶ A + essere + più / meno + 형용사 + che + B

- Sedersi vicino al finestrino è **più** conveniente **che** (sedersi vicino) al corridoio.
  창문 옆에 앉는 것이 복도 옆에 앉는 것**보다 더** 편리하다.
- Sedersi vicino al finestrino è **meno** conveniente **che** (sedersi vicino) al corridoio.
  창문 옆에 앉는 것이 복도 옆에 앉는 것**보다 덜** 편리하다.

❷ Essere + più / meno + 형용사 + A + che + B

- Viaggiare è **più** divertente **che** lavorare. 여행하는 것이 일하는 것**보다 더** 재미있다.
- È **più** divertente viaggiare **che** lavorare. 여행하는 것이 일하는 것**보다 더** 재미있다.

Tip 비교 대상인 동사 원형은 문장 맨 앞에 와도 되고, 뒤로 이동하여 접속사 che 앞에 와도 됩니다.

Ricorda 문법 다지GO!

1 조건법 현재 동사 변화형

조건법은 단문에서 쓰일 경우 현재 시점의 의심, 바람, 예의 바른 요청, 완곡한 표현 등을 말하고자 할 때 직설법 동사를 대신할 수 있는 용법이에요. 조건법도 직설법과 마찬가지로, 동사의 어미가 주어의 인칭에 따라 6가지 형태로 변합니다. 먼저 규칙형을 살펴보겠습니다.

주격 인칭대명사	cantare	prendere	dormire	capire
io	canterei	prenderei	dormirei	capirei
tu	canteresti	prenderesti	dormiresti	capiresti
lui / lei / Lei	canterebbe	prenderebbe	dormirebbe	capirebbe
noi	canteremmo	prenderemmo	dormiremmo	capiremmo
voi	cantereste	prendereste	dormireste	capireste
loro	canterebbero	prenderebbero	dormirebbero	capirebbero

- **Canterei** volentieri una canzone. 나는 기꺼이 노래 하나를 **부르고 싶어**.
- **Prenderemmo** una birra. 우리는 맥주 한 잔을 **마실게요**.
- A quest'ora Luca **dormirebbe** ancora. 이 시간에 루카는 아직 **자고 싶을 거야**.
- Con questo libro lo **capiresti** meglio. 이 책으로 너는 그것을 더 잘 **이해할 수 있을 거야**.

Tip 조건법 동사 변화형은 직설법의 미래 동사 변화형과 형태뿐만 아니라 쓰임새도 비슷합니다. 단순 미래 시제가 현재의 추측이나 불확실성을 내포하는 것처럼 조건법 현재형도 현재의 추측이나 불확실성의 의미를 나타낼 수 있습니다. 문법적 성질이 비슷한 이 두 용법은 동사 변화형에서도 비슷한 부분이 많아요. 예를 들어 prendere의 1인칭 복수 미래형은 prenderemo이지만 조건법은 prederemmo으로 m이 하나 더 들어갑니다. 두 용법에 따른 동사 변화형을 비교하여 정리해 두세요.

2 조건법 불규칙형

조건법 동사의 불규칙형도 다음의 표로 6가지 변화형을 익혀 보겠습니다.

주격 인칭대명사	volere	potere	dovere	essere	avere
io	vorrei	potrei	dovrei	sarei	avrei
tu	vorresti	potresti	dovresti	saresti	avresti
lui / lei / Lei	vorrebbe	potrebbe	dovrebbe	sarebbe	avrebbe
noi	vorremmo	potremmo	dovremmo	saremmo	avremmo
voi	vorreste	potreste	dovreste	sareste	avreste
loro	vorrebbero	potrebbero	dovrebbero	sarebbero	avrebbero

주격 인칭대명사	andare	venire	dare	fare	stare
io	andrei	verrei	darei	farei	starei
tu	andresti	verresti	daresti	faresti	staresti
lui / lei / Lei	andrebbe	verrebbe	darebbe	farebbe	starebbe
noi	andremmo	verremmo	daremmo	faremmo	staremmo
voi	andreste	verreste	dareste	fareste	stareste
loro	andrebbero	verrebbero	darebbero	farebbero	starebbero

- **Vorrei** un caffè. 커피 한 잔 **주세요**.
- Mi **faresti** un favore? 나 좀 **도와줄래**?
- **Potresti** portarmi il menu? 저에게 메뉴판 좀 **가져다주실래요**?

3 조건법의 용법

❶ 바람

- **Prenderei** un caffè al bar. 나는 바에서 커피를 마시고 **싶습니다**.
- **Vorrei** tornare a casa. 나는 집에 가고 **싶다**.

❷ 추측

- Luigi **dormirebbe** fino a tardi. 루이지는 늦게까지 **잠을 잘 것이다**.
- Dopo lo studio, lo **capiresti** meglio. 공부를 한 뒤에 너는 그것을 더 잘 **이해할 것이다**.

❸ 부탁

- **Vorrei** un bicchiere di vino rosso, per favore. 레드와인 한 잔 **주세요**.
- **Potresti** aiutarmi? 나 좀 도와줄 **수 있어**?

Scrivi

Track 20-03

1 녹음을 듣고, 빈칸에 알맞은 말을 쓰세요.

Alberghiera: [ⓐ] ? Come posso aiutarLa?
Anna: Buongiorno! [ⓑ] prenotare una camera singola.
Alberghiera: Quando vuole [ⓒ] ?
Anna: Vorrei fermarmi questo fine settimana.
Alberghiera: Quante notti si ferma?
Anna: Mi fermo due notti. Quanto costa la camera [ⓓ] ?
Alberghiera: Costa 75 euro.

2 단어의 순서를 알맞게 배열하여 문장을 만들어 보세요.

ⓐ una, vorrei, camera, prenotare (방 하나를 예약하고 싶습니다.)
ⓑ questo, settimana, fermarmi, vorrei, fine (이번 주말에 머물고 싶습니다.)
ⓒ a, quanto, la, notte, camera, costa (하루에 방 가격이 어떻게 되나요?)

ⓐ

ⓑ

ⓒ

3 다음 동사의 조건법 3인칭 단수 형태를 쓰세요.

ⓐ volere

ⓑ potere

ⓒ dovere

ⓓ fare

4 아래의 문장을 이탈리아어로 작문하고, 정답을 확인한 다음 올바른 문장을 소리 내어 말해 보세요.

ⓐ 당신의 성함을 알 수 있을까요?
ⓑ 이 티켓은 그 티켓보다 비싸다.
ⓒ 창가에 앉는 것이 복도 쪽에 앉는 것보다 더 편하다.

ⓐ

ⓑ

ⓒ

정답

❶ ⓐ Pronto ⓑ Vorrei ⓒ fermarsi ⓓ a notte

❷ ⓐ Vorrei prenotare una camera. ⓑ Vorrei fermarmi questo fine settimana.
ⓒ Quanto costa la camera a notte?

❸ ⓐ vorrebbe ⓑ potrebbe ⓒ dovrebbe ⓓ farebbe

❹ ⓐ Potrei sapere il suo nome, per cortesia? ⓑ Questo biglietto è più caro di quello.
ⓒ Sedersi vicino al finestrino è più coveniente che al corridoio.

Parole

Track 20-04

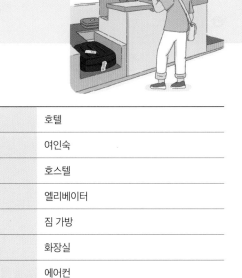

숙소에서 유용한 어휘

l'albergo	호텔
la locanda	여인숙
l'ostello	호스텔
l'ascensore	엘리베이터
il bagaglio	짐 가방
il bagno	화장실
l'aria condizionata	에어컨
la camera / la stanza	방
la camera con mezza pensione	아침 식사와 저녁 식사가 숙박료에 포함된 방
la camera con prima colazione	아침 식사가 숙박료에 포함된 방

공항, 비행기에서 유용한 어휘

la biglietteria	발권
il controllo doganale	세관 검사
la carta d'imbarco	보딩 패스
il duty free	면세점
i collegamenti aerei	환승
l'imbarco	탑승
un posto vicino al finestrino	창 쪽 좌석
un posto vicino al corridoio	복도 쪽 좌석
un posto vicino all'uscita di sicurezza	비상구 쪽 좌석
un posto in economy	이코노미석
un posto in business	비즈니스석
il pasto a bordo	기내식
le cuffie	헤드셋
la coperta	담요

Italia

이탈리아 만나 GO!

이탈리아의 수도, 로마

로마는 이탈리아의 수도로 이탈리아 중부 'Lazio 라치오'주에 속합니다. 기원전 753년부터 'Tevere 테베레' 강을 중심으로 발전했으며 로마 제국 시대를 거쳐 유럽 문명의 중심지 역할을 했습니다. 로마는 유럽 내에서도 대도시에 속하며 인구가 많고 외국인도 많이 오가는 국제적 도시입니다.

로마에는 교황청이 속한 바티칸 시국이 독립 국가로서 존재합니다. 이탈리아는 영토 내에 바티칸 시국 외에도 산 마리노 공화국이라는 독립 국가가 존재한다는 특이한 점이 있습니다.

테베레 강은 로마의 중심을 흐르며 로마를 바티칸 시국과 로마 구시가지로 나누는데, 로마의 구시가지는 약 2,500년의 역사를 가지며, 서유럽을 대표하는 역사적 문화적 예술적 중심지 중 하나입니다. 판테온, 콜로세움 등 고대 로마 제국의 번영을 엿볼 수 있는 많은 유적지들이 남아 있기도 합니다. 전설에 의하면 로마는 기원전 753년 4월 21일에 'Romulus 로물루스'에 의해 건설되었는데, 로물루스는 'Remus 레무스'와 함께 쌍둥이 형제로, 전쟁의 신 'Mars 마르스'와 제사장이었던 'Rhea Silvia 레아 실비아' 사이에서 태어났다고 합니다. 제사장이 죽음의 위협에서 벗어나기 위해 쌍둥이를 바구니에 담아 테베레 강에 띄워 보냈는데, 아이들을 발견한 늑대 한 마리가 젖을 먹여 살려냈다고 전해집니다.

▲ 테베레 강이 흐르는 로마 바티칸 시국의 모습

시원스쿨
이탈리아어 강사진

이탈리아어 학습 전문가
Viola 선생님

- GO! 독학 이탈리아어 첫걸음
- 이탈리아어 중급 핵심 문법

이탈리아어 1타 강사
Flory 선생님

- NEW 이탈리아어 왕초보탈출 1, 2탄
- 이탈리아어 중고급 회화

이탈리아어 중고급 학습 마스터
Jimmy 선생님

- 이탈리아어 중고급 독해&어휘

시원스쿨

유럽어 도서 시리즈

GO! 독학 첫걸음 시리즈

체계적인 커리큘럼으로 혼자서도 쉽게 독학할 수 있다GO!

초보자도 혼자서 무리없이 학습할 수 있는 회화 위주의 체계적인 커리큘럼으로, 일상 회화를 통해 어휘와 문법을 익힐 수 있으며 스토리텔링 방식의 흐름으로 더 쉽고 재미있게 학습이 가능하다.

값 스페인어 18,900원 | 프랑스어 18,900원 | 독일어 18,900원 | 러시아어 18,900원

GO! 독학 단어장 시리즈

단어장 한 권으로 첫걸음부터 시험 대비까지 한 번에!

첫걸음부터 시험 준비를 목표로 하는 학습자까지, 보다 친절하면서도 효율적으로 단어를 학습할 수 있도록 구성하였다. 회화와 시험에 꼭 나오는 예문과 체계적인 분류로 유기적인 단어 암기가 가능하다.

값 스페인어 15,800원 | 프랑스어 14,000원 | 독일어 16,800원

MEMO

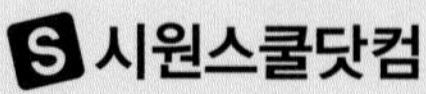